KB119255

갈등사회의 도전과 미시민주주의의 시대

새로운 사회갈등과 공공성 재구성에 관한 사회학적 성찰

나남
nanam

조 대 엽

고려대 사회학과 및 동대학원 사회학 박사
고려대 대학원 부원장, 고려대 문과대학 연구소협의회 의장,
한국정치사회학회 부회장, 한국 NGO학회 부회장,
한국비교사회학회 부회장, 고려대 한국사회연구소 소장,
현 고려대 문과대학 사회학과 교수, 한국비교사회학회 회장, 고려대 노동대학원장

주요 저서 《한국의 시민운동 - 저항과 참여의 동학》(1999),
《현대 한국인의 세대경험과 세대문화》(공저, 2005),
《한국사회 어디로 가나?》(공저, 2005), 《한국 시민운동의 구조와 동학》(공저, 2007)
《한국의 기업과 시민사회》(공저, 2007),
《한국의 사회운동과 NGO: 새로운 운동주기의 도래》(2007),
《시민참여와 거버넌스》(공저, 2009),
《작은 민주주의, 친환경 무상급식》(공저, 2011),
《한반도 통일론의 재구상》(공편, 2012), 《한국사회의 사회운동》(공저, 2013),
《감시자를 감시한다》(공편, 2014), 《현대문명의 위기》(공저, 2014)
《생활민주주의의 시대》(2015)

나남신서 1776

갈등사회의 도전과 미시민주주의의 시대
새로운 사회갈등과 공공성 재구성에 관한 사회학적 성찰

2014년 11월 10일 발행
2015년 9월 5일 2쇄

지은이 • 趙大燁
발행자 • 趙相浩
발행처 • (주) 나남
주소 • 413-120 경기도 파주시
회동길 193
전화 • (031) 955-4601(代)
FAX • (031) 955-4555
등록 • 제 1-71호(1979.5.12)
홈페이지 • http://www.nanam.net
전자우편 • post@nanam.net

ISBN 978-89-300-8776-6
ISBN 978-89-300-8001-9 (세트)
책값은 뒤표지에 있습니다.

나남신서 1776

갈등사회의 도전과 미시민주주의의 시대

새로운 사회갈등과 공공성 재구성에 관한 사회학적 성찰

조대엽 지음

나남
nanam

Challenge of Conflict Society and the Era of Micro Democracy

by

Dae-Yop Cho

nanam

머리말

갈등사회, 공공성의 재구성, 미시민주주의

소소한 일상 가운데 꽤 오랫동안 나를 괴롭힌 것은 새 바지를 사는 일이었다. 요즘 나오는 바지는 예외 없이 가랑이 폭은 너무 좁고 허리띠를 매는 바지 위 끝에서부터 가랑이가 갈라지는 부분까지는 너무 짧아서 입으면 불편하기 짝이 없기 때문이다. 허리띠는 허리가 아니라 엉덩이 중턱에 걸쳐지고 가랑이 사이는 옥죄서 입는 순간 벗어버리고 싶은 경험을 대부분의 기성세대는 한 적이 있을 것이다. 덩치가 나보다 큰 아들에게 바지가 불편하지 않느냐고 물었지만 왜 불편하냐며 이해할 수 없다는 표정을 보인다.

이제 어찌어찌해서 그 좁고 짧은 바지에 적응하려고 하지만 시대의 유행은 나를 뒤로한 채 저 멀리 앞서 가고 있는 것은 분명하다. 유행의 역사를 보면 일정한 주기로 변화하는 것을 알 수 있는데 한 세기 이상을 관통하는 긴 주기를 갖는 경우도 있다. 시대의 취향이 인간에게 내재된 '자연미'를 추구하게 될 때 유행의 주기는 길어질 수 있다. 루주나 연지 같은 화장품은 여성의 자연스런 건강미를 드러내는 붉은 볼과 붉은 입술을 만들어주기 때문에 동서고금을 막론하고 그만큼 유행의 생명력이 길었다.

당대 패션의 주인공은 역시 젊은이들이다. 요즘 패션은 대부분 건강하고 날씬한 몸을 가급적 많이 드러내는 쪽으로 바뀌고 있다. 좁고 짧은 바지도 마찬가지지만 몸에 딱 달라붙는 티셔츠나 몸에 꽉 낄 정도의 양복을 편히 입는 것을 보면 활력 넘치는 젊은 세대에게는 이런 패션이 자연스럽고도 반길 일이겠다는 생각을 하게 된다. 이런 스타일은 건강한 몸의 자연미와 결합된 패션이라는 점에서 대단히 오랜 주기를 예상하게 한다. 좀체 들어갈 줄 모르는 배를 안고 사는 기성세대로서는 여간 부담스런 변화가 아닐 수 없다. 그나마 남은 세월 동안 덜 먹고 몸 만들어서 옷에 적응할 것인가, 아니면 이 한 몸 시대의 변화에 눈감고 살 것인가의 선택이 남았다.

넋두리가 길어진 것은 딱딱한 사회과학 책을 좀 부드럽게 시작하려는 뜻도 있지만 빠르게 변해 가는 세상에 대한 번민이 깊은 탓인지 모른다. 세상이 바뀌고 시대가 변했다. 가치가 변하고 삶의 모습도 바뀌었다. 패션과 같이 우리의 감성과 관련된 일상만 바뀌는 것이 아니라 실은 우리를 둘러싼 사회의 질서 자체가 바뀌고 있다.

이 책을 구성하고 있는 각 장의 원문들은 2008년부터 2010년의 약 3년간 쓴 글들이다. 이 시기는 이명박 정부 출범 이후 미국산 소고기 수입을 반대하는 거대한 촛불집회가 시작되고, 새 정부는 노무현 정부의 허물을 들추더니 마침내 노무현 대통령이 유명을 달리했고 연이어 김대중 대통령마저 세상을 떠나고 말았다. 나라가 참으로 혼란하고 우울했던 시기였다. 돌이켜 보면 노무현 정부에서도 나라는 늘 시끄러웠다. 특히 노무현 대통령은 우리 사회의 기득권세력과 보수진영, 그리고 이를 대변하는 보수언론에 둘러싸여 유례없는 균열과 갈등의 시기를 보냈다. 모든 갈등과 균열을 '노무현'의 탓으로 돌렸던 보수진영은 자신들이 집권하면 세상이 평온할 듯 말했지만 그것은 역시 선동의 정치였다. 이명박 정부에 들어 우리 사회는 마치 본격적인 '갈등의 시대'를 맞은 듯했다. 그리고 박근혜 정부에 들어선 현 시점에도 갈등은 변함없이 확산되고 있다.

노무현 정부에서도 사회통합은 절실한 과제였다. 특히 다양한 방식으로 갈등문제를 연구하고 사회통합의 해법을 찾기 위해 어떤 정부보다 갈등과 사회통합에 관한 주제의 연구과제가 폭증했던 것은 그만큼 사회갈등이 이전과 달리 심각하게 확대되었기 때문일 수 있다. 이명박 정부에서는 이른바 '사회통합위원회'를 만들어 각계각층의 인사를 모아 통합을 모색했는데 이 또한 다른 어떤 시대보다 갈등의 심각성이 더했기 때문일 수 있다.

갈등의 시대이다. 사회갈등의 요인을 우리는 정권의 문제로 보는 데 익숙해

져 있다. 노무현 대통령은 시대를 앞서는 정치철학으로 엄존하는 이념대립의 현실과 화합하지 못했다. 또 이명박 대통령은 상술로 익힌 완고한 기업 경영철학으로 무장되어 국가라는 공공적 질서에 적응하지 못했다. 물론 정권의 특징이나 대통령의 정치철학은 사회갈등을 낳을 뿐만 아니라 국민의 행복과 불행을 좌우할 수도 있기 때문에 무엇보다도 중요하지 않을 수 없다. 그러나 우리 시대의 사회갈등은 정치권력과 대통령의 정치행태에만 요인이 있는 것이 아니라 더욱 광범한 거시 구조변동의 맥락에도 주목하게 한다. 세계사적으로 새로운 역사국면의 전개와 함께 나타나는 새로운 갈등의 과정을 포착하고 이를 보는 더 넓은 시각을 보태고자 하는 것이 이 책의 핵심적 취지 가운데 하나이다.

나는 우리 시대의 사회갈등이 모든 인류사회에 보편적인 것으로 간주되는 그런 갈등이 아니라 '현대성'을 반영하는 역사적으로 특수한 갈등의 시대를 만드는 새로운 갈등이라는 점에서 '갈등사회'적 현상으로 보고자 한다. 해체사회, 위험사회, 액체사회, 균열사회, 투명사회, 네트워크사회, 운동사회 등과 같이 현대성을 특징짓는 다양한 관점이 있지만 나는 우리가 살고 있는 현대사회를 '갈등사회'로 부르고자 한다. 국가권력에 의해 강력한 통합사회를 구축했던 근대적 사회질서에서 사회갈등은 기본적으로 계급갈등과 연관되어 있었다. 냉전이념과 민족주의를 중심으로 강력한 결속력을 가졌던 통합국가의 질서는 대체로 1990년대 이후 탈냉전 · 시장주의 역사국면과 함께 신자유주의 갈등사회(이하 갈등사회)로 전환하는 경향을 보였다. 갈등사회에서 갈등의 형태, 갈등과정, 갈등의 결과는 근대 산업적 질서의 사회갈등과는 다른 양상을 보이고 있다. 일상적 삶과 관련된 이슈나 생명, 평화, 환경, 인권, 평등과 같은 시민사회 가치의 갈등이슈가 갈등의 주류를 이루고 비정치적인 것의 정치화, 사적 이슈의 공공화 등의 경향이 갈등을 일상적인 것으로 만들고 있다. 이러한 갈등의 일상화 경향은 전자정보공간이나 여타의 뉴미디어를 통해 갈등이슈를 쟁점화하는 경향이 있다. 나아가 갈등사회에서 갈등의 결과는 사회해체를 가속화하는 경향과 함께 자율적 결속의 강화 경향을 동시적으로 갖기도 한다.

'갈등사회'는 이 책의 모든 장을 포괄하는 핵심논리이다. 갈등사회로의 전환을 추동하는 구조적 원천은 다른 무엇보다도 신자유주의 시장화의 거대 경향이 만드는 공적 질서의 재편에 있다. 근대 국민국가의 질서에서 사회통합의 구심력은 국가를 중심축으로 하는 강력한 '공공성의 구조'에 있었다. 신자유주의 시장화의 지구적 경향은 시장을 팽창시킴으로써 국가와 시장과 시민사회라는 근대 사회구성의 질서를 적극적으로 재편하고 있다. 국가의 위축과 시장의 팽창과정에서 바로 공공성의 재구성 현상이 나타나고 있는 것이다. 공공성의 재구성은 시장영역의 팽창에 대한 사회구조의 자기조정과정이며 구조적 자기대면이라고도 할 수 있다. 갈등사회는 다른 무엇보다도 강력한 공적 구심으로서의 국가영역이 위축되면서 공적 질서의 해체적 경향이 드러내는 효과라고 할 수 있다. 이 점에서 이 책을 포괄하는 또 하나의 핵심어는 갈등사회를 출현시키는 구조적 원천으로서의 '공공성의 재구성'이다.

갈등사회는 갈등의 일상화와 제도화를 통해 훨씬 더 진화된 민주주의를 추구하는 사회이다. 갈등사회에서 갈등의 조정과 소통, 나아가 사회통합은 대의적 제도 내에서 실질적 소통의 민주주의를 가능하게 하는 '미시민주주의'를 실현함으로써 가능하다. 민주적 제도와 절차를 거시적 수준에서 갖추는 것을 거시민주주의의 과제라고 한다면 제도와 절차의 운영에서 작동하는 소통과 설득, 합의의 정치과정은 미시민주주의의 문제라고 할 수 있다. 미시민주주의는 민주적 제도 내에서 작동하는 소통, 참여, 숙의, 공감, 합의의 정치과정을 구성하는 다양한 하위정치와 함께, 운동정치를 포함한 제도정치 밖의 시민사회에서 작동하는 다양한 하위정치의 작동을 포괄하는 민주주의의 진화된 범주이다. 갈등사회의 민주적 운영은 미시민주주의의 진화에 달려 있다. 노무현의 시대는 무엇보다도 미시민주주의 확장을 도모한 시기라면, 제왕적 대통령이라는 표현이 당연시되는 이명박 정부 이후의 시대는 오히려 민주주의의 껍질 속에서 실질적 민주주의가 위축된 '미시권위주의'의 시대라고 할 수 있을지 모른다. 이명박 정부와 박근혜 정부는 갈등사회의 사회변동에 둔감할 뿐만 아니라 갈등관리에 무능하거나 무관심한 정부이다. 아무튼 갈등사회의 구조적 원천으로 공공성의 재구성이 강조된다면 '미시민주주의'는 갈등사회 관리를 위한 민주적 처방이라는 점에서 이 책의 또 하나의 핵심어이다.

말하자면 이 책은 우리 시대의 거대하고도 전면적인 사회변동을 갈등사회적 전환과 공공성의 재구성, 그리고 미시민주주의의 윤리로 설명하려는 시도이다. 이 같은 거시 사회변동은 우리 삶의 모든 것이 바뀌는 새로운 질서에 대한 설명이라고 할 수 있다. 이명박 정부 이후 한국의 정치와 민주주의는 모든 질서가 변화하는 가운데 적어도 변화하지 않거나 오히려 과거로 돌아가고 있다. 시민의 삶과 욕구는 네트워크 위에서 움직이고 있는데 그것과 소통하고 그것을 담아내야 할 정치는 점점 더 고립된 섬으로 남는 듯하다. 아니, 거칠게 말하자면 모든 사회구성 요소 가운데 오직 정치만이 변화를 거부하는 듯하다.

세상과 시대의 패션은 저 멀리 앞서가고 있는데 정치라는 몸뚱이는 '짧고 좁은 바지'를 불편해하고 있다. 이제 우리가 입어야 할 옷들은 예외 없이 날씬하고 육감적인 몸매를 요구하고 있다. 불쑥 나온 배를 인격이라고 자랑하던 시대가 있었다. 그때 그 시절에 어울렸던 정치의 몸은 이제 우리 시대의 어떤 패션에도 적응하지 못한다. 정치의 몸매를 '미시민주주의'로 진화시키지 않는다면 갈등사회의 수많은 다양한 옷들과 어울릴 수 없다. 정치가 갈등사회의 예상하지 못한 불확실성과 복잡성을 짧고 좁은 바지를 입는 것처럼 불편해하고 스스로의 변신을 포기한다면 갈등사회에서 공공성은 감당할 수 없는 위기를 맞을 수 있다. 정치는 바뀌어야 하고 민주주의는 진화해야 한다.

하나의 우려를 보탠다면, 갈등사회적 전환이 사회의 해체가 증가하는 광범한 지구적 조건으로 간주되어 국내 정치실패의 면죄부가 되어서는 안 된다. 오히려 갈등사회는 훨씬 더 진화된 민주주의, 시민의 구체적인 삶과 함께하는 정치를 통해 갈등 자체를 선순환시킬 수 있다. 적어도 민주주의를 진화시키지 못하고 역사 퇴행적 보수화의 경로를 걷는 정치행태는 갈등관리의 미시민주적 절차를 갖추지 못함으로써 훨씬 더 심각하고 근본적인 정치 갈등을 초래할 가능성을 갖는다. 갈등사회에서 미시민주주의는 거창하고 형식적인 제도가 아니라 일상에서 작동하는 실질적 민주주의이다. 얼핏 보면 미시민주주의는 정치를 위축시키는 논리로 오해될 수도 있다. 그러나 미시민주주의는 잘 만들어진 몸과 같이 변화하는 갈등사회의 패션에 적극적으로 적응하고 또 주도하는 정치이며, 어떤 영역에서나, 누구나 참여해서 자기실현을 추구할 수 있는 일상에 구축된 정치양식으로 가시화된다. 따라서 미시민주주의는 작은 민주주의지만 모든 이에게 열린 민주주의로 정치의 외연을 오히려 확장하는 정치인 것이다.

갈등사회, 공공성의 재구성, 미시민주주의의 핵심논리로 이 책은 구성되었지만 이 책의 내용은 각 장들이 독립적으로 써졌다. 따라서 비록 부와 장의 구성형식을 가졌지만 일관된 체제와 내용을 갖추는 데는 미흡할 수 있다. 그러나 덜 일관된 각 장들이 오히려 순서대로 읽지 않아도 무방한 장점이라고 변명할 수 있을지 모르겠다. 각 장으로 구성된 11개의 논문들 가운데 약 절반은 학술지나 일반저널에 출간된 것을 수정, 보완한 것이고 나머지는 세상의 빛을 보지 못했던 글들이다. 독자들의 편의를 위해 각 부와 각 장의 내용을 간략히 소개하면 다음과 같다.

제1부는 갈등사회와 미시민주주의에 대한 종합적인 이론체계를 소개하는 두 개의 논문으로 구성되었다. 제1장은 갈등사회론의 특수한 이론적 지위를 강조한다. 사회갈등에 관한 일반이론과 달리 여기서 강조하는 사회갈등은 '갈등사회'적 현상으로서의 사회갈등이다. 말하자면 역사적으로 특수한 시대에 나타나는 갈등의 원인과 형태와 결과가 특징적인 사회의 성격을 규정하는 개념으로 '갈등사회' 개념을 사용하고자 하는 것이다. 특히 탈냉전의 사회변동을 반영하는 현대성의 세계사적 현상으로서의 갈등사회적 변동에 주목하고 이를 신자유주의 갈등사회와 사회주의 갈등사회로 구분해서 갈등사회론의 패러다임을 모색한다.

제2장은 지구적 수준의 사회변동과 현대성의 특징을 반영하는 신자유주의 갈등사회에서 공공갈등과 관련해서 요구되는 정부와 시민사회의 새로운 질서를 '공공성의 재구성'과 '미시민주주의'의 시각에서 전망한다. 우리사회가 이룬 민주주의의 성과는 대통령 직선제를 비롯한 민주적 제도와 절차의 '구축'에 있었다. 이미 만들어진 거시적 제도 내에서 민주적 가치와 철학을 실제 운영에 어떻게 담아내는가의 문제는 또 다른 민주주의의 과제이다. 거시적 제도의 운영에서 작동하는 소통과 설득, 합의의 정치과정은 '미시민주주의'의 과제라고 말할 수 있다. 사회구성의 질서라는 측면에서 볼 때, 거시민주주의가 민주주의의 구조적 요소와 결부되어 있다면, 미시민주주의는 민주주의의 과정과 실행의 측면에 결부되어 있다. 이 같은 미시민주주의는 갈등사회에서 갈등을 조정하고 사회를 통합시키는 진화된 민주주의의 질서라는 점이 강조된다.

제 2부는 노무현 정부와 이명박 정부의 시기에 기존의 공적 질서가 해체되는 현실에 대해 설명한다. 제 3장에서는 노무현 시기의 새로운 정치기획에 대해 설명하는데, 공공성의 위기보다는 오히려 탈근대 정치의 실험으로서의 미시민주주의의 진전을 강조한다. 오늘날 탈근대 정치의 현실은 분권적 권력구조, 정부와 의회의 개방, 참여와 숙의 민주적 제도, 정치인 개인의 사회자본이나 네트워크의 중요성, 소통과 합의, 결사체와 주창의 요소 등이 강조된다. 이러한 정치변동의 논리에서 노무현 정부는 노사모의 동원구조, 개방적 협치, 분권과 균형발전, 참여민주적 제도 등에서 현대 한국정치에서 가장 뚜렷하게 탈근대 정치를 시도한 정부라고 말할 수 있다. 이와 아울러 노무현 정부의 탈근대 정치는 시민사회를 동반한 정치질서를 구축했다는 점도 강조되고 있다.

제 4장은 이명박 정부의 공공성 위기에 관해 분석하고 있다. 이명박 정부가 출범한 해는 월스트리트 발 세계금융위기가 시작된 해이고 미국을 비롯한 유럽 국가들은 신자유주의 정책기조를 전면적으로 재검토하는 새로운 방향을 모색하기도 했다. 지구적 수준에서 새로운 정책 방향을 모색하는 시점에서 유독 이명박 정부의 기본적인 정책방향은 오히려 신자유주의정책을 가속화했다. 이 같은 경향은 친기업 및 친시장 지향의 정책을 넘어 친재벌적 모습마저 보임으로써 정부의 공적 기능을 더욱 위축시켰다. 신자유주의적 시장화 경향이 확산되는 것은 사회가 안정적으로 성장하는 데 필수적인 공공성의 체계를 위협한다는 점에 심각성이 있다. 제어되지 않는 시장화의 경향은 국가영역뿐 아니라 시민사회를 포괄하는 사회전체의 공공성체계를 크게 약화시키는 것이다. 이 장에서는 이명박 정부의 시장실용주의의 정책지향이 공적 질서의 위기를 확산시키는 현실에 대해 강조한다.

제 5장은 이명박 정부에서 정부와 시민단체의 갈등정치 과정을 분석한다. 여기서는 정부와 시민단체를 갈등의 단순한 대립 축으로서가 아니라 제도정치와 운동정치를 포괄하는 정치과정의 맥락에서 설정하고 있다. 일반적으로 정치과정론은 특정의 사회운동이나 정치적 사건의 사례를 분석하는 데 유용성을 갖는다. 그러나 이 장에서는 이명박 정부의 '정부와 시민단체' 간의 갈등과정에서 양 행위자를 둘러싼 갈등적 정치과정의 일반적 특징을 살피는 데 초점을 맞춘다.

정부와 시민단체의 갈등의 수준을 이념, 정책, 관행의 3가지로 구분해서 분석한 후, 갈등의 정치과정을 통해 드러난 이명박 정부의 정책지향을 단절주의, 재건주의, 적이 필요한 실용주의 등으로 강조하고 있다. 이러한 분석은 갈등사회의 갈등을 관리하기 위해 협치의 정치를 복원할 것을 제안한다.

제 3부는 갈등사회의 보다 구조적인 원천으로서의 공공성의 재구성에 주목한다. 3개의 논문 가운데 제 6장은 시민사회에 초점을 두고 공공성이론과 공공성 재구성론에 관한 포괄적 접근을 시도한다. 공공성의 재구성 경향과 시민사회의 공공성에 주목함으로써 최근 사회변동의 복잡성을 반영하는 공공성 논리의 정교화와 아울러 사회변동의 복잡성을 포괄할 수 있도록 공공성 논리를 확장시키는 것을 목적으로 한다. 오늘날 공공성의 위기적 징후는 비단 공공부문의 위축이나 국가복지의 축소와 같은 특정 영역에 국한된 현상이 아니다. 위기의 징후는 지구적 수준에서 전개된 시장주의에서 비롯된 것이고 이러한 시장주의는 사회구성체 전반에 걸쳐 공동체의 질서를 위협함으로써 고도의 사회해체를 예고하고 있다. 이 책의 내용 전체에 걸쳐 핵심적 개념으로 사용되고 있는 공공성의 재구성은 사회의 해체적 징후에 대한 사회구조의 자기조절적 대응이다. 따라서 국가의 공적 기능뿐만이 아니라 사회구성의 질서에 전반적으로 내재된 공공성의 구조가 더 분석적으로 다루어질 필요가 있다. 이 점에서 공공성의 범주가 다양하게 유형화되고 이러한 유형화가 공공성에 관한 분석적 의의를 높인다는 점이 강조된다.

제 7장은 공공성 재구성의 시각에서 기업의 사회공헌활동을 분석함으로써 시장공공성의 확대에 주목한다. 국가, 시장, 시민사회 등 사회구성영역에 내재된 공적 기능의 재편에 초점을 맞춘 '공공성 재구성'의 관점은 무엇보다도 기업의 사회공헌활동을 시장영역에 할당된 공적 기능이란 점에서 '시장공공성'으로 규정하며 이를 국가가 가진 정당성 기능의 이전으로 해석한다. 아울러 시장공공성이 시민사회의 공적 기능과 연계되는 것을 기업의 시민성 확대 경향으로 본다. 공공성의 재구성 관점은 기업의 사회공헌활동을 단순히 기업 활동의 내재적 차원이 아니라 사회구성의 질서변화를 통해 설명하는 사회학적 시각을 확보할 수 있다는 의의를 강조한다.

제8장은 거시적 사회변동의 내용을 포괄하는 갈등사회론의 관점에서 한국 정당정치의 위기구조에 대해 전망한다. 한국 정당정치의 위기를 국내 정당의 특수성이 갖는 결함과 함께 갈등사회로의 전환이라는 거대 사회변동의 과정에서 나타나는 정당정치의 보편적 위기가 동반된 효과로 보고자 하는 것이다. 한국 정당정치의 결함은 한국의 특수한 정치적 조건에서 만들어지고 비정상적 권력 운용의 과정에서 응고된 정당 내적 요소에서 찾아질 수도 있다. 이와 동시에 여기서는 최근 정당정치의 위기를 문명사적 전환을 겪고 있는 거대전환의 사회변동과 이에 조응하지 못하는 정당정치의 지체현상에서도 찾고 있다. 말하자면 한국 정당에 내재된 부정적이고 왜곡된 요소들과 아울러 근대적 사회구성의 질서가 변화하는 거대한 구조변동에서 기존의 정당정치를 점점 더 무력화시키는 필연적 경향으로서의 보편적 위기의 징후도 포착되어야 한다는 것이다.

제4부는 갈등사회의 시민사회영역에서 나타나는 운동정치와 정책을 둘러싼 공공갈등을 갈등정치로 포괄해서 분석하는 3편의 논문으로 구성되었다. 제9장은 아토피안 자조집단을 사례로 자조집단의 출현과 자원동원방식을 고찰함으로써 사회운동 조직으로서의 자조집단의 특징을 분석한다. 자조집단은 개인적 필요와 목적에 따라 참여하기 때문에 사적 영역의 특징을 갖는 것으로 판단되지만 자조운동으로 확장되면서 공공화되고 나아가 갈등사회의 일상적 갈등을 생산하는 주요 지점이 된다. 말하자면 자연치유법, 이른바 대체의학의 성장은 자조운동의 확대와 관련되어 있어서 사람들은 과거 어느 때보다도 더 자신의 생명을 직접 통제하고 관리하려고 하며, 그러한 활동 자체가 기성 의료체제의 운영 토대인 생의학적 건강모델에 대한 비판이자 도전인 것이다.

제10장은 1980년대 말 이래의 지구적 사회변동에 따라 국가주의이념과 강력하게 결합되었던 민족정체성이 변화되고 있다는 점에서 한반도 평화 · 통일운동의 새로운 기반으로서의 시민사회 및 시민적 정체성에 대해 전망하고 있다. 말하자면 시민사회영역의 운동공공성의 재구성을 평화통일운동의 사례를 통해 보고자 한 것이다. 민족정체성은 보수적 민족주의와 진보적 민족주의로 분화하는 제1의 분화과정 이래, 1980년대 말 이후 평화가치와 결합하면서 다원화되는 제2의 분화과정을 거쳤다. 이 같은 제2의 분화과정의 조건이 되는 현대성

의 특징이 지구시장화, 민주화, 정보화의 거대경향을 반영하는 갈등사회이다. 바로 갈등사회에서 시민적 정체성으로 재구성된 '시민민족주의'의 의의를 모색하며, 한반도 평화 · 통일운동의 새로운 동력으로서의 시민민족주의의 가능성을 전망하는 것이다. 무엇보다도 여기서는 갈등사회에서 시민사회의 보편성에 주목하는 한편 분단현실과 민족적 과제를 담아낼 수 있는 한반도적 특수성을 동시에 모색한다.

마지막으로 제11장은 대북정책의 갈등과 소통의 문제를 국가와 시민사회의 관계를 중심으로 분석한다. 갈등의 일상화와 제도화 경향을 보이는 지구적 수준의 사회변동과 현대성을 반영하는 갈등사회의 조건에서 국가와 시민사회의 새로운 질서 특히 대북정책의 소통과 관련된 새로운 질서를 '미시민주주의'의 개념틀을 활용하여 설명하고자 하는 것이다. 여기서는 김대중 정부와 노무현 정부의 대북정책을 대북포용주의로, 그리고 이명박 정부의 대북정책을 대북상호주의로 규정하고 있다. 두 가지 서로 다른 대북정책의 패러다임을 국가와 시민사회의 소통의 질서라는 맥락에서 비교, 탐색한 후 대북정책 관련 미시민주주의의 실효성에 대해 평가한다. 이 장에서는 무엇보다도 정부와 시민사회의 소통을 위한 정책네트워크로서의 협치의 민주주의를 재구축할 것을 제안한다. 협치를 통한 미시민주주의의 복원이야말로 갈등사회에서 갈등을 조율할 수 있는 가장 근본적 방법이며 사회통합을 가능하게 하는 새로운 질서라는 점을 강조하는 것이다.

이상과 같이 4부에 걸친 11개의 주제들은 갈등사회, 공공성의 재구성, 미시민주주의 등의 핵심개념을 통해 설명되고 있다. 오늘날 한국의 사회학, 아니 한국의 사회과학 전반은 새로운 사회변동을 선도하는 담론의 생산이 크게 위축되고 있다. 구체적인 변수를 따지는 연구는 관심과 기법이 점점 더 발달하는데 새로운 사회에 대한 전망을 담은 거대 담론은 점점 더 무망해지고 있는 것이다. 이 책의 내용들은 2000년대 이후 지구적 변동을 반영하는 한국사회의 공적 질서의 변화에 주목했다. 주변부의 후발국가인 한국사회가 내용이야 어떻든 이제 세계에서 앞선 국가에 포함되었으니 어느 시기인들 격동이 아닌 시기가 있었겠냐만 2000년대 이후 노무현 정부, 이명박 정부, 그리고 현재의 박근혜 정부는 또 하나의 격동기인 듯하다. 이 책을 또 하나의 격동의 시대를 보다 거시적인 사회학적 시각으로 이해하고자 하는 작은 몸짓으로 보아주었으면 한다. 이제 더 정교하고 구체적인 이론화와 분석이 여기서부터 시작이라는 생각을 떠올리는 것으로 어설픈 책의 출간을 위안 삼고자 한다.

아무리 작은 일상이라도 우리는 늘 누군가에게 빚을 지고 있다. 그 빚을 갚아야 할 가장 가까이 있는 이들은 아무래도 가족이다. '바쁘다'고 하는 그 알량한 핑계로 늘 도리를 비켜가기만 하는 불효는 시골에 계신 어머님께 갚을 길 없이 쌓여만 가는 큰 빚이다. 아내와 아들 관에게도 고마운 마음을 전한다. 나름의 의와 명분과 관계에 얽매여 실속 없는 시간을 허비하는(?) 남편에 대해, 그리고 아비에 대해 이해해주는 그들에게 고맙다는 말을 한 지 오래되었다. 1년의 연구년을 훌쩍 보내버리고 그 막바지에 다급한 마음으로 집필의 시간을 갖고자 하는 것에 흔쾌히 동의해준 것도 아내와 아들의 배려이다. 고마운 일이다. 제주대학의 송재호 교수는 천혜의 자연 속에서 원고를 다듬는 데 몰입할 수 있는 환경을 주선해주었다. 울창한 숲 가운데에서 짧지만 더 없이 소중한 시간을 갖도록 해준 송 교수께 감사의 인사를 드린다. 제주대학의 김석준 교수는 그간에 못 만났던 오랜 세월의 간격을 훌쩍 뛰어 넘어 후배에 대한 애정을 아끼지 않으셨다. 세심한 배려에 감사드린다. 이 책이 아주 조그마한 성과로라도 남을 수 있다면 그 몫은 이분들의 것이다. 모든 이들이 그러하겠지만 너무나 많은 소중한 분들이 내 삶의 씨줄과 날줄을 엮고 있다. 하늘의 뜻을 안다고 하는 나이를 훌쩍 넘겼으나 자꾸만 지쳐가는 심신에 내 삶을 엮어 주는 이분들이야말로 늘 살아가야 하는 의미가 되었다. 나눌 수 있는 결실이 있다면 이 모든 분들의 몫으로 돌린다. 끝으로, 염화의 미소로 선뜻 출간을 맡아주신 나남출판 조상호 회장님과 편집부의 김민경 선생님께 감사드린다.

2014년 8월 15일

한라산 중턱 아라동 기슭에서 조대엽 씀

나남신서 1776

갈등사회의 도전과 미시민주주의의 시대

차 례

2부 갈등사회와 공공성의 위기

03 노무현 정부와 탈근대 정치의 실험

04 이명박 정부의 시장실용주의와 공공성의 위기

05 이명박 정부와 시민사회: 새로운 갈등의 도전

3부 갈등사회와 공공성의 재구성

06 공공성의 재구성과 시민사회의 공공성

07 공공성의 재구성과 시장공공성

08 갈등사회와 정당정치의 재구성

4부 갈등사회와 갈등정치의 재구성

09 갈등사회와 자조집단의 재구성

10 갈등사회와 평화 · 통일운동의 재구성

11 대북정책의 갈등정치와 미시민주주의의 전망

갈등사회론의 패러다임 1

01 신자유주의 갈등사회론과
사회주의 갈등사회론

02 신자유주의 갈등사회와
미시민주주의론

01 신자유주의 갈등사회론과 사회주의 갈등사회론 *

1. 사회갈등의 일반이론과 갈등의 보편성

사회과학의 연구주제 가운데 특히 사회학분야의 연구관심으로 '사회갈등'만큼 포괄적이고 보편적인 주제도 드물다. 일반적으로 사회학분야에서는 사회갈등을 보편적 사회현상으로 보는 경향이 있다. 사회학의 주요 거대이론들은 대체로 '현대사회의 질서란 어떻게 가능한가'라는 이른바 홉스적 질문에 대한 응답으로 볼 수 있다.

이러한 응답을 크게 보면 사회를 보는 균형론 혹은 기능론적 시각과 갈등론 혹은 계급론적 시각으로 대별할 수 있을 것이다. 전자의 경우 사회질서는 가치의 합의에 의해 가능하다고 보며, 후자의 경우는 지배계급이나 지배 권력의 강제에 의해 질서가 가능한 것으로 설명될 수 있다. 무엇보다도 강제에 의한 질서는 갈등을 전제로 하며 갈등은 그 자

---

* 이 장의 내용은 통일연구원에서 2010에 출간한 《북한체제위기와 사회갈등》(조한범 · 조대엽 · 양문수 공저)에 포함된 필자가 쓴 내용을 수정, 보완한 것이다. 이 책에 게재를 허락해 준 통일연구원과 공저자들께 감사드린다.

체가 강제의 내재적 요소이기도 하다. 다른 한편, 가치의 합의에 의한 질서 또한 합의의 과정적 측면을 보면 갈등의 과정을 전제로 하기 마련이다.

따라서 사회갈등은 어느 사회에서나 보편적 현상이기 때문에 민주화된 사회일수록 갈등을 부정적으로 보거나 없애야 할 현상으로 보기보다는 사회갈등을 제도적 수준으로 수용함으로써 이른바 '갈등의 제도화'를 통해 사회통합을 지향하고 있다.

사회학의 일반이론들은 대부분 이처럼 사회갈등을 사회에 편재적인 현상으로 간주함으로써 사회갈등 자체를 하나의 질서로 설명하고 있다. 이 같은 사회갈등이론은 다양한 사회단위들 간에 발생하는 갈등의 기본법칙을 밝히는 데 주력함으로써 추상수준이 높은 일반이론을 지향하고 있다.[1]

이러한 이론으로 우선 역사발전과 계급투쟁에 관한 마르크스(Karl Marx)의 이론을 보다 보편적 일반갈등이론으로 변형시킨 다렌도르프(Ralf Dahrendorf)의 설명도식에 주목할 수 있다. 다렌도르프는 어떤 사회에서나 제도화는 '권위적으로 조정된 단체'(ICAs: *Imperatively Coordinated Associations*) 내에서 잠재적 이익의 '유사집단'이 현재적 이익을 갖는 '갈등집단'으로 전환하는 과정으로 보았다. ICA 내에는 오직 기본적인 두 가지 역할유형으로 지배적 역할과 피지배적 역할이 있다. 이러한 역할유형은 권위의 분배를 의미하며, ICA 내에서는 이 같은 권위의 분배를 둘러싼 갈등이 끊임없이 순환한다. ICA 내에서 일종의 권

---

1 일반 갈등이론이라고도 말할 수 있는 이러한 이론들은 다렌도르프 · 코저(Lewis Coser), 콜린스(Randal Collins), 터너(Jonathan H. Turner) 등의 갈등이론이 대표적이다(Coser, 1956; Dahrendorf, 1958, 1957; Collins, 1975; Turner, 1975).

위의 재분배과정이라고도 말할 수 있는 갈등의 순환과정은 지배와 종속관계의 이익이 잠재적 수준에 있는 이른바 '유사집단'(*quasi group*)이 집단이익이 현재화된 '갈등집단' 혹은 '이익집단'으로 전환하는 과정을 반영하고 있다.

이러한 순환적 혹은 변증법적 갈등과정에는 기본적인 인과관계가 내재하고 있다. 첫째, 갈등은 사회적이고 구조적인 배치 내에서 대립하는 힘들로부터 발생하는 냉혹한 과정이다. 둘째, 이러한 갈등은 일련의 구조적 조건들 혹은 변수들이 개입함에 따라 가속화되거나 지체될 수 있다. 셋째, 갈등해결은 어떤 시점에 이르면 특정 조건에서 불가피하게 대립되는 힘들 사이의 갈등을 더욱 더 심화시키는 구조적 상황을 만들어낸다(조나단 H. 터너, 2001: 221).

다렌도르프의 갈등이론과 마르크스 갈등이론의 유사성은 지배와 피지배의 역할모형을 설정하는 점에서도 그러하지만 보다 근원적으로는 갈등이 사회구조의 재조직화를 가져오는 인과적 연쇄를 갖는다는 점이다. 말하자면 지배와 종속의 관계는 이익의 객관적 대립을 가져오는데 특정한 조건이 되면 피지배권력의 위치에서 이러한 대립을 인식하게 되고 그것은 곧 정치조직화를 통해 지배권력과 갈등관계에 들어서게 된다. 이러한 갈등의 결과는 새로운 유형의 사회조직을 만들고 새로운 사회조직 내에는 다시 지배와 종속의 관계가 재생산되는 것이다.

다렌도르프는 이러한 순환적 갈등과정에 개입하는 경험적 조건의 유형들을 설정한다. 잠재적인 유사집단을 현재적인 갈등집단으로 전환시키는 데 개입하는 구체적인 조직화의 조건들,[2] 갈등형식과 강도를

2 이익에 대한 인식을 통해 유사집단의 갈등집단으로의 전환은 지도력과 통합의 이데올로기와 같은 기술적 조건, 조직역량과 같은 정치적 조건, 소통의 능력과 같은 사회적 조건들이 충족되는 정도에 달려 있다고 강조한다(조나단 H. 터너, 2001: 223).

결정하는 갈등조건들, 그리고 사회구조 내에서 변동의 종류, 속도, 폭에 영향을 미치는 조건들이 그것이다. 이러한 도식에서 일반적인 변수들은 갈등집단의 형성 정도, 갈등의 강도, 갈등의 폭력성 수준, 사회구조 변동의 수준 등으로 설정될 수 있다(조나단 H. 터너, 2001: 223).

코저(Lewis A. Coser)의 갈등이론은 기능주의가 강조됨으로써 다렌도르프의 이론과는 차이를 갖지만 갈등관련 변수를 추상화시켜 일반갈등이론을 모색한다는 점에서는 기본적으로 유사하다. 코저는 사회체계에 대한 갈등의 통합적 기능과 적응적 기능을 강조한다.

코저의 이론은, 첫째로 체계부분들은 통합상의 불균형을 갖게 된다는 점을 전제로 한다. 둘째, 이 부분들은 일시적인 체계의 재통합을 초래한다. 셋째, 이러한 과정은 체계구조의 유연성을 증가시키고 갈등을 통해 미래의 불균형을 해결할 기능성을 증가시킬 뿐만 아니라 변화하는 조건에 적응할 역량을 증가시키게 된다.

'기능적 갈등이론'이라고 할 수 있는 이러한 시각에서 갈등의 원인은 다음과 같이 설정된다. 첫째, 불평등한 체계에 속한 피지배층이 현존하는 희소자원의 분배의 정당성에 의문을 가질 때, 특히 불만을 시정하기 위한 통로가 거의 없는 경우나 보다 특권화된 지위로 사회이동률이 낮을 경우에 갈등이 발생하기 쉽다. 둘째, 상대적 박탈감, 그리고 결과적으로 부정의가 증가할 때 피지배층은 지배층과 갈등을 일으킬 가능성이 가장 높다. 특히 피지배층의 사회화 경험이 내적으로 자아구속력을 넘어서는 범위와 지배층이 피지배층에게 외적 강제를 적용하는 데 실패할 경우 갈등의 가능성이 높은 것이다.

코저의 갈등이론은 이 같은 갈등의 원인과 함께 갈등의 강렬성과 폭력성, 갈등의 지속성 등에 대한 일반화를 시도하고 있다. 그는 사회전체에 대한 갈등의 기능적 측면에 주목한다. 이와 관련해서 그는 체계

내의 사회적 단위들이 분화되고 기능적으로 상호의존적일수록 갈등의 빈도는 더욱 높아지지만, 갈등의 강렬성과 폭력성은 낮아지기 쉽다고 강조한다. 또 갈등의 강렬성과 폭력성의 수준이 낮을수록 사회갈등은 체계단위들의 혁신과 창조성의 수준을 증가시키며, 체계단위들이 양극화되기 이전에 적대적 관계를 해소시킨다. 아울러 갈등의 강렬성과 폭력성이 낮은 수준일수록 갈등관계에 대한 규범적 조정을 촉진시킬 뿐만 아니라 현실적 쟁점에 대한 인식을 증가시키며 사회단위들 간에 연합적 제휴의 규모를 증가시킨다는 점을 강조한다.

사회갈등이 이러한 과정을 촉진시킬수록 체계전체의 내부적인 사회통합 수준은 높아지고, 외부환경에 적응하는 역량 역시 증대하는 경향이 있다(조나단 H. 터너, 2001: 227~233).

일반적으로 다렌도르프의 갈등이론은 마르크스의 전통에 위치하고, 코저의 갈등론은 게오르그 짐멜이나 막스 베버의 전통에 있는 것으로 해석되고 있다. 어떤 이론적 전통에 있든 이 같은 갈등이론은 공통적으로 사회갈등의 구체적 형태와 역사적 조건에 관심이 있기보다는 추상수준이 높은 일반이론을 추구함으로써 사회갈등을 보편적 현상으로 취급하고 있다.

터너는 사회갈등 이론이 전제하는 갈등의 보편성을 다음과 같이 정리하고 있다(조나단. H. 터너, 1982: 159). ① 사회관계는 체계성을 보여주는 한편 갈등적 이익들로 가득 차 있다. ② 이러한 사실은 사회체계가 갈등을 체계적으로 발생시킨다는 점을 보여준다. ③ 갈등은 사회체계에 만연해 있고 피할 수 없는 현상이다. ④ 이러한 갈등은 이익의 양극적 대립으로 드러나는 경향이 있다. ⑤ 갈등은 희소자원, 특히 권력의 분배 때문에 가장 빈번하게 발생한다. ⑥ 갈등은 사회체계에서 변동의 가장 중요한 원천이다.

이 같이 갈등의 보편성을 전제로 한 일반갈등이론은 오늘날까지 여전히 해결되지 않은 많은 이론적 문제점들을 드러내고 있다. 특히 무엇을 갈등이라고 할 것인가라는 갈등의 정의를 구체화하지 못하고 있다는 점은 갈등의 보편성을 전제로 하는 동시에 일반이론을 추구함으로써 갖게 되는 피할 수 없는 한계로 남아 있다. 또한 이 같은 일반갈등이론에는 갈등의 단위들이 모호한 채로 남아 있다. 구체적인 사회갈등을 분석할 때 그 단위는 개인, 집단, 조직, 계급, 국가, 공동체 등 다양하게 설정될 수 있다. 그러나 일반이론에서는 단순히 '갈등집단', '파당', '집단' 등으로 표현됨으로써 분명한 단위의 구분이 없다(조나단. H. 터너, 1982: 218~222).

갈등의 현상적 측면은 적의, 전쟁, 경쟁, 적대, 긴장, 모순, 투쟁, 불합의, 불일치, 논쟁, 폭력, 반대, 혁명, 토론 등 다양한 용어로 지칭된다. 따라서 개인이나 집합적 단위 간에 나타나는 어떤 종류의 행동을 갈등이라고 할 것인지는 논란이 많은 쟁점이 아닐 수 없다. 일반적으로 갈등에 대한 협의의 정의는 갈등주체들 사이에 드러난 행위만을 갈등으로 보는 경향이 있다.

그러나 일반갈등이론에서는 대부분 갈등의 정의를 광의로 해석한다. 다렌도르프는 "사회적 힘들 사이의 드러난 충돌뿐만 아니라 경연, 경쟁, 토론, 긴장 등"에도 갈등의 개념을 사용함으로써(Dahrendorf, 1957: 135) 사회갈등은 사회적 관계 내에서 대립적인 힘들 간에 발생하는 상호작용과정일 뿐이라고 보았다. 코저 또한 갈등이 체계의 통합에 기여하는 측면을 강조하는 입장이기 때문에 드러난 폭력적 대결에 국한시킨다면 설명력은 줄어들 수밖에 없다. 따라서 코저에게서도 갈등은 대립을 암시하는 현재적 또는 잠재적 상태의 충돌을 포괄하는 편재적 현상으로 광의의 갈등개념을 따르게 된다.

갈등에 대한 이 같은 광의적 정의를 가장 명시적으로 밝힌 핑크(Clinton Fink)에 따르면, 갈등은 "둘 혹은 그 이상의 실체가 대립적인 심리적 관계나 대립적인 상호작용의 한 형태에 의해서 연결된 사회적 상황 또는 과정"이며, 여기서 '대립적'이라는 개념에는 '양립할 수 없는 목적들', '상호배타적인 이익들', '감정적 적대', '불합의', '폭력적 투쟁', '규제된 상호간섭' 등의 상태가 포함되는 것으로 설명한다(Fink, 1968: 456). 이처럼 더욱 명시적인 입장에서 갈등의 개념을 광의적으로 해석한다고 하더라도 모호성은 여전하다.

사회갈등에 관한 일반이론과 달리 이 책에서 강조하는 사회갈등은 '갈등사회'적 현상으로서의 사회갈등이다. 말하자면 역사적으로 특수한 시대에 나타나는 갈등의 원인과 형태와 결과가 특징적인 사회의 성격을 규정하는 개념으로 '갈등사회' 개념을 사용하고자 하는 것이다. 특히 탈냉전의 사회변동을 반영하는 세계사적 현상으로서의 갈등사회적 변동에 주목하고 이를 신자유주의 갈등사회와 사회주의 갈등사회로 구분해서 갈등사회론을 모색하고자 한다.

2. 사회갈등의 역사성과 '갈등사회'

갈등의 개념과 분석단위가 모호한 일반갈등이론과는 달리 역사적으로 특수한 갈등현상에 주목함으로써 갈등의 범위와 분석단위를 구체화하는 연구의 경향들이 있다. 이러한 연구로는 국가, 인종, 계급, 성, 종교, 윤리, 공동체, 직업 등의 갈등을 포함하는 개별사회의 구체적인 갈등사례를 분석하는 다양한 연구경향을 들 수 있다.

그러나 더 주목할 만한 특수한 갈등모델은 역사비교사회학의 연구에서 찾아볼 수 있다. 이 갈등모델들은 대부분 근대사회로의 이행과정에서 나타나는 대중동원을 통한 혁명과 국가의 붕괴에 초점이 맞추어져 있다. 따라서 다양한 혁명이론들은 어떤 조건에서는 혁명이 발생하고 어떤 다른 조건에서는 혁명이 발생하지 않는가를 설명하고자 한다. 이러한 설명들은 사회의 지배권력과 투쟁하기 위해 대중동원을 이끌어내는 요인과 구성원을 지배하고 조정하는 국가능력의 상실 및 정당성의 상실 요인 등에 주목하고 있다.

이 같은 역사비교사회학의 갈등모델로는 '독재와 민주주의의 사회적 기원'에 관한 배링턴 무어의 역사 사례연구가 잘 알려져 있다(Moore, 1966). 무엇보다도 이 연구에서는 근대화에 이르는 3가지 경로로 ① 미국, 영국과 같은 민주주의의 경로, ② 일본, 독일, 프러시아 등의 초기 근대화과정에서와 같은 파시스트국가로의 경로, ③ 러시아와 중국과 같이 농민반란과 대중동원 나아가 사회혁명에 따른 사회주의국가로의 경로 등을 강조한다. 근대화의 경로에서 민주주의의 길은 봉건지주가 소작계약에 따른 농민을 고용된 농업노동력으로 대체함으로써 자본가가 되고 이들이 부르주아지와 동맹을 맺게 되며, 파시스트국가의 길은 전통적 지배양식을 통해 농민을 토지에 잡아두는 조건에서 국가관료와 지주가 동맹관계를 맺는 경우를 말한다. 사회주의 혁명의 길은 토지귀족이 부재지주가 되는 한편 가혹한 지대와 상품판매가격의 하락에 따라 착취의 구조에 대한 불만이 가중됨으로써 대중동원과 혁명적 상황이 발생한다는 것이다.

무어의 이러한 갈등모델은 적어도 근대화 과정이라는 특수한 시기에 주요 국가의 근대적 변동이라는 특수한 갈등조건에서 지주와 농민계급, 국가관료라는 구체적 분석단위들 간의 갈등을 설명하는 것이다. 이러한 갈등모델은 추상수준이 높은 일반갈등이론과는 달리 역사적으로 특수한 갈등사례로부터 근대사회의 정치사회갈등을 분석하고 있다.

이러한 역사비교사회학의 갈등모델은 마르크스의 혁명과 대중동원의 조건을 산업사회가 아니라 농업경제에 결부된 농민사회에 적용한 페이지의 농민혁명에 관한 연구(Paige, 1975)에서도 크게 부각된다. 나아가 혁명상황과 자원동원에 관한 보다 일반적인 조건을 이론화하는데 관심이 있기는 했지만 이러한 이론을 특수한 역사적 사례에 접목시킴으로써 구체적 설명을 강화한 틸리의 동원모델(Tilly, 1978)도 중요한 갈등모델로 주목할 수 있다.

역사비교연구에서 빼놓을 수 없는 또 다른 갈등모델은 스카치폴의 국가와 사회혁명에 관한 분석이다(Skocpol, 1979). 그는 1789년의 프랑스혁명과 1917년의 러시아혁명, 1949년의 중국 공산혁명의 비교분석을 통해 혁명적 상황은 국가와 계급지배에 대한 정치군사적 위기의 출현으로 인해 발전했다는 점을 강조한다. 말하자면 국가가 다른 국가와의 군사적 행동에서 실패하고, 농민들의 잠재된 대중동원이 발생하며, 귀족계급의 적대심이 생겨날 때 전면적인 사회혁명이 전개된다는 것이다. 스카치폴의 갈등모델 이외에도 17, 18세기 농업사회의 근대화과정에서 혁명과 반란을 궁극적으로 인구성장의 영향으로 설명하는 잭 골드스톤의 국가붕괴에 관한 설명방식도 주목할 만하다(Goldstone, 1991).

이러한 비교역사사회학의 다양한 갈등모델들은 토지기반의 사회구성체가 근대 산업사회로 전환하는 과정에서 나타나는 사회갈등과 정치변동에 주목함으로써 농민층과 노동자층의 계급저항을 핵심적 갈등으로 보고 있다. 대부분의 사회에서 가장 근원적이고 기본적인 사회갈등은 불평등한 사회체계로부터 출현하는 계급갈등이라고 할 때, 2차 세계대전 이후 세계사회는 냉전 이데올로기의 강화를 기초로 이러한 계급갈등을 서로 다른 방식으로 해소하는 사회변동의 과정을 거쳤다.

서구 선진 자본주의사회의 경우 2차 대전 이후의 고도성장에 힘입어 분배의 효과에 따른 계급타협을 기반으로 복지국가의 패러다임이 구축되었다. 이러한 복지국가의 패러다임에서 계급갈등은 제도적으로 안정화됨으로써 '사회민주적 합의사회'의 모델을 만들었다. 다른 한편 동구 사회주의사회의 경우 계급혁명을 통해 사회주의국가의 패러다임을 구축했고, 잔여적 계급갈등을 통제하기 위해 '전체주의적 통합사회'의 모델을 유지했다. 이른바 제 3세계로 불렸던 주변부 저발전 사회의 경우 군부주도의 정치동맹에 따른 쿠데타를 통해 집권하는 경향이 확대됨으로써 개발독재국가의 패러다임이 만들어졌다. 이러한 제 3세계의 사회통합은 저항계급에 대한 강력한 억압으로 특징되는 '권위주의적 통합사회'에 의해 유지되었다.

이처럼 냉전적 조건에서 국가이념에 의해 계급갈등을 규제하는 서로 다른 형태의 통합사회는 동구 사회주의의 해체 이후 1990년대 탈냉전의 지구적 사회변동과 함께 통합된 사회로서의 특징보다는 새로운 사회갈등이 보편화되는 '갈등사회'로 전환하게 되었다(조대엽, 2009).

냉전적 이념과 중앙집중화된 국가주의적 억압에 따라 강력하게 통제되었던 사회갈등은 1990년대 이후의 지구적 사회변동에 따라 새로운 형태의 갈등으로 다양하게 나타났다. 이념의 시대를 넘어서는 탈이념의 정치변동과 산업사회를 넘어서는 탈근대 지식정보사회의 새로운 갈등형태의 등장, 지구적 시장화의 경향에 따른 국가 중심성의 약화 등은 사회갈등을 보다 일상적이고 보편적인 현상으로 만들었다.

오늘날 현대성의 거대전환을 추동하는 가장 핵심적인 동력은 세계시장주의의 팽창으로 귀결된 신자유주의적 지구화 경향이라고 말할 수 있다. '갈등사회'는 신자유주의의 지구화 경향과 성찰적 근대의 정치사회적 동학을 반영하는 최근 사회변동의 경향을 강조하는 개념이다. 갈등사회는 시장영역에서 출발한 벌거벗은 경쟁의 시장주의에서부터 일상적 삶의 영역에서 나타나는 욕망과 가치의 정치화 현상을 포괄하는 사회변동의 패러다임이라고 말할 수 있다.

갈등사회의 경향이 현대성의 일반적 경향이라고 하더라도 개별 사회는 역사적 발전경로에 따라 서로 다른 특성을 갖게 된다. 적어도 서로 다른 역사적 경로의 효과가 현실의 갈등현상에 반영됨으로써 각 사회의 특성을 드러내게 된다. 말하자면 서구 자유진영의 경우 '신자유주의 갈등사회'의 경로를 갖는 반면, 시장경제로 전환한 사회주의국가와 북한과 같은 현실사회주의국가의 경우 '탈냉전 사회주의 갈등사회'의 경로에 들어서고 있다. 나아가 제 3세계 지역에서는 주변부적 특성의 갈등사회가 전개될 수 있다.

이 같은 '갈등사회'는 탈냉전과 세계시장주의, 정보통신 네트워크의 연속적 혁신과 탈근대의 문화변동 등을 포괄하는 지구적 사회변동이라는 '현대성'의 특징을 반영한다. 따라서 갈등사회론은 사회갈등을 일반 갈등이론의 관점이 아니라 역사적으로 특수한 현대성의 현상으로서의 사회갈등에 접근하는 방식이라고 말할 수 있다. 이와 동시에 탈냉전 이후의 사회변동에서 나타나는 보편적 현상으로서의 사회갈등에 주목한다는 점에서 갈등의 '당대 보편성'을 함의한다고 할 수 있다. 따라서 갈등사회론의 시각에 다루어지는 사회갈등 현상은 갈등의 보편성, 특수성을 동시에 반영하는 이론이라고 말할 수 있는 것이다.

3. 탈냉전·시장주의 역사국면과 신자유주의 갈등사회

1) 역사국면의 전환과 갈등사회의 도래

페르낭 브로델(Fernand Braudel)은 역사를 서로 다른 층위로 이루어진 것으로 보았다. 가장 표층에는 단기적 시간 안에서 전개되는 '사건사'가 있고, 중간의 층위에는 이른바 '국면사'(*histoire conjoncturelle*)가 보다 광범한 역사의 리듬을 좇아 전개된다. 이러한 국면사는 특히 물질적 삶의 차원, 경제적 주기의 차원에서 연구되었다. 브로델은 국면사를 넘어서면 전세기를 문제 삼는 '구조사' 혹은 '장기지속사'가 있다고 말한다. 그는 '사건'에 대해서는 지칠 줄 모르는 사회학적 상상력이 작동하지만 '국면'에 대해서는 간과되는 경향이 있다는 점을 지적했다(페르낭 브로델, 1982: 131~132).

이러한 페르낭 브로델의 국면사를 준거로 할 때, 하나의 역사적 국면은 수백 년에 걸친 장기지속의 역사 속에서 수십 년 단위로 형성되는 특수한 역사적 시기를 의미한다. 역사적 국면은 당대의 세계질서와 국내에 응축된 정치경제적 조건의 구조 속에서 정치권력과 경제체제, 계급질서와 계급투쟁, 문화구성과 사회적 욕구, 사회운동 등의 요소들이 결부되어 해당 '역사국면'에 독특한 '역사적 프레임'을 형성한다(조대엽, 2010: 5~6).

'프레임'(*frame*)은 개인들이 삶의 공간과 세계에서 일어나는 일들을 지각하고, 위치짓고, 구별하고, 이름 붙이는 것을 가능하게 해주는 해석의 틀(*schemata of interpretation*)을 의미한다(Goffman, 1974). 따라서 프레임은 사건이나 현상에 의미를 부여함으로써 개인으로 하여금 자신들의 경험을 조직하게 하고 개인적 행동이나 집합적 행동을 인도하는 기능을 수행한다. 이러한 프레임의 논리를 확장할 때, 특정의 역사적 국면에서 형성되는 '역사적 프레임'은 해당 역사국면의 개인, 집단, 조직이 현실의 조건을 해석하고 정치적 지향을 설정하게 하며 사회운동을 조직하게 만드는 거시적 규정력을 갖는다(조대엽, 2010: 6).

2차 세계대전 이후 새로운 세계질서의 재편과정은 새로운 역사적 국면의 출현을 의미했다. 소련과 미국을 중심으로 한 동서 양 진영은 격렬한 이념대립과 함께 세계자본주의의 국제 분업질서에 따라 이른바 '냉전'의 질서를 형성시켰다. 이러한 냉전의 질서는 자유주의이념과 사회주의이념을 국가이념으로 한 중앙집권화된 강력한 통제장치로서의 '국가주의'가 민족국가의 핵심적인 구심을 이루었다는 점에서 '냉전・국가주의'의 역사적 프레임을 형성했다고 말할 수 있다.

냉전・국가주의 역사국면의 한국적 특수성은 '분단・국가주의'의 역사적 프레임으로 현실화되었다. 동서 양 진영의 이념대결과 자본주의 세계질서의 재편에 따라 한반도에는 분단체제가 형성되었고, 한국전쟁을 거치면서 분단의 질서는 빠르게 고착되었다. 이러한 점에서 해방 이후 정부수립의 시기에서부터 1990년대 초까지의 시기를 '냉전・국가주의' 역사프레임이 한반도에 내재화된 하나의 역사적 국면으로 볼 수 있다. 이 시기는 민족분단이 고착화되고 외세의 규정력이 극대화된 '분단적 상황'과 민간에서 군부로 이어지는 권위주의적 정치권력의 억압적 '국가주의'가 결합됨으로써 반공이데올로기가 지배하는 '분단・국가주의'의 역사적 국면으로 규정될 수 있다.

구한말과 일제, 미군정의 시기까지는 강대국의 외압과 직접침탈로부터 벗어나기 위한 민족해방과 근대 민족국가건설의 과제가 하나의 거대프레임을 형성했던 시기라면, 정부수립 이후는 비록 불완전한 형태이지만 근대적 국민국가의 제도적 틀을 중심으로 사회발전과 정치변동의 쟁점이 제기되는 새로운 역사적 국면의 시작으로 해석할 수 있다. 특히 이 시기 사회갈등의 핵심적 요소로서의 저항운동은 근대국가의 규정력 속에서 작동하는 것이기 때문에 사회운동을 중심으로 본다면 민족국가 건설을 목표로 하는 민족해방 투쟁과 국민국가의 질서 내부에서 작동하는 사회운동은 서로 다른 역사적 프레임을 구성하는 것으로 볼 수 있다. 정부수립 이후를 새로운 역사국면으로 보고자 하는 이유가 여기에 있다.

분단·국가주의 역사국면에서 남한의 경우 가장 중요한 모순구조는 민족모순과 계급모순이었고, 이러한 모순구조는 사회갈등이 상존하는 원천이 되었다. 분단 상황에서 남한에 성립한 억압적 군부권위주의 국가는 언제나 통일지향의 진보적 민족주의와 민중주의에 기반을 둔 민주주의 운동과 격렬한 갈등관계에 있었다. 따라서 분단·국가주의 국면의 가장 기본적인 갈등구조는 시민사회의 민족민주운동과 권위주의 국가권력 간의 갈등이었고, 그러한 갈등구조는 1987년 6월 민주항쟁을 분수령으로 빠르게 쇠퇴했다.

분단·국가주의 역사국면의 시기 동안 사회갈등의 핵심적 요소였던 저항운동의 흐름은 '민족민주운동의 주기'로 설정할 수 있다(조대엽, 2010: 7~9). 이러한 저항운동의 주기는 1960년 4·19 혁명을 출발점으로 1964년의 6·3 한일회담 반대운동, 1970년대 반유신 운동, 1970년대 말의 부마항쟁과 1980년의 5·18 민주화운동, 나아가 1987년 6월 민주항쟁에 이르는 연속적 민족민주운동으로 이루어졌다.

1980년대 말 동구 사회주의의 붕괴와 함께 세계질서는 새로운 역사적 국면을 맞게 되었다. 동구의 붕괴와 함께 그야말로 명백한 탈냉전의 시대로 들어서면서 더 이상 냉전적 이념은 효용성을 유지하기 어렵게 되었다. 게다가 1980년대 초부터 전개되기 시작한 신자유주의 시장화 경향은 1990년대 들어 이미 지구적으로 확산되었다. 냉전적 이념이 쇠퇴한 가운데 거칠 것 없이 전개되는 신자유주의 시장화 경향은 무엇보다도 국가의 경계와 기능을 약화시킴으로써 중앙집중적 민족국가의 사회통합 기능을 크게 위축시켰다. 말하자면 '탈냉전 · 시장주의'의 새로운 역사국면이 전개되었다.

냉전 · 국가주의에서 탈냉전 · 시장주의로의 역사국면의 전환은 직접적으로는 동구 사회주의의 붕괴에 따른 탈이념시대의 도래에 그 요인이 있다. 그러나 하나의 역사적 국면을 지배하는 거대한 역사적 프레임으로서의 탈냉전 · 시장주의는 지구적 사회변동의 거대한 전환의 요인들과 연관되어 있다. 이러한 전환의 요인으로는 지구화, 민주화, 정보화의 거대경향에 내재된 신자유주의 시장화, 민주적 권력분산, 정보기술혁신과 소통경로의 팽창, 탈근대의 문화적 욕구의 팽창 등의 효과를 들 수 있다.

이러한 지구적 사회변동의 요소들은 탈냉전 · 시장주의의 역사국면에서 현대성의 핵심적 특성을 반영하는 '갈등사회'를 출현시키게 되었다. 탈냉전 · 시장주의의 역사국면은 기본적으로 이념과 국가에 의해 통제된 사회통합의 원리가 해체된 것을 의미하기 때문에 새로운 사회갈등이 보편적으로 가시화되는 경향을 보였다.

무엇보다도 이러한 '갈등사회'로의 전환을 가능하게 하는 첫 번째 요인은 지구화된 신자유주의적 시장화 경향이라고 할 수 있다. 사회주의 이념의 종료와 함께 신자유주의의 지구화 경향에 따른 시장주의의 급속한 팽창은 사회의 결속과 공동성을 해체하며 벌거벗은 이익만이 질주하는 사회로 전환되었다. 이러한 현실은 거대 자본의 위협과 경쟁의 강화에 따른 기회박탈의 위기를 가중시키고, 양극화 경향의 확대에 따른 갈등을 일상화시키는 결과를 가져온다.

둘째, 민주적 권력분산을 강조할 수 있다. 중앙집중적 사회통합의 구심이었던 국가권력이 약화되는 경향과 함께 사회구성적 측면에서 국가권력이 시민사회와 시장권력으로, 지역적 수준에서 중앙권력이 지방화과정을 통해 자치적 권력으로 분산됨으로써 갈등에 대한 통제 역시 분산되는 경향을 갖게 되어, 갈등을 원천적으로 봉쇄하는 것이 사실상 불가능해졌다.

셋째, 정보기술혁신에 따른 커뮤니케이션 경로와 네트워크의 팽창을 들 수 있다. 언론 및 방송의 민영화, 다중 채널화, 전자정보기술의 확대에 따른 인터넷을 비롯한 통신망의 확대 등은 정보의 전달과 확산을 가속화시킴으로써 개인과 집단의 요구와 욕망을 자유롭게 소통시키게 되었다. 이러한 개방적 소통의 질서는 갈등의 제도화기제이자 갈등의 새로운 원천으로 작동하기도 한다.

넷째, 탈근대적 문화지향과 탈물질적 가치의 확대는 갈등사회로의 전환을 가속시키는 또 하나의 요인이다. 정체성의 정치와 관련된 다양한 차이의 표출과 안전한 삶에 대한 욕구 등은 환경가치, 평화의 가치, 인권의 가치, 건강가치 등 시민사회의 다양한 가치를 적극적으로 제기함으로써 새로운 사회갈등이 확산되기 마련이다.

결국 이 같은 사회변동은 사회경제구조의 위기와 정치적 통합의 위기, 사회적 결속의 위기, 삶의 패러다임의 모호성에 따른 불확실성의 증대를 초래함으로써 갈등을 일상화하는 한편 갈등을 제도화하는 효과를 갖는다.

이와 같은 탈냉전 · 시장주의 역사국면에서 나타나는 '갈등사회'는 자유주의진영의 경우 '신자유주의 갈등사회'로 유형화되며, 사회주의진영의 경우 '사회주의 갈등사회'로 유형화할 수 있다. 양자는 서로 다른 역사적 발전경로에서 설정되는 갈등사회의 유형이라고 할 수 있지만 탈냉전·시장주의 역사국면의 공통된 효과를 반영하고 있다.

2) 신자유주의 갈등사회와 새로운 갈등구조

1980년대 말 동구 사회주의의 붕괴 이후 현대성을 규명하는 대부분의 서구 사회이론은 현대성의 변화와 관련해서 대체로 사회해체적 경향성을 강조하고 있다. 이러한 경향은 현대사회에서 갈등현상의 보편화와 일상화 경향을 서로 다른 시각에서 접근하는 것이라고도 말할 수 있다.

현대성을 해명하는 다양한 시각들 가운데 탈근대의 사회변동을 2차적 근대 혹은 성찰적 근대화(*reflexive modernization*)로 보는 시각(앤서니 기든스·울리히 벡·스콧 래쉬, 1998; 울리히 벡, 1998, 2000)은 위험사회론(Beck, 1992)과 함께 가장 주목할 만하다.

주지하듯이 성찰적이라는 것은 산업사회의 체계가 다룰 수 없고 동화시킬 수도 없는 위험사회의 결과와 자기 대면하는 과정이라고 할 수 있다. 위험사회의 도래와 함께 고전적 산업사회의 기본갈등이었던 '재화'(*goods*)를 둘러싼 분배의 갈등은 '재해'(*bads*)를 둘러싼 분배의 갈등에 의해 압도된다. 또 재화의 생산에 수반되는 위험—원자력 및 화학과 관련된 거대기술, 유전자 연구, 환경에 대한 위협, 과잉군비 확대, 서구산업사회 외부에서 강화되는 빈곤화 등—이 분배되고 저지되며 관리되고 정당화되는 방법을 둘러싸고 갈등이 분출한다(기든스 외, 1998).

현대성의 특징을 해체화(*disorganization*)로 규정하는 입장은 보다 명시적으로 갈등사회의 관점을 제시하고 있다. 현대사회는 합의사회에서 갈등사회로 전환함으로써 해체적 경향이 가속화한다는 점을 강조한다. 갈등사회에서 사회갈등의 원천은 사회경제적 변동과 인종적, 문화적 긴장, 다른 한편으로는 문화적, 종교적, 가족적 정체성에 내재된 불확실성과 제도적, 집단적 통합가능성의 약화, 나아가 노동시장에 대한 미래전망의 부재 등이 강조될 수 있다. 이러한 갈등의 원인들은 구조위기와 규제력의 위기, 나아가 사회적 결속의 위기를 드러내면서 갈등을 더욱 증대시킨다(Heitmeyer, 2003).

현대 자본주의의 특수한 형태를 경제영역뿐 아니라 사회, 문화영역에서 일어나는 전반적 과정으로서의 세계화 과정으로 보고 이러한 과정을 균열사회(*disintegration society*) 보는 악셀 호네트의 현대성에 관한 입장도 갈등사회적 관점이라고 말할 수 있다. 호네트는 이러한 균열사회의 구성원리가 감정적 차원과 법적 차원, 사회적 차원 등 3가지 영역에서의 상호인정 과정으로 보고 법적, 사회적 인정이 유보되고 있다는 의식이 집단적으로 공유될 때 사회운동이 생성됨으로써 이른바 인정투쟁이 사회구조적 특성으로 보편화된 사회를 강조하고 있다(악셀 호네트, 1996).

다른 한편 오늘날 발달된 서구 민주주의사회의 특징을 일상화된 사회운동에서 찾는 경향도 있다. 말하자면 서구 민주주의의 정치적 토양에서 다양한 개인, 집단, 운동이 추구하는 이슈, 요구, 저항들이 이전에 비해 크게 확산된 형태를 보이는 것을 이른바 '갈등정치'(*contentious politics*)가 확대되는 것으로 이해하고, 이러한 갈등정치가 일상화된 사회를 '사회운동사회'(*social movement society*) 라고 전망하는 것이다(Meyer and Tarrow, 1998).[3]

---

3 사회운동사회는 서구 민주주의사회에서 시민사회가 역동적으로 작동하는 정치사회적 조건을 전제로 하며 이러한 사회로의 변동은 무엇보다도 사회운동의 성공이 가져온 운

이러한 현대성의 학술담론과 아울러 투명사회론(Vattimo, 1992), 네트워크 사회론(Castells, 2004) 등은 정보통신 기술의 발전과 커뮤니케이션 경로의 팽창에 기초한 공론영역의 확장, 나아가 지구적 공론영역의 확장을 강조한다는 점에서 갈등사회의 구조적 조건에 대한 설명력을 높이고 있다.

해체와 탈중심화의 경향을 반영하는 이 같은 다양한 현대성의 담론들은 '갈등사회'의 전망과 직접적으로 결부되어 있다. 특히 이러한 담론들은 동구 사회주의의 붕괴 이후 탈냉전의 사회변동을 반영할 뿐만 아니라 전지구적 시장화 경향에 따라 시장자유주의 진영의 신자유주의적 경향에 따른 해체화를 반영하고 있기도 하다. 따라서 이러한 현대성의 특징을 '신자유주의 갈등사회'라고 요약할 수 있다.

신자유주의 갈등사회는 무엇보다도 갈등의 형태와 갈등과정, 갈등의 결과에서 이전의 산업사회와 다른 양상을 보여준다.

첫째, 갈등사회는 근대 산업사회의 근본적 사회구성요소 — 계급, 민족, 국가 — 와 관련된 갈등보다는 환경, 노동, 식품, 교육, 주택, 보건의료, 여성, 노인문제 등 일상의 삶과 관련된 갈등이 표면화되는 경향이 있다.

동의 제도화에 따른 것이라고 할 수 있다. 마이어와 태로우는 갈등정치의 경향을 통해 전통적 사회운동과는 다른 현대 서구사회의 운동의 변화를 반영하는 사회운동사회에 대해 보다 구체적으로 다음과 같은 점을 강조한다. 첫째, 사회적 저항은 이따금씩 나타나거나 돌발적으로 나타났는데 이제 현대적 삶에 상존하는 요소가 되었고 이러한 점은 현대 민주정치의 주요한 특징이 되었다. 둘째, 저항행동의 발생빈도가 크게 높아졌으며 다양한 구성원과 아울러 광범한 영역에 걸친 요구로 나타나고 있다. 셋째, 전문화와 제도화는 주창활동의 주요 수단이었던 사회운동을 제도정치영역 내적 수단으로 변화시켰다. 이러한 점에서 사회운동사회는 주창의 방식 가운데 제도적이고 일상적인 행위양식이 늘어나는 반면 격렬하고 근본적 이슈의 저항은 줄어드는 경향을 보이는 가운데 전체적으로는 갈등이 확산된 사회를 지칭하는 것이다(Meyer and Tarrow, 1998: 러셀 J. 달턴 외, 1996).

둘째, 삶과 관련된 시민사회의 가치 — 생명, 평화, 환경, 인권, 평등 등의 가치 — 도 안전한 삶을 지향하면서 갈등사회의 지속적인 갈등이슈가 되고 있다.

셋째, 공공갈등의 이슈가 일상과 사적 삶에 결부되어 있다는 점은 비정치적인 것의 정치화, 문화의 정치화, 사적 이슈의 공공화 과정으로 설명할 수 있다.

넷째, 일상적 삶과 관련된 수많은 갈등이슈가 정치화되면서 갈등의 빈도 또한 일상적 수준으로 증대하며 갈등과정도 다양한 매체를 통해 일상적 토론이 이루어지며 쟁점화과정이 나타난다.

다섯째, 전자정보 공간에서 활동하는 전자적 공중이 오프라인을 넘나들며 갈등을 이슈화하고 참여한다.

신자유주의 갈등사회에서 갈등의 결과는 사회해체를 가속화하는 경향과 함께 자율적 결속의 강화 경향을 동시적으로 갖는다. 신자유주의 갈등사회에서 사회갈등은 성찰성과 역동성 나아가 균열의 증대에 따라 해체경향을 가속화시킨다. 그러나 동시에 갈등의 일상화와 제도화 경향을 동반함으로써 갈등이 만연함에도 불구하고 소통의 확산과 자율적 공공성의 증대, 시민사회의 책임성 증대, 정치적 조정능력의 증대에 따른 자율적 공공성이 확장하는 결과를 얻게 된다.

4. 탈냉전·시장주의 역사국면과 사회주의 갈등사회

1) 사회주의 갈등사회와 해체화의 경향

지구적 수준에서 새롭게 형성된 탈냉전 시장주의 역사국면은 강력한 일원적 정치이념으로 통합된 사회주의사회에도 시장화의 경향을 확대함으로써 '사회주의 갈등사회'의 전망을 가능하게 했다. 1980년대 말을 전후한 시기에 개혁 개방이 확대된 사회주의사회는 현시점에서는 러시아를 비롯한 동유럽지역과 같이 완전히 체제를 전환한 시장경제사회가 있는가 하면, 중국과 같이 사회주의체제하에서 시장경제를 강화한 사회가 있고, 북한과 같이 여전히 사회주의 체제를 유지하면서 사회주의 계획경제와 당국가체제가 약화되는 경향을 갖는 사회도 있다.

여기서는 근대 산업사회의 시기에 사회주의적 발전경로를 채택했으나 탈냉전의 세계사적 변동과정에서 체제변동을 경험하고 있는 이 같은 후기사회주의사회(*post socialist society*)의 다양한 유형들을 포괄적으로 '탈냉전 사회주의 갈등사회'로 부르고자 한다.[4]

북한사회는 현시점에서 사회주의 정치질서와 계획경제가 유지되고 있으면서도 일정한 해체적 경향을 보이고 있다. 북한사회는 전면적인 체제변동을 경험한 러시아나 현재에도 광범한 체제변동이 진행 중인 중국과 달리, 여전히 사회주의 체제를 유지하는 가운데 탈냉전 시장주

---

4 러시아를 비롯한 동유럽의 경우 자유주의 시장경제체제로 전환했기 때문에 오히려 '신자유주의 갈등사회'의 전망을 가능하게 한다. 그러나 자유주의정치제도와 시장경제체제를 채택했다고 하더라도 새로운 지배질서의 내적 요소들은 실질적으로 사회주의단계와 일정한 연관성을 가지는 것으로 보인다. 따라서 여기서는 일단 포괄적으로 탈냉전 사회주의 갈등사회로 구분하더라도 이와 관련된 보다 정교한 후속의 논의가 필요하다.

의 역사국면의 지구적 시장화, 정보화, 지구적 네트워크화 현상 등에 따라 사회주의 갈등사회로 전환하는 것으로 볼 수 있다. 따라서 북한사회 질서의 몇 가지 해체적 징후를 사례로 사회주의 갈등사회에 주목하고자 한다.

구조적으로 드러나는 갈등사회의 해체적 징후는 무엇보다도 북한사회에 형성된 2차 경제의 질서에 주목할 수 있다. 사회주의사회의 '2차 경제'는 공식적으로 등록되지 않은 경제활동을 포함하는 개념이다(Kemeny, 1982). 더욱 구체적으로 2차 경제는 직접적으로 사적 이익을 추구하는 경제활동과 실정법에 위반하는 경제활동을 모두 포함하는 것으로 보기도 한다. 이러한 범주화는 사회주의 계획경제의 위기에 따라 합법적 수준의 사익추구 활동이 허용되는 현실을 포괄하기 위한 것이라고 볼 수 있다. 이 경우 계획경제의 영역과 계획경제 외적 영역을 구분할 때 각 영역에서 합법적 경제활동과 비합법적 경제활동을 다시 구분할 수 있다. 이러한 구분에 기초할 때 합법적 계획경제 영역의 활동은 1차 경제라고 할 수 있고, 계획경제 영역 내에서의 비합법적 경제활동과 계획경제 외적 영역의 합법적 사익활동과 비합법적 사익활동은 모두 2차 경제에 포함될 수 있다(Grossman, 1977).

이러한 2차 경제는 전통적 계획경제하에서 나타나는 보편적 현상으로 볼 수도 있으나 북한사회에서 2차 경제활동은 1990년대 이후 주목할 만하게 확대되었다(정세진, 2000: 77). 사회주의 계획경제의 제도가 위축되는 조건은 무엇보다도 주민들의 일상적 삶의 기초라고 할 수 있는 식량과 소비재의 배급이 한계적 상황에 이르렀다는 점이다.

1990년대 이후 공식적인 국가배급제의 제약은 2차 경제활동이 광범하게 확산되는 조건이 되었다. 1990년대 들어 극심한 식량부족 상황에 대처하기 위해 중앙배급제를 각 도, 군 단위에서 독자적으로 해결하는 것을 기본방향으로 설정하고 있다. 이에 따라 지방당국과 중국 및 러시아의 직접물물교환이 허용됨으로써 이른바 지방별 자력갱생 전략이 강조되었다(정세진, 2000: 80~81).

식량배급의 중단에 따른 이러한 변화는 계층에 따라 훨씬 더 심각한 식량난을 겪게 만들었고 이는 자연스럽게 식량의 사적 거래행위를 확산시켰다. 이러한 현실은 식량의 중앙배급제와 생필품을 국영상점과 협동상점에서만 공급하는 유통체계가 무너지는 현실을 보여주고 있다.

이 같은 식량배급제와 상품 유통체계의 해체 경향은 이른바 '농민시장'의 암시장화 경향에서 더욱 뚜렷이 확인할 수 있다. 농민시장은 초기에는 개인이 텃밭 등에서 생산한 농산물을 교환하거나 파는 등 개인이 처분할 수 있는 생산물을 판매하는 시장으로 형성되었다. 농민시장이 활성화된 것은 1980년대 중반 이후라고 할 수 있는데, 이는 주민생활과 밀접한 경공업품의 증산정책이나 중국의 개방정책과도 관련되어 있다. 국경지대에 인접한 중국 연변지역과의 거래가 활기를 띠면서 중국의 교포상인들이 공산품을 북한의 골동품이나 해산물 등으로 바꾸는 거래가 이루어졌다.

이후 농민시장은 점차 준시장적 거래행위가 확산됨으로써 불법적인 암시장화되었다. 특히 1990년대부터 경제난과 식량난이 심각해지면서 점점 더 교환되거나 매매되는 품목이 늘어나 식품, 주류, 수산물, 의류, 공산품, 의약품, 가전기기, 신발 나아가 공장과 기업소 등의 설비나 기자재까지 등장하고 있다. 거래품목에 대한 규제는 사실상 무의미한 것이 되었다(정세진, 2000: 88~89).

중앙배급제와 공식적 유통체계가 와해되는 조건에서 2차 경제는 다양한 형태로 확산되고 있다. 계획경제 외적 영역의 합법적 사익활동으로는 개인텃밭, 뙈기밭, 부업밭 등 농산물의 사적 경작과 가내작업반이나 개인부업반 등 가내수공업과 개인 서비스 활동 등이 확대되는 한편, 계획경제 외적 비합법적인 사적 경제활동으로는 간부층이 공장지배인, 당간부, 사회안전부 요원들과 결탁하여 자재와 원료를 조달받아 공장을 운영하는 소규모 지하생산이 있는가 하면, 밀무역, 사채 및 주택거래 등도 늘어나고 있다.

나아가 계획경제 내의 비합법적 경제활동으로는 기업소 간 뒷거래, 국영부문의 국가재산에 대한 절취행위, 동구 사회주의권의 붕괴 이후 외화 및 물자난 극복을 위해 무역거래를 지방으로 분산함으로써 나타나는 외화벌이와 관련한 불법 활동 등이 확대되고 있다(정세진, 2000: 98~136).[5]

탈냉전 사회주의사회의 2차 경제는 사회주의 질서 전반에 걸쳐 영향을 미치고 있다. 이러한 영향 가운데 첫째는 정치적 영향으로 정치권력구조의 분산화와 약화 경향에 주목할 수 있다.[6]

주지하듯이 사회주의사회의 정치권력구조는 가부장적 지배를 통해 당국가조직 내부에, 그리고 당국가조직과 일반주민의 관계에 높은 수준의 정치적 규율과 지배관계를 유지했으며 이러한 권력구조를 지탱하는 원천은 다른 무엇보다도 중앙계획경제 체제였다.

1990년대 이후 북한체제에서 가부장적 권력구조를 가능하게 하는 계획경제의 쇠퇴와 2차 경제의 확장은 기존의 정치적 지배질서를 변화시

5 1990년대 이후 북한경제에서 2차 경제활동이 차지하는 비중은 동유럽국가 가운데 2차 경제가 가장 확대되었던 헝가리보다는 작지만, 구소련사회보다는 더 크다고 분석하기도 한다(전홍택, 1997: 60).

6 정세진은 북한의 정치권력구조의 분산화와 약화 경향을 '계획경제의 침식에 따른 정치적 지배구조의 변화로 보고 중앙의 하부에 대한 통제력 약화, 당국가의 간부층에 대한 통제력의 약화, 국가와 간부의 인민대중에 대한 통제력의 약화 등'으로 구분해서 설명하고 있다(정세진, 2000: 137~192).

키고 있다. 사회주의 계획경제의 핵심적 특징으로서의 중앙정부의 권력집중성은 적어도 자원의 확보와 분배기능이 약화됨으로써 중앙과 지방 하부단위들 간의 권력관계를 변화시키고 있다. 중앙 정치권력의 재정능력 약화는 경제적 자립과 분권화를 강요함으로써 지역적으로 배급문제를 자체 해결할 수밖에 없는 조건에서 당연히 당국가의 중앙권력은 약화되기 마련이었다. 이러한 현실은 지방과 중앙정부의 분리를 심화시키고 있다.

이와 아울러 사회주의 계획경제의 위축과 2차 경제의 확대는 당국가체계의 간부층에 대한 통제력도 약화시키고 있다. 당국가 상층권력의 자원확보와 배분의 능력이 취약해짐에 따라 간부들은 공적 지위를 이용해서 불법적 경제활동을 통해 비공식적 수입원을 가짐으로써 상층권력에 대한 의존성이 약화되는 경향을 보이고 있다. 이러한 경향은 나아가 당국가의 상층권력과 간부들의 인민대중에 대한 통제력의 경우에도 동일한 방식으로 나타나고 있다. 적어도 주민수준에서 확보되는 비공식적 수입원은 인민대중을 당국가와 간부층으로부터 그만큼 분리시키는 원천으로 작용하는 것이다.

둘째로, 사회주의 2차 경제의 사회적 영향으로 탈냉전 사회주의 북한의 새로운 사회분화와 계층화 현상에 주목할 수 있다. 사회주의사회의 일원화된 당국가체제는 정치적 위계에 따라 뚜렷한 계층화 현상을 드러냈다. 국가에 의해 규정된 정치행정적 배분이 이루어짐으로써 봉급과 주택, 식량배분, 교육, 소비패턴 등이 철저히 서열적으로 나타남에 따라 '정치적 계층화'의 경향을 보였다. 사회주의 계획경제가 해체적 경향을 보이는 탈냉전 사회주의에서 이러한 계층적 특성 또한 새로운 분화 경향을 보이고 있다. 특히 2차 경제의 확장에 따라 비계획경제의 영역에 대한 접근가능성에 따라 새로운 계층화가 전개될 뿐 아니라 빈부의 격차가 확대되는 현상도 나타나고 있다.

2차 경제활동은 지역이나 계층에 따라 크게 다른데 무엇보다도 당국가의 간부층은 공적 직위와 기존의 자원을 기반으로 2차 경제에 대한 접근가능성이 높다. 동구나 중국사회주의의 변화과정에서도 알 수 있듯이 시장영역의 확대는 기존의 노멘클라투라층을 중심으로 정치권력의 경제권력화 현상을 확장시킬 수 있다. 기존에 정치권력을 가진 중상층의 간부들이 반(半) 관료 반(半) 사기업가로 변신함으로써 이들이 비합법적 부를 축적할 수 있는 가능성이 높아진 것이다.

이러한 정황은 러시아의 시장경제 전환과정에서 새로운 유산계급의 형성과정이 엘리트의 연속성을 강하게 보여준다는 사실로 알 수 있다. 러시아의 신흥 사기업가들이 주로 구사회주의체제에서의 지배계급에 해당하는 국가나 당기구의 특권계급으로서의 노멘클라투라와 지하경제출신이었기 때문이다(조한범, 2005: 61~62).

다른 한편, 외화벌이 일꾼이나 자재 인수원, 수매원 등 지역적 이동이 자유로운 사람들은 2차 경제에의 접근기회가 열려 있다. 그러나 탄광노동자와 같이 지역적으로나 특수생산직종에 근무하는 노동자들은 기회가 제한됨으로써 소득의 차이에 의한 계층의 분화가 가속화될 수 있다(정세진, 2000: 137~245).

이와 아울러 사회주의 체제전환의 과정은 비록 정치적 위계에 따른 것이기는 하지만 안정적이었던 구계층구조가 소수의 부유층과 전반적으로는 하향화된 계층으로 양극화되었다는 점에 주목할 수 있다. 말하자면 체제전환의 과정에서 일반적인 궁핍화 현상이 나타나고 계층구조의 극단적 양극화 현상이 나타난 것이다. 구사회주의 체제에서 두터웠던 사회주의형 중간층 — 기술 지식층 — 은 교육수준과 문화적 가치가 중요한 기준이 되었는데 체제전환과 함께 더 이상 사회주의적 기준이 의미를 갖지 못하고 화폐적 생산능력에 의해 구분되고 있다. 이러한 과정에서 구사회주의 중간층의 일부는 시장경제적 가치를 가지는 '기술'이 있었지만 대다수는 그렇지 못함으로써 대규모의 하향이동을 경험했다(조한범, 2001: 47).

탈냉전 사회주의 북한의 새로운 분화와 계층화 현상은 새로운 갈등의 가능성을 내재하고 있다. 계층 및 계급갈등이 언제나 계급조직을 통해 집단적 행동의 가시적 갈등을 만들어내는 것은 아니다. 특히 그러한 가시적 계급행동은 사회구조에 따라 달리 나타날 수밖에 없는데 현실의 사회주의체제에서 집단행동을 가시화하는 것은 쉽지 않다. 통제가 강한 사회일수록 계층 간의 갈등은 잠재화함으로써 조직적 집단행동보다는 소극적 저항이나 일상적 저항으로 나타나기 쉽다(서재진, 1996: 98~99). 분명한 것은 탈냉전 사회주의 갈등사회에서 2차 경제의 확대는 광범한 정치적 영향과 사회적 영향을 미치고 새로운 사회분화를 초래함으로써 갈등의 가능성을 높이고 갈등의 이슈를 다양화할 수 있다는 점이다.

2) 사회주의 갈등사회와 잠재적 '시민사회'

사회주의 갈등사회에서 계획경제의 해체경향은 사회적 관계망에도 동반적 변화를 가져왔다. 갈등은 기본적으로 사회적 관계의 문제일뿐더러 사회적 관계망의 결속정도는 갈등의 형태와 수준을 결정하는 기반을 이룬다는 점에서 사회관계망의 변화는 사회주의 갈등사회로의 전환에 함의하는 바가 크다.

탈냉전 사회주의 북한의 사회관계망 변화를 조망하는 데는 사회적 관계망을 공동체적 관계망, 사적 관계망, 공적 관계망 등으로 구분하는 것이 유용성을 갖는다(장세훈, 2005: 106~107).

이러한 유형화에 따르면 공동체적 관계망은 전통사회의 촌락공동체에서 흔히 볼 수 있는 형태로 아직 개인, 국가, 시민사회의 분화가 이루어지기 전에 형성된 소규모 집단에서 집단의 집합적 이해관계에 기반을 두고 주로 대면적 접촉을 통해 맺어지는 정서적 유대관계를 말한다. 사적 관계망은 사적인 이해관계에 입각해서 비인격적이고 이해타산적인 방식으로 주변 사람들과 맺는 사회적 관계를 의미한다.[7] 공적 관계망은 자본주의질서에서는 주로 국가 관료제에 국한되지만, 사익보다는 전체사회의 공익을 앞세우고 당국가의 전일적 체계가 사회를 재편하고 있는 사회주의사회에서는 보다 보편적이고 지배적인 사회관계망으로 자리 잡게 된다.[8]

---

7 장세훈에 따르면 사적 관계망은 시민사회가 형성되고 그 구성원들이 사적 이해관계에 입각해서 비인격적이고 이해타산적인 방식으로 주변사람과 맺어가는 사회적 관계라고 말한다(장세훈, 2005: 107). 문제는 여기서 말하는 사적 관계가 일반적으로 쓰이는 지연, 혈연, 학연 등의 사적 관계망을 지칭하는 것이 아니라 정확하게는 '사적 이익의 관계'의 관계이고 시장적 관계이다. 따라서 정의에 포함된 시민사회의 형성과 사적 관계망이 어떤 관계에 있는지 모호하다. 또 사적 관계망을 단순히 공적 관계망과 이분적으로 구분할 경우 전근대적 형태와 근대적 형태가 착종된다는 점을 비판하면서 공동체적 관계망을 사적 관계망과 구분하고 있다. 이 경우는 각 관계망의 의미를 충분히 부각시킬 수 있으므로 두 개의 관계망이 뚜렷이 구별될 수 있는 개념화가 필요한 것으로 보인다.

8 장세훈은 사회주의체제의 변화과정을 중심으로 북한의 지역사회에서 사회적 관계망의 변화를 크게 4단계로 구분하고 있다. 1단계는 사회주의 건설 이전에 지역사회의 사회적 관계가 공동체적 관계망을 중심으로 짜인 시기이고, 2단계는 사회주의 건설을 계기로 공적 관계망이 공식적 관계망으로 채택되어 지역사회 내로 침투하면서 경쟁 및 갈등이 벌어지는 단계이다. 3단계는 이러한 침투 및 경쟁과정을 통해 공적 관계망이 지배적인 위치를 차지하는 공식적 관계망으로 자리 잡으면서 기존의 공동체 관계망이나 사적 관계망이 이에 포섭되거나 배제되며 비공식적 관계망으로 자리매김되는 단계라고 할 수 있다. 4단계는 사회주의체제의 문제점이 드러나면서 비공식적 관계망으로 잔존하던 공동체적 및 사적 관계망이 표면화되어 공적 관계망과 다시 경합을 벌이면서 그 결과에 따라 사회적 관계망의 판도가 결정되는 단계를 말한다(장세훈, 2005: 108).

사회주의 계획경제체제에서 주민들은 인민반 조직이나 직맹, 여맹, 청년동맹 등 각종 근로단체와 당조직과 같은 공적 기구와 식량 및 생필품의 배급체계를 통해서 직장과 지역사회 내의 공적 관계망을 구성하고 있었다. 1990년대 중반 식량난으로 대변되는 경제위기로 인해 일자리 보장과 배급제를 통한 생필품의 안정적 공급이라는 국가의 보호막이 사라지자 이를 기초로 주민들을 관료제적 통제체제에 전일적으로 통합시키던 공적 관계는 존립이 어렵게 되었다. 적어도 공적 관계망에 의존해서는 생존 자체가 위협받는 조건에서 주민들은 자조적 대응방안을 찾기 시작했고 이에 따라 공적 관계망이 약화되고 사적 관계망과 같은 비공식적 관계망이 확대되었다(장세훈, 2005: 121).

이러한 변화는 2차 경제의 확장에 동반된 것이기도 하다. 예컨대, 시장의 상거래 관계를 중심으로 보면 가내에서 수공품을 생산하는 사람, 수공업 생산자에게 원료를 제공하는 사람, 가내생산품을 받아 시장에서 판매하는 사람, 중국 등지에서 물건을 반입하는 사람, 도매업자, 소매상 등 거래망과 연동되는 사적 관계망이 새로운 관계망의 중심을 이루게 된다(조정아 외, 2008: 274).

탈냉전 사회주의 북한에서 사적 관계망이 확장되면서 공적 관계망과 공동체적 관계망이 사적 관계망으로 포섭되거나 변질되는 변화도 나타나고 있다(장세훈, 2005: 126). 기업소에서 작업반장이나 고참노동자를 중심으로 팀을 이루어 개인적으로 노동력을 파는 현상이나 교사가 학부모를 통해 부업으로 장사하는 경우, 나아가 의사가 병원지급용 약을 유용해서 환자에게 판매하는 경우 등은 직장의 공적 관계망이 이윤추구를 위한 사적 관계망에 포섭되는 사례들이다.

이와 아울러 가족, 동창, 친구 관계와 같은 공동체적 관계가 사적 이익의 관계망과 중첩적으로 나타나기도 한다(조정아 외, 2008: 275). 사적 이익의 관계망이 가족, 친척과 같은 공동체적 관계망과 중첩되는 것은 시장 활동의 영역이 2차 경제로 존재하는 현실에서 가장 친밀한 사람들과 사적 이익의 관계를 갖게 되는 자연스런 귀결이라고 할 수 있다. 이러한 사회관계는 전통에 기반을 두지만 경제적 이득이라는 근대적 관계에 따라 작동한다는 점에서 이중적 성격을 갖는다(이우영, 2008: 168).

어떤 경우에나 이 같은 사회관계망의 변화는 중앙집중적 사회주의 계획경제의 해체적 경향을 반영하고 있다. 공적 관계망의 해체 경향과 함께 등장한 새로운 사회적 관계망으로서의 사적 이익의 관계망과 공동체적 관계망은 무엇보다도 '사적 담론'이 소통되는 장이라고 할 수 있다. 적어도 냉전기의 사회주의 계획경제체제에서 철저하게 이념화된 사회주의 국가윤리가 공적 담론의 내용이었던 것에 비해 비공식 영역에서 나타나는 사적 담론은 다음과 같은 뚜렷한 차이를 보이고 있다(이우영, 2008: 178~179).

첫째, 이념보다는 물질에 대한 담론이 중심이다. 사회주의 체제의 이념과잉의 공적 담론에 비해 새로운 사적 담론은 소비생활이나 장사 등과 같은 경제부문이 소재가 되고 있다.

둘째, 체제나 구조보다는 일상생활과 개인적 관심이 중심이 되고 있다. 새로운 사적 담론은 지극히 개인적 삶이나 취향이 중심이 되고 있다는 점에서 정치지향의 집단주의가치와 배치되는 것이다.

셋째, 전반적으로 담론의 소재가 다양해지고 있다. 개인과 일상에서 남한 관련 대화와 변화하는 정세문제 등 다양한 이야기가 이루어지는 것은 비교적 단순주제가 반복되는 공적 담론과는 차이가 있다.

넷째, 공적 담론과 사적 담론의 내용상의 차이는 현시점에서 대립적인 수준은 아니라고 할 수 있다. 공적 담론과 사적 담론은 뚜렷한 차이를 갖지만 적어도 현시점에서 공적 담론의 대항담론에까지 이른 것은 아니라고 할 수 있다.

탈냉전 사회주의 북한에서 공적 관계망을 대체하는 새로운 사적 관계망의 형성과 사적 담론의 확장 현상을 보면 무엇보다도 사회주의 시민사회의 가능성에 주목하게 된다. 자본주의 질서에서 시민사회는 국가영역 및 시장영역과는 구분되는 의사소통의 질서라고 할 수 있으며, 자본주의 사회구성체를 이분적 공과 사의 질서로 구분할 경우 시민사회는 시장영역과 함께 사적 영역에 포괄된다. 따라서 엄밀하게 말한다면 시민사회는 사적 영역에서 형성되는 공공성의 질서라고 말할 수 있다. 자유진영의 갈등사회로 유형화되었던 신자유주의 갈등사회는 기본적으로 시민사회의 성장과 성숙을 기반으로 하지만 시장화 경향에 따른 시민사회의 자기분열을 반영하고 있다.

사회주의 갈등사회에서 얼핏 보아 계획경제가 해체 과정에 있고 시장경제영역이 형성되었으며, 여기에 사적 관계망과 사적 담론이 재생산되고 있다는 사실은 사회주의 시민사회의 전망을 가능하게 할 수 있다. 그러나 시장으로부터 시민사회가 분화될 수 있으려면 무엇보다도 사적 이익을 추구하는 시장의 질서를 넘어서는 자율적 공공성의 질서가 필요하다.

그러한 질서는 자율적 시민이 생산하는 공적 가치가 있어야 하고 그러한 가치를 추구하기 위해 저항할 수 있는 자율적 조직도 필요한 것이다. 그러나 현시점에서 북한의 사적 관계망은 공공적 관계라기보다는 사적 이익의 관계에 머물고 있으며, 사적 담론 역시 경제적이고 개별적 수준에 있는 경우가 많다. 이러한 점에서 탈냉전 사회주의 북한에서 사적 관계망과 사적 담론은 시민사회의 가능성이라는 점에서 본다면 잠재적 수준에 있다고 말할 수 있다.

따라서 탈냉전 사회주의 북한에서 저항행동은 시민사회의 공공성으로 등장하는 것이 아니라 개별적 수준에서 나타나는 일상적 저항의 형태에 머물고 있다. 북한사회에서 이러한 일상적 저항은 ① 생계유지를 위한 타협 및 홍정과 비합법행위, ② 밀수나 마약 등과 같은 강력한 위법행위, ③ 자본주의 문화를 사적으로 향유하는 행위, ④ 정치교육이나 생활총화 등 사상통제에 불응하거나 불성실하게 임하는 행위 등 4가지로 유형화할 수 있다(조정아 외, 2008: 279).

여기에 탈북이나 난민 등과 같은 일종의 회피적 저항형태가 구분될 수 있다. 이 같은 일상적 저항은 개별적이고 파편화된 소극적 저항이기는 하지만 삶의 공간 도처에서 정치권력의 지배의 망과 체제규범을 벗어나 있는 행동이라는 점에서 언제든지 갈등의 요소를 내재하고 있고, 나아가 그러한 일상저항 자체가 실제적인 갈등의 내용이라고도 말할 수 있다.

이제 사회주의 갈등사회에서 이러한 사적 관계망과 사적 담론 나아가 일상적 저항의 여러 형태들은 잠재적 수준에서 전개되는 사회주의 시민사회와 사회주의 국가권력의 잠재적 갈등을 의미한다고 할 수 있다. 그러한 의미에서 사회주의 갈등사회로서의 북한 사회는 구조화된 갈등사회로의 전환 과정에 있다.

5. 갈등사회의 전망

사회갈등은 어느 사회에나 상존하는 보편적 현상이다. 사회학의 일반이론에서는 이러한 보편적 갈등현상을 보다 추상적이고 법칙적으로 설명하려 한다는 점에서 탈역사화된 이론이라고 할 수 있다. 이와는 달리 역사적 현상으로서 사회갈등을 다루는 시각은 역사비교사회학의 혁명과 국가붕괴를 설명하는 다양한 사례들이 있다.

갈등현상의 역사성에 주목하는 또 하나의 시각으로 여기에서는 '갈등'을 현대성의 특징으로 강조했다. 사회주의 붕괴 이후 확장되는 지구적 시장화 경향이 드러내는 새로운 갈등현상 그 자체를 현대성의 특징으로 규정함으로써, 우리 시대의 갈등현상을 보편적 '사회갈등'이 아니라 현대사회의 역사적 특징으로 규정한 것이다. 대체로 1990년대 이후 자유주의사회와 사회주의사회의 사회변동적 특성을 '갈등사회'로 부르고자 한 것이다.

갈등사회적 전환은 거시적 맥락에서 역사적 국면의 전환과 결부되어 있다는 점을 강조해야 한다. 이 책에서는 사회주의 붕괴를 기점으로 그 이전을 냉전·국가주의 역사국면으로 보고, 그러한 역사국면의 한반도적 특수성을 분단·국가주의 역사국면으로 보는 한편, 1990년대 이후 새롭게 전개되는 역사국면을 탈냉전·시장주의 역사국면으로 보고자 한 것이다.

적어도 탈냉전·시장주의 역사국면에서 갈등사회적 현상은 역사국면 내에서 보편적 현상이라고 말할 수 있다. 지구적 현상으로서의 이러한 보편성은 각 사회의 특수성이 반영될 수 있다. 즉, 탈냉전·시장주의 역사국면에서 자유시장경제 사회의 경우는 신자유주의 갈등사회로 유형화될 수 있고 사회주의사회의 경우 사회주의 갈등사회로 유형화할 수 있다. 신자유주의 갈등사회는 국가중심의 통합사회가 해체의 경향을 보임으로써 사회통합의 기능이 시장과 시민사회에 재배치되는 한편 갈등이 일상화되고 제도화된 사회라고 할 수 있다. 한국의 경우 신자유주의 갈등사회의 주변부적 성격을 드러내고 있다.

사회주의 갈등사회는 최근 북한사회의 변화에 주목했다. 적어도 1990년대 이후 급속히 악화된 경제난에 따라 당국가체제에 의해 전일적으로 통합된 모습을 보였던 사회주의 계획경제체제가 해체의 경향을 띠는 것은 사회주의 갈등사회를 전망할 수 있게 한다. 여기서는 특히 2차 경제의 확장을 강조하고, 그러한 경향이 미치는 정치적 영향으로는 정치적 지배질서의 해체경향과 사회적 영향으로는 새로운 사회적 분화와 계층화 현상을 강조했다. 나아가 사회적 연결망에서 사적 연결망의 확산과 사적 담론의 확대, 일상적 저항의 확대 등은 당국가체제와 강력한 이데올로기로 통합되었던 북한 사회의 해체적 경향을 보다 세밀하게 보여주고 있다.

북한사회를 사회주의 갈등사회로 전망하는 것은 북한사회에 이러한 해체적 경향이 점차 확산되기 때문이다. 이러한 해체적 징후들은 냉전 이데올로기로 강력하게 통합되었던 사회주의 계획경제체제가 흔들리면서 전환기 사회주의사회의 갈등사회적 변동을 보여주는 것일 수 있다. 그럼에도 불구하고 북한에서는 시장은 등장했으나 아직도 시민사회는 구분되지 않은 상태에 있다. 또한 사적 담론의 공공화도 뚜렷한 특징을 찾기 어렵다. 어쩌면 현시점은 국가일체의 공적 담론이 해체되는 경향성이 확대됨으로써 새로운 공공성은 논외의 수준에 있을 수 있다. 갈등사회로의 전환은 시민사회의 확장과 해체가 동반되어야 한다는 점에서 본다면 탈냉전 사회주의 북한의 갈등사회적 특징은 잠재적 수준이라고 할 수 있고 시민사회 역시 그렇다고 말할 수 있다.

지구적 시장화 경향과 정보통신 네트워크의 확장, 나아가 이러한 네트워크를 통한 소통의 확대 등은 북한을 갈등사회적 전환의 예외국가로 만들지 않는다는 점에서 사회주의 갈등사회적 변동을 더욱 추동할 것이다. 또한 북한 내부의 시장경제의 확대에 따라 사적 이익추구활동이 크게 늘어났고 더욱 확대될 전망이다. 사적 이익이 있는 곳에서는 사적 이익의 증식을 위해서도 공론의 영역이나 시민사회의 공간은 출현하기 마련이다. 이러한 활동영역이 생기게 되면 사회주의 시민사회와 사회주의 갈등사회의 전망은 훨씬 더 명료해질 수 있다.

02 신자유주의 갈등사회와 미시민주주의론

1. 갈등사회와 공공갈등

최근 한국사회에서는 정부의 주요 정책에 관한 갈등이 보편적으로 나타나고 있다. 이명박 정부에서는 한반도 대운하, 미국산 쇠고기수입, 공기업 민영화, 미디어관련법 등이 국회를 넘어 시민사회 전체에 갈등국면을 만들었으며, 세종시 문제, 4대강 사업, 미디어법 등은 정권이 바뀐 후에도 갈등을 지속시키고 있다. 이 같은 갈등의 원인은 단순히 '소통'의 문제로 간주되거나 더 근본적으로 민주주의의 후퇴라는 평가로 확산되는 경향도 있었다. 갈등의 원인이 어떤 문제로 강조되든 비판의 지점은 체제나 거시적 제도의 결함보다는 주어진 제도를 운영하는 권력의 일방성이 부각됨으로써 대통령과 권력의 중심이 갖는 정책집행의 행위 혹은 관행에 초점이 맞추어졌다.

그러나 이명박 정부에서뿐만 아니라 노무현 정부에서도 수도이전이나 균형발전전략, 4대 개혁입법, 대북관계에 이르기까지 주요 정책들을 둘러싸고 끊임없는 갈등이 있었고, 박근혜 정부에서도 국정원의 대선개입이나 세월호 특별법, 군내 병사들의 가혹행위 등을 둘러싼 갈등 등이 지속적으로 나타나는 점을 돌이켜 보면, 이러한 갈등의 요인이 단순히 정권의 특성에 따른 정책의 운용이나 실행방식의 문제에 국한된 것이 아니라는 점을 알 수 있다.

이명박 정부나 박근혜 정부의 정책운영 방식이 갖는 일방성과 폐쇄성이 그간의 크고 작은 정치사회적 갈등을 야기한 점은 부인하기 어렵고, 그러한 요인이 갈등의 주요 원인이라는 점은 분명해 보인다. 그러나 이와 더불어 보다 장기적이고 근본적인 사회변동의 시각에서 본다면 최근의 거대 전환의 사회변동이 사회갈등을 야기할 수밖에 없는 새로운 질서를 생성하고 있다는 점에 주목해야 한다.

근원적으로는 신자유주의 시장화와 결부되어 있는 세계화, 정보화, 민주화의 거대 경향은 이미 시민사회를 기반으로 하는 정치, 경제, 문화의 질서를 개방과 해체의 과정으로 전환시키고 있다. 특히 지식과 정보의 개방과 온라인을 통한 소통의 확대는 정부를 비롯한 전문영역에 의해 전유되었던 질서를 해체시키고 있다. 예컨대 한반도 대운하 정책이 박정희 정권에서 시도되었다면 경부고속도로 건설 정도의 갈등이 있을 뿐 큰 어려움 없이 집행되었을 수 있다. 이때 박정희 체제의 강권적 권력운영 방식을 강조하기보다는 근대적 사회질서에 주목한다면 오늘날의 탈근대적 사회질서가 드러내는 개방과 해체의 현실이 어떤 정책이라도 쉽게 결정하거나 추진하기 어렵게 하는 구조전환의 요인으로 설명될 수 있다.

가장 분명하게 답이 나올 것 같은 한반도 대운하의 경제성 효과나 기술공학적 평가만 하더라도 그간의 논쟁에서 알 수 있듯이 서로 다른 근거에서 합의의 어려움을 드러냈다. 여기에는 정책에 직접 관여하는 전문인들의 견해만큼이나 '전문적' 지식이 지식정보사회의 개방된 공론장에서 공유되는 현실이 강조되어야 한다.[1] 이 같은 사회변동은 기본적으로 어떠한 정책이슈에 대해서도 논쟁과 갈등을 만들어낼 수밖에 없는 새로운 사회질서가 구축되고 있다는 점을 말해주는 것이다.

최근 우리사회에서 나타나는 소통의 위기현상은 무엇보다도 이 같은 거대전환의 사회변동과 맞물려 있다는 점이 우선적으로 고려되어야 한다. 정책의 소통은 일차적으로 정부와 시민사회 간 소통의 문제라고 말할 수 있다. 따라서 정책의 원활한 소통은 정부와 시민사회 간에 지구적 사회변동의 효과가 반영된 새로운 질서가 형성됨으로써 가능한 일이다. 시민사회는 사회변동의 동학이 가장 직접적으로 전개됨으로써 다른 사회적 공간보다 거대전환의 사회변동이 현실적으로 나타나는 영역이라고 할 수 있다. 이 점에서 최근의 사회변동은 다른 어떤 시기보다 정부와 시민사회가 정책과정에 동반적으로 관여할 것을 요구하고 있다. 따라서 정부의 정책과정에서 시민사회가 배제된다면 갈등은 다른 시기에 비해 훨씬 더 광범하고도 심각하게 나타날 수밖에 없다.

이명박 정부와 박근혜 정부에서 나타나는 사회갈등은 이러한 경향을 반영하고 있다. 말하자면 사회변동의 거대경향이 정부와 시민사회의 동반적 정책지향을 요구하고 있으나, 정책목표와 정책의 실행과정에서 시민사회의 동의를 이끌어내지 못해 나타나는 갈등이 심각하다.

공공갈등은 넓은 의미에서 공적 이슈를 둘러싸고 나타나는 다양한 행위자집단 간의 갈등을 지칭한다. 가장 일반적인 형태가 중앙정부에서부터 지방정부에 이르기까지 추진되는 크고 작은 정책적 쟁점과 관련된 갈등이라고 할 수 있다. 오늘날 탈근대적 사회변동에서 시민사회 영역에서 제기되는 수많은 사적 이슈들이 공공화함으로써 정책적 이슈

---

1 세계금융위기와 관련된 예측으로 온 나라를 떠들썩하게 했던 '미네르바 사건'은 이러한 현실의 단면일 뿐이다.

로 전환하고 있다는 점을 감안한다면 공공갈등은 비단 정부의 대규모 정책에 국한된 것이 아니라는 점을 알 수 있다. 이러한 갈등은 무엇보다도 지구적 동시성을 반영하고 있는 현시점의 사회변동에서 보편적 질서로서의 특징을 갖는다.

이 장에서는 지구적 수준의 사회변동과 현대성의 특징을 반영하는 신자유주의 갈등사회에서 공공갈등과 관련해서 요구되는 정부와 시민사회의 새로운 질서를 '공공성 재구성'과 '미시민주주의'의 시각에서 전망하고자 한다.

2. 갈등사회와 공공성의 재구성

2000년대 들어 한국사회에는 계급적 기반과 이념적 결속을 넘어선 새로운 갈등의 전선들이 확산되고 있다.[2] 대체로 1980년대 말 동구 사회주의의 붕괴 이후 현대성을 규명하는 대부분의 서구 사회학 담론들은 이 같은 새로운 갈등의 사회조건을 설명하는 논의라고 말할 수 있다. 성찰적 근대(*reflexive modernization*, 앤소니 기딘스 · 울리히 벡 · 스콧 래쉬, 1998; 울리히 벡, 1998, 2000), 위험사회(*risk society*, Beck, 1992), 해체, 균열, 인정투쟁(Honneth, 1996), 투명사회(*transparent society*, Vattimo, 1992), 네트워크 사회(Castell, 2004), 사회운동 사회(*social movement society*, Meyer and Tarrow, 1998) 등의 학술담론은 근대적 사회질서가 재편됨으로써 나타나는 갈등의 증대와 새로운 저항의 경향을 반영하고 있다.

이 같은 현대성의 특징을 사회갈등의 새로운 원천과 새로운 양상에 초점을 맞출 때 갈등사회로의 전환으로 규정할 수 있다. 주지하듯이 산업사회에서 갈등의 축은 계급과 이념이었고, 계급갈등을 해결하는 방식에 따라 사회체제 및 국가성격이 특징지어졌다. 서구 자본주의사회의 경우 '계급타협'에 의한 사회민주적 복지국가의 패러다임을 구축했으며, 동구의 경우 '계급혁명'에 의한 사회주의국가의 패러다임을 구축했다. 또한 주변부 저발전사회의 경우 대체로 '계급통제'에 의한 개발

2 새로운 갈등현상은 1989년 동구 사회주의의 붕괴 이후 본격화되는 신자유주의적 시장질서의 지구화 효과를 거대구조적 요인으로 본다. 따라서 한국에서 새로운 갈등현상의 본격적인 전개시기를 2000년대 이후로 설정하는 것은 다른 무엇보다도 1997년 IMF 경제위기 이후 2000년대 들어 신자유주의적 질서가 전일화되는 것으로 보기 때문이다.

독재의 패러다임을 보였다. 이러한 국가성격을 사회통합의 유형이라는 점에서 보면 '사회민주적 합의사회'와 '전체주의적 통합사회', '개발독재적 통합사회'로 구분할 수 있다.

이 같은 사회통합의 구조는 1980년대 이래의 지구화, 민주화, 정보화의 거대 경향, 더 구체적으로는 신자유주의적 시장화, 민주적 권력 분산, 전자적 커뮤니케이션 경로의 팽창, 탈근대적 문화와 욕구의 확장 등에 따라 새로운 갈등을 출현시키는 사회구조적 전환을 가속하게 된다.

갈등사회는 기본적으로 국가권력 중심의 사회통합능력이 약화된 가운데 시민사회의 불만과 욕구는 증대하고, 이러한 불만과 욕구를 표출하는 커뮤니케이션의 경로는 팽창됨에 따라 사회 전반적으로 갈등이 일상화된 사회라고 요약할 수 있다. 갈등사회로의 보편적 전환은 기존의 사회통합구조와 단절적이기보다는 일정한 연속성을 갖는다는 점에서 중심부 사회와 탈사회주의사회, 주변부 갈등사회의 특성이 각각의 역사적 맥락에서 다르게 나타날 수 있다.

갈등사회에서는 무엇보다도 계급, 민족, 국가 등 근대 산업사회의 근본적 사회구성요소와 관련된 갈등을 넘어 일상의 삶과 관련된 수많은 이슈들을 정치화한다.[3] 이러한 예로는 공공성 위기를 수반하는 이

3 한국사회에서 가장 주목되는 갈등은 이념갈등으로 간주되어 왔고 이념갈등은 무엇보다도 북한에 대한 입장이 가장 뚜렷한 대립의 지점으로 특히 대북정책과 관련한 이른바 '남남갈등'이 빈번하게 언급되었다. 대북정책을 둘러싼 갈등은 민족분단으로부터 야기된 문제이기 때문에 계급, 민족, 이념, 국가 등 근대성의 문제와 관련된 갈등으로 해석될 수도 있다. 그러나 최근의 사회변동 과정에서 대북문제를 완전히 민족주의의 입장에서 접근하는 경향도 크게 줄었을 뿐만 아니라 계급이나 이념적으로 접근하는 경우도 크게 약화되었다. 최근 들어 민족정체성이나 통일의식이 급속히 약화되거나 분화되는 경향 속에서 대북문제에 평화이슈나 인권이슈 등이 새롭게 부가되는 현실은 이러한 점을 보여준다. 특히 대북정책관련 갈등은 갈등이슈들이 대단히 다양하게 나타나고, 이

른바 자율화, 민영화의 정책 경향이 드러내는 일상적 삶에 대한 위협과 관련된 것들 — 환경, 노동, 교육, 주택, 보건의료, 전기, 물, 통신, 교통 등 — 과 함께 정체성이나 문화정치와 관련된 이슈들 —성, 장애, 문화, 여가, 예술, 건축, 소비, 민족성, 지방민주주의 등 —이 있다. 이러한 이슈들은 제도화된 조직이 제기하는 예측 가능한 요소들보다는 새롭게 등장하는 집단과 매체에 의해 표출되는 예측 불가능성이 내재되어 있다는 점에 주목해야 한다.

불확실성이 증대하는 갈등사회에서 가장 심각한 문제는 사회통합의 과제이다. 근대 사회구성체에서 사회통합의 중심축은 국가영역에 있었다. 그러나 국가의 기능만으로는 갈등사회의 불확실성을 예측 가능한 질서로 만드는 것이 가능하지 않게 된 것이다. 사회통합을 위해서는 무엇보다도 국가의 공적 기능을 시민사회와 시장영역으로 분산시키는 것이 필요한 일이 되었다.

근대 사회구성체에서 국가는 정부를 중심으로 하는 법과 제도의 실질적 운영자로서 공권력에 기반한 강제의 영역이며 권력을 매개로 작동하는 지배와 복종의 정치적 질서라고 할 수 있다. 따라서 국가는 그 자체가 강제를 기반으로 하는 공공성의 영역이다. 국가 공공성은 다른 무엇보다도 이른바 공공관리(*public administration*), 공공정책(*public policy*) 등으로 불리는 정부의 행정기능과 공공지출을 통한 재분배의 기능이 특히 강조된다.

념 또한 구래의 좌우이념이 정책갈등의 주요인이라기보다 오히려 세대나 지역의 역사적 경험과 관련되어 있다는 점이 강조된다. 더구나 이른바 남남갈등의 내용을 보면 갈등의 축이 대단히 복합적이라는 점을 알 수 있고 특히 현실의 정치갈등이나 집권세력에 대한 친소관계가 대북정책갈등에 직접적으로 관련되어 있다는 점 등은 이러한 갈등이 구래의 이념갈등을 넘어서고 있다는 점을 말해준다(박원철 · 이승환, 2008; 강원택, 2004; 이우영, 2004 등을 참조).

다른 한편, 시장은 사적 이익을 목적으로 재화와 서비스의 생산 및 교환, 소비가 이루어지는 영역이며 노동과 화폐를 매개로 형성된 질서이다. 따라서 시장질서는 본질적으로 이윤의 추구와 경쟁의 논리가 지배하는 사적 영역이라고 할 수 있다.

이와 달리 시민사회는 국가와 시장경제 사이에 있는 사회적 상호작용의 영역으로 가족과 같은 친밀성의 영역, 결사체 영역, 사회운동, 공적 의사소통의 형태들로 구성된다(Cohen and Arato, 1992: ix).

시민사회는 공적 담론의 생산과 소통이 이루어지는 영역일 뿐만 아니라 결사와 연대를 기반으로 국가 및 시장을 견제하고 감시하는 기능을 갖는 영역이다. 따라서 이 영역의 공공성은 여론, 공중, 공개성 등과 관련되어 있는 공론장(*public sphere*)이 특히 강조된다(위르겐 하버마스, 2001).

말하자면 시민사회의 공공성은 사회성원 누구나 접근가능성을 가지며, 사회성원들이 전체로서의 시민들에게 영향을 미칠 수 있는 이슈에 관한 나름의 견해를 가지고 이 영역에 관여한다는 점에서 공적이다(Bhargava and Reifeldms, 2005: 16).

국가를 강제에 기반한 공공성, 즉 공권력영역이라고 한다면 시민사회는 '자율적 공공성'의 영역이라고 할 수 있다. 공적 담론의 소통과 함께 이른바 NGO 혹은 NPO 등의 다양한 자발적 결사체는 사회운동과 사회서비스를 주도하는 시민사회 공공성의 핵심적 지표이다(조대엽, 2007a).[4]

현대사회에서 사회통합은 사회구성의 다양한 영역에서 작동하는 공

4 이러한 맥락에서 NGO혹은 NPO를 공공성의 범주에 따라 직능적 공공성(다양한 이익집단), 사회적 공공성(시민단체, 종교단체, 사회복지 및 사회서비스 단체)으로 구분하기도 한다(김상준, 2003).

공성의 요소를 통해 가능하다. 한 사회에 다양한 방식으로 구축되어 있는 공적 기능을 '공공성'의 질서라고 할 때, 근대 자본주의 사회구성체의 공공성은 중앙집중화된 국가영역을 중심으로 강제되어 있었다.

최근 들어 거대 전환의 사회변동 과정에서 이 같은 국가 공공성 중심의 사회질서는 빠르고도 광범하게 바뀌고 있다. 특히 갈등사회로의 전환에서 가장 주목할 만한 변화가 바로 '공공성 재구성'이라고 할 수 있다. 갈등사회를 추동하는 가장 강력한 힘으로서의 시장화 경향은 국가 공공성을 약화시키는 원천으로 작동하고 있다는 점에서 공공성 위기를 초래하고 있다. 이 점에서 최근 확대되는 공공성 위기의 구조는 공공성의 재구성과 맞물려 있다.[5]

공공성 재구성은 공공성의 위기에 대응하는 거시적 사회질서의 자기조정적 반응이라고 말할 수 있다. 그것은 국가, 시장, 시민사회에 내재된 공적 구조가 단순히 축소되거나 확장되는 것을 의미하는 것이 아니라 각 영역 내부에 고유한 공적 기능이 다른 영역으로 할당되거나 새로운 공공성의 내용이 구축됨으로써 각 영역 간에 공적 기능의 호환성이 발생하고 영역 간 구조적 경계가 불명확해지는 현상을 말한다(조대엽, 2007a).

국가, 시장, 시민사회의 거시적 질서에 내재된 공적 기능이 재편되는 이러한 과정은 주목할 만한 현실적 변화를 수반한다. 우선 공공부문으로서의 국가의 공적 기능이 민영화, 민간화, 시장화함으로써 국가주도의 공공성 실행이 축소된다. 시장의 영역에는 기업 사회공헌 활동과

---

5 여기서 강조되는 공공성(*publicness*)의 개념은 국가의 공권력영역 즉 공공행정 및 공공복지의 영역과 그 기능뿐만 아니라 사회운동과 사회서비스, 공공담론의 장을 포괄하는 시민사회의 공론영역 등 국가와 시민사회에 내재된 법적, 제도적 공적 요소를 포함하고 있다. 나아가 시장영역에 내재된 공공성의 요소 또한 포함한다는 점에서 광의의 공공성이라고 말할 수 있다(조대엽, 2008).

같은 공적 기능이 사기업 내부에 형성됨으로써 시장공공성의 새로운 지평을 열게 된다. 아울러 시민사회 영역에는 자율적 공공성의 기능이 분화되어 사회운동의 공공성과 사회서비스의 공공성이 제도적으로 실천되는 경향이 확대된다. 또한 국가, 시장, 시민사회의 영역 간 교호성이 증대해서 각 영역의 공공성이 협치의 관계를 통해 작동하는 경향이 늘어난다. 이러한 경향은 영역 간의 전통적 경계를 불분명하게 하는 상호침투를 통해 제도의 개방 효과를 갖는다.

나아가 공공성 재구성은 사적인 것과 공적인 것의 경계해체를 반영하는데 이는 제도적 개방만이 아니라 이슈의 개방을 포괄한다(조대엽, 2008). 갈등사회에서 사생활의 이슈는 시민사회의 정치적 이슈로 공공화되고 이는 다시 제도정치의 공적 이슈로 공공화되며, 문제의 해결 또한 각 영역 간 협치를 통해 해결하는 방식이 확대되는 것이다.

이 같은 공공성 재구성 과정은 일상적 삶의 정치화를 통해 갈등사회의 주요한 특성이라고 할 수 있는 갈등의 일상화 경향과 함께 갈등의 제도화 경향을 수반하게 된다. 공공성의 재구성은 국가 공공성을 위축시키고 공적 기능을 다른 영역으로 분산시키는 과정이다. 이러한 과정은 사회의 해체적 경향이 증대하는 것으로 그만큼 갈등과 긴장을 상존하게 만든다.

그러나 갈등사회에서의 갈등은 자기제한적이다. 무엇보다도 갈등의 자기제한성은 공공성의 재구성 현상이 해체의 경향을 가속화하는 측면과는 달리 새로운 사회결속의 경향도 동시에 드러낸다는 점에서 찾을 수 있다. 즉, 갈등사회에서 공공성의 분산은 개인과 집단의 사회적 책임영역을 확대함으로써 시민사회의 자율적 공공성을 강화한다. 아울러 다양한 이해당사자의 협치(*governance*)의 시스템을 확대함으로써 갈등을 제도 내적으로 귀속시키기도 한다.

따라서 갈등사회에서 갈등과 저항이 관리되는 방식은 시장과 시민사회에 할당된 공적 기능만큼이나 다양한 협치의 구축을 통해 정치적 소통의 네트워크를 넓히는 방식이 될 수밖에 없다. 이러한 방식은 갈등이 일상화되는 가운데 갈등이 제도화됨으로써 시민사회 내에서 갈등을 자율적으로 조율하는 특징을 보이게 되는 것이다.

갈등의 출현이 예측 불가능하고 갈등이 일상화되는 현실에서 시민사회의 다양한 영역에서 작동하는 하위정치(*sub-politics*)의 자율적 기능을 활성화하지 않으면 사회통합은 보장되기 어렵다. 사회통합의 자율적 기능을 확대하는 갈등사회에서 협치의 방식은 정부의 개방을 통해 시장과 시민사회의 행위자들을 연계시킴으로써 정부 독점의 공적 기능을 분배하는 방식이라고도 할 수 있다.

3. 갈등사회와 미시민주주의

이념형적으로 볼 때 갈등사회는 일상적 삶의 다양한 영역에서 생활정치가 전개됨에 따라 갈등이 일상화된 사회이다. 이러한 조건에서 갈등사회에서는 공공성의 기능이 재편됨으로써 정치적 동원과 통제의 핵심적 기구이자 사회통합의 중심이었던 정부와 정당의 기능이 위축될 수밖에 없다. 정부와 정당이 사회통합의 핵심적 기능을 담당하던 것으로부터 다양한 수준의 하위정치가 확대되어 시민사회의 자발적 조직과 시민단체 자체가 제도화된 갈등을 생산하고 있다. 그러나 갈등사회에서 갈등의 제도화는 그 자체가 소통을 통한 갈등 조정의 기능을 포함하고 있다. 말하자면 갈등사회에서 일상정치와 생활정치의 확대는 갈등현상의 확대뿐만 아니라 동시에 소통을 통한 자율적 결속을 강화하는 결과를 가져온다.[6]

공공성 재구성과 협치의 정치과정을 민주주의론의 시각으로 보면 탈근대 민주주의의 기획이라고도 말할 수 있다. 탈근대 민주주의의 기획은 시민사회와 대면한 대의민주주의의 자기성찰 과정이다. 우리사회에서도 공공성의 재구성과정에서 실험적으로 추구되는 협치의 정치는 시민사회에 대해 권력 구심을 개방함으로써 시민참여정치를 확대시키는 개방적 권력운영의 방식이었다. 아울러 그간에 크게 활성화된 온라

---

6 사회운동의 제도화에 주목하는 연구경향들은 오늘날 사회적 저항이 현대적 삶의 항상적 요소가 되었다는 점을 민주주의 정치의 주요 특성이라고 강조한다(Meyer and Tarrow, 1998: 4). 사회운동이 일상화되고 제도화된 현대 민주주의사회의 특성을 이런 점에서 사회운동사회(*social movement society*)로 표현하는바, 갈등의 정치(*contentious politics*)가 확산되지만 확대된 자율적 공공성에 바탕을 둔 갈등이기 때문에 현대 민주주의의 핵심적 요소라고 할 수 있다.

인 공간의 전자적 공론장과 다양한 온라인 회원조직의 활동은 아래로부터의 소통의 질서를 확장하는 효과를 가져왔으며, 시민사회 영역 안에서도 전자적 공간이 정치적 성찰의 핵심적 진원지가 되게 했다. 이 같은 협치와 소통의 방식은 대의민주주의의 한계를 넘어서는 새로운 민주주의의 실천이자 전망을 제시하는 것이기도 하다.

그간에 우리사회가 이룬 민주주의의 성과는 대통령 직선제를 비롯한 민주적 제도와 절차의 '구축'에 있었다. 제도를 갖추거나 갖추어진 제도로서의 민주주의와 제도를 운영하는 실행의 과정은 다른 문제일 수 있다. 이미 만들어진 거시적 제도 내에서 민주적 가치와 철학을 실제 운영에 어떻게 담아내는가의 문제는 또 다른 민주주의의 과제이다.

거시적 제도의 구축과 관련된 민주주의의 문제를 '거시민주주의'의 과제라고 할 수 있다면, 제도의 운영에서 작동하는 소통과 설득, 합의의 정치과정은 '미시민주주의'의 과제라고 말할 수 있다. 사회구성의 질서라는 측면에서 본다면 거시민주주의가 민주주의의 구조적 요소와 결부되어 있다면, 미시민주주의는 민주주의의 과정과 실행의 측면에 결부되어 있다.

대의민주주의의 제도와 절차는 오늘날 대표성뿐만 아니라 민주적 운영의 원리에서도 심각한 위기를 맞음으로써 민주주의의 실효성을 얻지 못하고 있다. 최근에 들어 세계사회가 지구적 수준에서 동시성을 경험하고 있다면, 정치질서의 수준에서 대의민주주의의 위기와 한계는 이러한 세계사적 동시성의 과제 가운데 하나이다. 한국은 대의민주주의가 성숙되지 않았기 때문에 아직도 이를 더 성숙시켜야 된다는 논리는 세계화의 현실에서 이미 허구일 수 있다. 유럽과 미국에서 대의민주주의가 봉착한 문제는 곧 이러한 제도를 수용한 한국의 동시적 과제가 된 것이다. 서구에서 이미 활발하게 논의되었고 또 실행되고 있는 참여민주주의(*participatory democracy*) 혹은 주창민주주의(*advocacy democracy*), 숙의민주주의(*deliberative democracy*), 결사체민주주의(*associative democracy*) 등은 탈근대적 사회변동과 시민적 욕구를 반영함으로써 대의민주주의의 한계를 극복하려는 새로운 민주주의의 제안들이다.[7] 이러한 것이야말로 소통과 설득, 합의의 정치과정을 적극적이고도 새로운 방식으로 모색한다는 측면에서 미시민주주의의 전망이라고 말할 수 있다.

참여와 숙의, 주창의 요소들을 대의민주주의와 접목시키는 미시민주주의의 과정은 사회변동과 시민적 욕구에 적응력이 떨어진 대의민주주의를 소통의 정치과정으로 회생시키기 위한 시민사회로부터의 정치적 수혈과정이라고도 할 수 있다. 적어도 그간에 추구된 협치의 정치과정이 거시적 제도 내에서 작동하는 미시민주적 운영을 의미한다면, 온라인과 오프라인을 연계하는 시민사회의 공론장에서 소통하는 시민들의 다양한 행위양식들은 미시민주주의의 프레임을 공유하는 과정이라고 할 수 있다.

갈등사회에서 갈등의 관리는 통제나 규제가 아니라 갈등을 일상적 수준으로 제도화함으로써만 가능하다. 이런 점에서 공공갈등의 제도화는 미시민주주의의 과제와 직접적으로 결부되어 있다. 무엇보다도 공공갈등의 당사자들은 정책의 결정과 실행과정이 민주적으로 수행되고 있다는 사실을 수용함으로써 갈등조율의 제도적 장치에 실질적으로 합류할 수 있기 때문이다. 이 점에서 미시민주주의는 공공갈등의 제도

7 이와 관련해서 최근 논의되는 주요 민주주의의 유형에 관해서는 Dalton et al.(2004)를 참고할 수 있고, 참여민주주의에 관한 논의는 D. Kramer(1972), M, Kweit and R. Kweit(1981), A. Rosenthal(1998), 숙의민주주의에 관한 논의는 J. Bessette(1980), J. Bohman and William Rehg, eds.(2002), J. S. Dryzek(2000), J. Elster(1998), 그리고 결사체민주주의에 관한 논의는 Josua Cohen and Joel Rogers(1995), Paul Hirst(1994) 등을 참고할 수 있다.

화를 위한 가장 핵심적 관건이라고도 할 수 있다.

공공갈등의 제도화와 관련해서 미시민주주의는 갈등사회에서 정부와 시민사회 간에 형성된 정책소통의 질서라는 측면에서 다음과 같은 3가지 차원의 과제를 설정할 수 있다.

첫째, 국가 및 제도정치 영역 내에 미시민주주의의 제도를 구축해야 한다. 행정부와 의회, 사법제도 내에 시민사회를 포괄하는 참여적이고 숙의적인 미시적 제도를 다양하게 갖추는 것이 미시민주주의의 필수적인 조건이라고 말할 수 있다. 제도 내적으로 필요에 따라 협치적으로 운영되는 '유연적 하위제도'는 갈등사회에서 정책소통을 위한 가장 중요한 과제일 수 있다.

둘째, 미시민주주의는 국가 혹은 제도정치의 영역뿐만 아니라 시민사회영역의 미시제도로서의 공론장의 소통을 또 다른 조건으로 삼는다. 시민사회의 공론장은 다양한 하위정치(*sub-politics*)의 영역이라고도 할 수 있다. 이러한 공론장이 개방되어 있고, 공론장에서 소통하는 다양한 공공의 이슈들이 제도영역과 교호성을 높이는 것이야말로 미시민주주의의 핵심과제라고 말할 수 있다.

셋째, 미시민주주의는 민주주의의 문화적 요소를 중요한 내용으로 한다. 이런 점에서 다른 무엇보다도 미시민주주의는 정치과정을 형성하는 개인적 요소의 중요성에 주목한다. 즉, 정치엘리트가 갖추어야 할 리더십의 덕목과 아울러 참여적 시민이 갖추어야 할 민주주의의 문화적 덕목들이 미시민주주의의 핵심적 요소라고 할 수 있다. 관용과 합의의 문화적 자질, 설득과 소통의 문화적 자질은 정치엘리트들이 갖추어야 할 문화적 덕목이자 시민문화의 덕목이라고도 할 수 있다. 사회를 운영하는 책임성의 수준에서 볼 때 정치지도자의 권력운용 방식에 우선적으로 주목하면, 미시민주주의는 경찰력과 국가재정 능력에 기반을 둔 강제적 권력운용이 아니라, 일종의 '소프트 파워'에 기초한 설득적 권력운용과 결합되어 있는 것이다.

이러한 몇 가지 차원의 과제를 고려할 때 적어도 공공갈등의 제도화는 '미시제도'의 수준과 '미시문화'의 수준에서 민주적 공공성을 갖추는 과제와 직접적으로 결부되어 있다. 따라서 갈등사회에서 공공갈등의 조율에 따른 사회통합은 미시민주주의의 과제에 직결된 문제라고 할 수 있다.

4. 갈등사회의 정책소통과 미시민주주의의 전망

우리사회는 지구적 수준의 사회변동이 반영된 갈등사회로 전환되고 있다. 근대성이 드러내는 갈등이슈를 넘어선 새로운 이슈들이 생산되는 가운데 다양한 정책관련 갈등이 새로운 공공갈등의 이슈를 만들면서 사회갈등은 훨씬 더 보편적 현상으로 자리 잡게 되었다.

오늘날 갈등의 구조변동이라고도 말할 수 있는 갈등사회적 변화에 보다 적응적인 새로운 소통과 합의의 질서를 모색하는 일은 시급한 과제이다. 새로운 소통과 합의의 질서는 정부, 시장, 시민사회 간의 파트너십을 확대함으로써 국가집약적 공공성의 구조를 시민사회와 시장의 다양한 행위자에게 분산함으로써 공공성을 재구성하는 시도로 나타나는 경향이 있다.

공공성 재구성 과정에서 무엇보다도 정부의 개방을 확대함으로써 정책소통을 증대시키기 위해서는 '미시민주주의'의 정치패러다임에 주목해야 한다. 갈등사회에서 갈등관리의 전략과 직접 관련된 미시민주주의는 정책소통을 위해 시민사회의 참여를 확장하는 문제와 결부되어 있다. 미시민주주의의 과제는 특정 정권의 문제가 아니라 갈등사회적 현대성이 부여하는 시대적 과제라고도 할 수 있다. 서로 다른 정부에서 서로 다른 정책패러다임이 추구되더라도 갈등사회의 조건은 새로운 갈등이슈를 지속적으로 생산해내기 마련이다.

여기서 미시민주주의의 질서가 어느 정도 구축되어 있는가의 문제는 사회갈등의 전망과 관련해서 대단히 중요한 결과를 가져올 수 있다. 미시민주주의가 확장되는 경우 특정 정책이슈에 관한 개방과 소통을 통해 갈등이 조율되거나 전환될 전망을 갖지만, 미시민주주의가 위축된 경우 갈등은 응축되어 더 광범하고 근원적인 갈등을 예비하기 마련인 것이다.

미시민주주의를 정부, 시민사회, 시장 등 사회구성의 주요 영역들 간에 실질적으로 작동하는 소통행위에 초점을 맞춘다면, 모든 정책에 대해 동일한 수준의 공개와 소통을 요구하기 어려울 수 있다. 특히 군사, 외교, 안보와 관련된 정책은 기밀성이 요구된다는 점에서 소통이 제약될 수 있다는 논리가 가능한 것이다. 예컨대 대북정책이나 여타의 외교정책과 같이 다른 정책에 비해 더 많은 비공개성이 요구되는 경우도 있다.

그러나 민주적 정책과정이라면 모든 정책은 원칙적으로 시민사회의 공론장에 개방되어야 한다. 개방과 소통의 수준이 서로 달리 요구된다면 그것 또한 시민적 합의의 문제라고 말할 수 있다. 정책에 따라 소통의 제한이 필요하다면 국익과 공익의 차원에서 그러할 것이기 때문에 적어도 개방의 정도는 시민적 동의에 따라 규정될 문제인 것이다. 따라서 어떤 점에서든 모든 정책에서 민주적 과정이 성립하려면 정책과정이 시민사회에 개방되어 정부와 시민사회 간의 미시민주주의의 수준을 높여야 하는 것이다.

과거 이명박 정부는 실용주의를 표방한 바 있다. '중도'라는 수식어를 붙이지만 실용주의는 그 자체로 이념의 외피를 벗겠다는 것을 의미하기 때문에 굳이 이념적 지향을 표현하자면 중도인 셈이다. 문제는 실용주의의 효율성을 지나치게 추구함으로써 시장실용주의를 드러내거나 실용주의를 임의적으로 사용함으로써 공공성을 위축시킨 점이다. 효율성의 시각으로 협치의 정치과정과 같은 미시민주주의를 들여다보면 그것은 비효율 자체일 수도 있다. 그러나 기업영역과는 달리 국가와 같은 공공의 영역은 공익을 만들어가는 과정 자체가 공동체의 존재이유와 결부되어 있다. 따라서 비효율적이고 지루한 숙의의 과정을 거치더라도 미시민주주의를 확장시키는 것은 더 큰 갈등으로 인한 거대한 사회비용을 줄이는 일이라고 할 수 있다.

갈등사회에서 시민사회영역은 더 이상 정책의 수용자집단에 머물지 않는다. 갈등사회에서 시민사회는 다양한 조직과 결사체가 이미 영향력 있는 정치적 행위자로 자리 잡고 있을 뿐만 아니라, 온라인과 오프라인의 공론장은 언제든지 정책적이며 나아가 정치적 개입을 할 수 있게 준비된 영역이라고 할 수 있다. 이러한 시민사회의 다양한 행위자들을 제도적으로 합류시키는 네트워크의 구축은 미시민주주의의 핵심적 과제이자 복합적 균열의 갈등사회에서 사회통합을 가능하게 하는 근원적 처방이라고 할 수 있다.

갈등사회와 공공성의 위기 2

03 노무현 정부와 탈근대 정치의 실험

1. 노무현 정부와 탈근대 정치의 기획

노무현 대통령의 집권기간이였던 2003년에서 2007년간의 시기를 노무현 정부 혹은 참여정부라고 부른다. 노무현 대통령의 집권 시기에 추진된 정치개혁의 과제는 대단히 혼란스러운 상태에서 미완에 그쳤다. 그러나 '참여민주주의'와 이른바 '사람 사는 세상'이라는 근본적 민주주의를 지향하는 노무현의 정치철학은 역대 어떤 대통령이나 어떤 정부에서도 갖지 못했던 선도적인 정치적 가치였다. 그리고 노무현 정부에서 추구한 정치개혁은 기존의 정치를 뛰어넘는 일종의 탈근대 정치의 실험이었다.

이 장에서는 우선 집권시기로서의 노무현 시대를 조망하고자 한다. 이 시기 한국사회는 다양한 영역에서 혁신적 변화를 맞았다. 나는 대통령을 비롯한 한국의 정치인들 대부분이 사회변동에 대한 감수성이 크게 뒤처져 있다고 생각해 왔다. 그러나 노무현 전 대통령은 국내외를 통틀어 어떤 정치인보다도 사회변동에 대한 감수성이 높았던 특별한 정치인이라고 할 수 있다. 노무현 시대에 시도된 정치영역의 혁신은 무엇보다도 이러한 감수성의 반영으로 지구적 수준에서 전개되는 거대전환의 사회변동에 조응하는 것이었으며, 나아가 한국의 사회변동을 독창적으로 선도하는 것이기도 했다.

노무현 정부의 정치혁신은 기존 정치의 경계를 무너뜨리는 일종의 실험이었다는 점에서 한국의 민주주의를 새로운 단계로 도약시킬 수 있는 문을 연 셈이다. 1987년 6월 민주항쟁에 이르기까지 우리사회는 엄청난 희생을 치른 후 민주화의 성과를 얻었고 그러한 성과는 한국 민주주의의 새로운 지평을 연 것임에 분명하다. 그러나 돌이켜보면 그것은 대통령 직선제라는 대의민주주의의 기본적 요건을 갖추는 과정이었으며, 정치변동의 맥락에서 본다면 '근대성'의 정치질서를 넘어서지 못하는 수준에 머물러 있었다.

근대성의 정치질서는 서구 근대사회의 구성원리라고 할 수 있는 이성의 윤리가 정치적으로 구현된 질서라고 말할 수 있다. 따라서 거기에는 공적 정치질서와 사생활의 질서가 경계를 갖고 뚜렷이 구분되는 규범이 내재되어 있다. 근대성의 정치는 국가영역 중심의 중앙집중화된 권력 구조와 사회통합 구조를 갖기 때문에 대의민주주의 혹은 의회민주주의를 민주주의의 최선으로 간주함으로써 정부와 의회중심의 정치질서를 구축하기 마련이다. 이러한 정치질서에서 대중정당은 이념의 대결에 기초한 정치적 동원의 중심에 있고 국민들의 정치참여는 투표를 통한 선거참여에 제한되는 경우가 대부분이다.

근대성의 정치질서는 시민사회에서 나타나는 사회운동과 결사체활동 등을 포함하는 다양한 집합적 욕구가 정치적 실천으로 다양하게 나타남에도 불구하고 이를 애써 비정치의 영역으로 규율함으로써 제도정치의 완전성을 부각하는 경향이 있다. 사회과학에서 '시민사회'를 생활

세계에 나타나는 제도영역으로 규정함으로써 시민사회의 공적 활동 혹은 공공성을 승인하는 이론적 성과가 있은 이후에도 국가와 시민사회 혹은 국가, 시장, 시민사회가 구획되기는 마찬가지였다.

20세기 후반 지구적 수준에서 전개된 거대한 사회변동 — 사회주의의 붕괴, 신자유주의적 세계화의 난폭성, 전자정보 공간의 확장을 수반하는 지식정보화, 탈근대적 욕구의 증대 등 — 은 근대 사회구성체의 질서를 빠르게 해체시키거나 성찰적으로 재구성해 왔다. 이에 따라 근대성의 정치질서를 상징하는 국가영역이 위축되거나 약화되는 한편, 시장과 시민사회의 영역은 확대됨으로써 정치질서 또한 재구성되는 경향을 보였다. 이를 탈근대적 정치변동 혹은 근대 정치질서의 성찰성이 증대하는 것으로 본다면 그 핵심은 근대성의 질서가 구축했던 공적 영역과 사적 영역의 경계가 약화되거나 해체되는 데에 있다.

사회적 욕구의 정치화, 문화의 정치화 현상을 반영하는 탈근대 정치변동은 울리히 벡(Ulrich Beck)의 표현대로 '정치적인 것의 비정치화와 비정치적인 것의 정치화'로 요약될 수 있다. 이에 따라 성, 환경 및 생태, 인권, 평화, 평등의 이슈를 포괄하는 이른바 가치의 정치, 정체성의 정치, 차이의 정치, 성의 정치 등이 탈근대 정치의 주요 아이템으로 새롭게 등장했다.

이 같은 욕구의 구조와 정체성, 다양한 문화적 실천 등 기존의 정치질서에서 비정치적인 것으로 간주되었던 요소들이 위치하는 장은 '시민사회'이다. 따라서 탈근대 정치가 제도정치의 경계를 넘어서는 정치적 실천을 포괄한다고 할 때 그것은 제도정치와 시민사회의 경계 허물기를 의미한다는 점에서 무엇보다도 '시민사회'가 실천과 담론의 중심에 있게 된다. 보다 구체적으로 오늘날 탈근대 정치의 현실은 근대정치권력의 제약을 넘어서는 분권적 권력구조, 정부와 의회의 개방, 대의민주주의를 보완하는 참여와 숙의적 제도의 수용 등으로 나타나고 있다. 정치적 동원과 참여방식 또한 정당으로부터 정치인 개인의 사회자본이나 네트워크로 이동하고 있으며, 참여와 협의, 결사체와 주창의 요소 등을 도입함으로써 다양화되고 있다.

이러한 정치변동의 논리로 볼 때 노무현 정부는 다음과 같은 점에서 현대 한국정치에서 가장 뚜렷하게 탈근대 정치를 시도한 정부라고 말할 수 있다. 첫째, 노무현의 집권은 정치적 동원의 구조가 기존의 정당 동원을 벗어난 '노사모'의 활약에 힘입은 바 크다. 노무현 개인의 지지 집단이자 사회자본이라고 할 수 있는 노사모는 완전히 새로운 정치네트워크로 간주될 수 있다.

둘째, 정부를 비롯한 권력의 운용방식을 개방함으로써 일방적 통치가 아닌 협치(*governance*)의 정치를 시도했다. 비록 한계가 없는 것은 아니었지만 새로운 협치의 과정은 참여민주주의 및 숙의민주주의의 요소를 접목시킴으로써 참여적 정책네트워크를 구축하는 실험이었다.

셋째, 분권화를 통한 지역균형발전의 시도는 중앙집중화된 권력구조를 해체하는 과정이라고 볼 수 있다. 특성화된 지역혁신도시의 전략적 발전을 시도한 데에는 단순한 지방자치를 넘어 세계화시대의 분권화가 갖는 탈근대 정치의 함의가 내재되어 있다.

넷째, 국민과의 직접 소통을 위한 다양한 장치의 구축은 대의제의 제약을 넘어서기 위한 탈근대 정치의 또 다른 징표라고 할 수 있다. 대통령 비서실에 시민사회수석실을 신설하여 시민사회와의 상시적 소통의 통로를 만들거나, 청와대 홈페이지를 통해 대통령이 국민과의 직접대화를 모색한 것은 전자적 공론장을 기반으로 하는 노무현 이전에는 없었던 완전히 새로운 정치적 실천이라고 할 수 있다.

노무현 정부의 탈근대 정치의 실험은 무엇보다도 1990년대 이래 빠르게 성장한 시민사회의 변화와 결부되어 있다. 시민참여정치의 실험은 시민사회, 보다 구체적으로는 시민운동단체를 권력운용의 동반적 파트너로 삼는 것으로 시민사회단체의 실질적 성장이 있어야만 가능한 일이다. 시민사회를 동반한 정치질서는 시민운동단체의 성장을 기반으로 하지만 다른 한편으로는 이러한 파트너십 자체가 노무현 정부 시기에 한국의 시민운동단체들을 높은 수준으로 제도화하는 계기가 되었다.

2. 시민사회: 운동의 제도화와 새로운 시민행동

노무현 정부에 들어 시민사회의 가장 주목할 만한 변화는 두 가지 분화 경향으로 요약할 수 있다. 하나는 시민운동단체의 제도화 수준이 크게 높아졌다는 점이고, 다른 하나는 전자적 공론장이 확장됨으로써 제 4의 결사체라고 부를 수 있는 온라인 회원조직의 활동이 새로운 시민행동을 이끌었다는 점이다.

사회운동의 제도화는 조직의 운용과 자원의 유입이 안정적이며 활동방식이 관례화되고 조직의 규모와 권위가 확대되는 것을 의미한다. 시민단체의 이러한 제도화는 노무현 정권이 주도하는 개방과 개혁의 분위기를 배경으로 시민단체와 정부, 기업 간의 파트너십과 협치의 시스템이 확대되었고, 이는 온라인 회원조직에서 제공되는 안정적 자원의 유입이 있었기 때문에 가능한 일이었다. 다른 한편 시민사회의 새로운 공론장으로서의 온라인 공간을 주도하는 전자적 공중들은 놀라울 정도로 활발한 회원조직들을 만들어냄으로써 시민행동의 새로운 주체로 등장했다.

시민사회의 새로운 분화는 노무현 정부 시기의 시민운동이 새로운 운동주기에 들어섰다는 사실을 말해준다. 한국의 시민운동을 역사적 주기의 맥락에서 본다면 1960년 4·19 혁명 이후 1980년대 민주화운동의 시기까지를 민족민주운동의 주기로 구분할 수 있다. 민족민주운동의 주기는 해방 이후 1980년대 말까지의 세계적인 냉전·국가주의 역사국면에 조응하는 시민운동의 주기라고 할 수 있다.

민족민주운동은 1970년대 박정희 유신독재에 대한 저항운동에서 이른바 재야운동으로 특징지어진 후 1980년대에는 보다 급진적이고 대중화된 민중주의 운동이 주도하는 특징을 보였다. 1980년대의 민주화 운동은 수세적이고 소규모였던 1970년대의 재야운동을 넘어 대단히 공세적이고 급진적으로 대중화되는 경향을 보였다.

1990년대는 냉전·국가주의 역사국면이 종료되고 탈냉전·시장주의 역사국면이 전개되는 세계사적 전환의 시기였다. 시민운동 또한 민족민주운동의 주기가 종료되고 탈냉전·시장주의 역사국면에 조응하는 시민사회운동의 주기가 시작되었다. 한국에서 1990년대 시민사회운동의 주기는 1989년 경실련의 출범에 이어 1990년대 참여연대, 환경운동연합, 녹색연합 등 자생적 시민단체가 계급지향의 민중운동을 넘어 중간계급 지향의 온건한 시민운동을 전개한 시기였다. 그러나 운동의 내용에서는 1987년 6월 민주항쟁이 완료하지 못한 정치민주화와 경제민주화의 과제를 지속적으로 추구했다는 점에서 시민사회운동의 주기가 시작된 첫 10년, 즉 1990년대를 '정치경제 개혁운동의 주기'라고 할 수 있다.

2000년대 들어 특히 노무현 시대에 와서 한국의 시민운동은 기존의 주요 시민운동단체가 주도하던 시민운동의 제도화 수준이 크게 높아지는 한편, 다양한 형태의 생활정치운동이 주류화됨으로써 정치경제 개혁운동의 주기를 넘어서는 '생활정치 운동의 주기'가 개막되었다. 2002년 대선에서 노무현 후보의 승리와 2004년 총선에서 열린우리당의 다수의석 장악은 권위주의정치세력을 민주적 정치세력으로 교체하려는 1987년의 정치과제가 성취되었다는 사실을 의미하기 때문에 1990년대 정치경제 개혁운동의 주기도 일단 종결된 것으로 볼 수 있다.

운동론의 맥락에서 본다면 노무현 시대는 민주화운동이 정권의 수준에서 제도화의 단계에 들어섰고, 이와 동반적으로 시민운동의 제도화 수준이 크게 높아진 시기라고 말할 수 있다. 노무현 시대 시민운동은 중앙과 지방의 수준에서 그리고 다양한 정책이슈에 따라 형성된 정부와의 협치, 나아가 기업과 시민사회의 파트너십을 통해 높은 수준으로 제도화되었다. 예컨대 노무현 정부가 중장기 국가발전계획을 수립하고 전문가와 이해당사자의 자문을 구하기 위한 목적에서 설립했던 다양한 국정과제 위원회는 이러한 협치의 과정을 잘 보여주는 사례이다.[1] 과거 정부위원회의 경우 관료의 비중이 압도적이었지만 노무현 정부의 위원회는 학계, 시민단체, 기업의 전문가들을 중심으로 구성되어 민간 주도성이 크게 강화되었다. 더구나 위원구성의 비율이 가장 높은 학계의 많은 전문가들은 시민단체에 관여하고 있었기 때문에 시민단체의 실질적 구성비는 대단히 높은 것으로 볼 수 있다.

이와 아울러 중앙정부의 수준에서 시도된 다양한 사회협약의 시도도 협치의 중요한 사례로 평가될 수 있다. 투명사회 협약, 일자리 협약, 사회공헌 파트너십 협약, 저출산고령화사회 협약 등이 실험되었다. 이뿐만 아니라 세계적인 신경제 패러다임의 효과로 2000년대 들어 한국에서도 활발하게 전개된 기업의 사회공헌 활동은 기업과 시민사회의 파트너십을 강화하는 계기가 되었다. 대기업은 앞다투어 사회공헌팀을 만들고 시민단체와 네트워크를 구축하여 다양한 형태의 공익활동을 추진했다. 이 과정에서 기업은 시민단체에 대한 직간접적 후원을 확대함으로써 시민단체의 제도화수준이 높아지는 데 크게 기여했다.

시민운동의 이 같은 제도화는 시민단체가 정부 및 기업과의 동반적 관계로 발전했다는 점에서 시민사회의 새로운 분화를 의미할뿐더러, 나아가 시민운동이 사회구성의 안정적 재생산구조에 편입되었음을 말해 주는 것이기도 하다. 시민운동의 영역에서 볼 때 높은 수준의 제도

1 2007년 11월 기준으로 노무현 정부의 국정과제위원회는 12개 위원회에 407명의 위원들이 구성되었다.

화는 시민운동이 시민들의 직접참여와 적극적 시민 직접행동의 동력을 상실한 것을 의미하기 때문에 시민운동의 한 주기가 마감되었다고 말할 수 있다.

다른 한편 노무현 시대 시민운동의 새로운 동력은 완전히 새로운 형태의 시민행동을 가능하게 하는 '전자적 공론장'으로부터 제공되었다. 노무현 시대의 탈근대적 사회변동 가운데 가장 주목할 만한 현상은 기존의 제도와 조직을 대체하는 다양한 네트워크나 집합적 사회자본과 같은 탈조직화의 경향이다. 이러한 경향의 핵심적 요소가 온라인 공론의 공간에서 활동하는 전자적 공중이다.

인터넷을 비롯한 전자정보 공간에서 형성되는 '전자적 공중'은 통신기술과 뉴미디어로 네트워크화 되어 전자적 공론장을 주도하는 공중을 형성한다. 전자적 공중은 2000년대 이후 한국의 시민사회에서 가장 역동적인 시민으로 등장했으며, 역동적 시민으로 전환시키는 조직적 기제가 인터넷 공간에 광범하게 형성되어 있는 토론방, 카페, 미니홈피, 블로그 등 다양한 형태의 회원조직들이다.

이 같은 회원조직들은 상시적인 경우도 있지만 일시적이거나 필요에 따라 활성화되는 경우도 있다. 대부분의 회원조직은 가입과 탈퇴가 자유롭고 소속의식은 있다고 하더라도 구속력이 미약하며 자유롭고 느슨하게 운영된다는 점에서 '유연 자발집단'이라고도 부를 수 있다. 2002년 미군장갑차에 희생된 여중생사건 이래 새로운 시위양식으로 확산된 촛불집회는 2004년의 노무현 대통령 탄핵반대, 2008년의 미국산 쇠고기수입반대 등으로 이어져 이슈에 따라 거대한 시민적 저항을 보여주었다. 2002년 월드컵에서 세계를 주목시킨 길거리 응원까지 포함해서 대규모의 시민행동은 실제로 인터넷상의 유연 자발집단을 동원의 핵으로 하고 있다.

유연 자발집단은 온라인을 매개로 만들어지지만 실제로 온라인과 오프라인의 연속선에서 활동하는 경향이 있다. 따라서 2002년 대선에서 정당을 무력하게 만든 이른바 '노사모'와 같은 정치인 지지네트워크도 유연 자발집단의 한 유형이라고 말할 수 있다. 정치인이나 연예인 등 유명인의 지지집단으로서의 팬클럽뿐 아니라 취미활동을 위한 문화동호회, 다양한 문화비평그룹 등은 문화적 이슈들을 공론장을 통해 정치화한다. 오늘날 대부분의 정치인들은 온라인과 오프라인을 넘나드는 지지집단을 갖고 있으며 이러한 네트워크는 정당보다 의미 있는 사회자본으로 작동하고 있다.

이 같은 다양한 유연 자발집단은 온라인 공론장에서의 토론을 통해 문제를 공유하면서 동시에 오프라인에서의 시민행동으로 연결됨으로써 노무현 정부 이후 우리사회에서 불연속적이지만 관례적인 정치참여의 새로운 방식으로 자리 잡고 있다. 유연 자발집단이 갖는 이슈의 무제약성, 규모의 무제약성, 온라인과 오프라인을 넘나드는 활동공간의 무제약성 등은 탈조직적 사회변동을 반영하는 완전히 새로운 결사체의 특징으로 해석할 수 있다.

특히 유연 자발집단은 근대 사회조직의 관점으로는 설명할 수 없을 뿐만 아니라, 제 3의 결사체[2]로서의 시민단체가 갖는 시민직접행동의 한계도 넘어서는 탈조직적 회원구조의 새로운 성격을 갖는다는 점에서 '제 4의 결사체'라고도 말할 수 있다. 오늘날 제 4의 결사체는 정당, 노동조합, 이익단체, 시민운동단체 등 기존의 제도와 조직을 점점 더 위축시키고 있다.

---

2 상설적인 시민운동단체는 구성원이 모여서 대면적인 관계로 활동하는 전통적인 2차 집단의 특성과는 달리 스태프중심으로 운영되고 회원들은 다만 우편리스트조직으로 존재한다는 점에서 제 3의 결사체라고 말할 수 있다(Putnam, 1995).

2008년 촛불집회에서 뚜렷이 확인된 탈조직적 시민행동의 주도성은 노무현 시대와 중첩된 한국 시민운동의 새로운 주기의 특징을 잘 보여준다. 거대 시민단체가 운동을 주도했던 정치경제 개혁운동의 주기를 마감하고, 시민운동은 풀뿌리 지향적인 생활정치운동이 생활공공성 운동으로 전개되는 한편, 온라인 네트워크를 기반으로 하는 시민행동이 크게 확산되었다.

노무현 시대의 시민운동은 이 점에서 '생활정치운동의 주기', 혹은 '탈조직운동의 주기'라고도 부를 수 있다. 주요 시민단체가 시민운동을 주도했던 정치경제 개혁운동의 주기까지 한국의 시민운동방식은 근대성의 질서 내에 위치한 '계몽의 패러다임'이었다. 시민단체의 역할이 약화되고 제 4의 결사체가 주도하는 시민행동이 확산되는 한국의 시민운동은 '계몽의 패러다임'으로부터 이제 탈근대적 '자율의 패러다임'으로 전환하고 있다. 이러한 시민운동의 패러다임 전환은 노무현 시대에 우리 시민사회가 새로운 민주주의에 대한 아래로부터의 성찰과 학습이 개막되었음을 말해주는 것이기도 하다.

3. 미시민주주의의 실험과 전망

1987년 6월 민주항쟁으로 얻어낸 이른바 '87년 체제'의 성과는 흔히 절차와 제도의 민주화라고 알려진 대로 대의민주주의의 주요 제도와 형식을 갖추는 과정이었다. 1970년대와 80년대 독재의 체험과 민주화 운동의 엄청난 희생은 대통령 직선제라는 요건을 얻은 것만도 큰 성과로 수용되었고, 더 이상의 민주주의는 기약 없이 미루어졌다. 이후 IMF 외환위기가 닥치기까지 10년 여의 민주화 과정 역시 근대성의 정치규범과 제도의 민주주의로부터 더 나아가지 못했다. 김대중 정부 또한 새로운 민주주의를 진전시키기보다는 IMF 외환위기 극복의 과제와 경제의 논리가 압도하는 형국에서 벗어나지 못했다.

김대중 정부보다 훨씬 더 취약한 정치기반에서 출발한 노무현 정부는 4대 개혁입법으로 구체화된 '사회권력'의 민주화 과제와 함께 한미 FTA와 같은 IMF 외환위기 이후의 신자유주의적 세계화에 적응해야 하는 동시적 과제에 직면했다. 김대중 정부에 이어 민주화세력 나아가 진보세력의 연속적인 집권은 보수진영의 위기감을 증폭시켰고 그에 따라 보수적 사회권력의 거대한 반발에 봉착한 노무현 정부는 거대보수 언론과의 끊임없는 충돌로 정치적 탈출구를 찾기가 어려웠다.

마침내 노무현 정부는 개혁적 정치권력이 보수적 사회권력에 포위된 형국에서 설득적 권력운영의 한계를 드러내는 한편, 진보진영 전체로서도 새로운 정치적 전망의 어젠다를 설정하는 데 실패하기에 이르렀다. 그러나 노무현 시대에 설정된 '분권과 자율'이라는 국정운영의 원칙과 그 실행의 내용에는 이미 새로운 정치의 좌표가 내재되었을 뿐만 아니라 새로운 단계의 민주주의가 실천되고 있었다는 사실에 주목해야 한다. 말하자면 노무현 정부 내내 정책갈등에 매몰되고 보혁 갈등의 구도에 몰입되어 새로운 민주주의의 전망을 주요 담론으로 가시화하지 못했을 뿐이지 실제에서는 탈근대 민주주의의 기획이 의욕적으로 실천되고 있었다.

탈근대 민주주의의 기획은 시민사회와 대면한 대의민주주의의 자기 성찰과정이라고 말할 수 있다. 노무현 시대의 협치는 시민사회에 대해 권력 구심을 개방함으로써 시민참여정치를 확대시키는 개방적 권력운영의 방식이었다. 아울러 노무현 시대에 크게 활성화된 전자적 공론장과 제 4의 결사체 활동은 아래로부터 소통의 질서를 확장하는 효과를 가져왔으며, 시민사회영역 안에서도 전자적 공간이 정치적 성찰의 핵심적 진원지가 되게 했다. 노무현 정부가 추구한 이 같은 협치와 소통의 정치는 비록 제한적이기는 했지만 대의민주주의의 한계를 넘어서는 참여민주주의의 실천이자 민주주의의 새로운 전망을 제시하는 것이기도 했다.

노무현 정부 이전에 우리사회가 이룬 민주주의의 성과는 대통령 직선제를 비롯한 민주적 제도와 절차로서의 민주주의였다. 제도와 절차로서의 민주주의를 갖추는 것과 이러한 제도와 절차 내에 실질적인 민주적 정치철학이 반영된 구체적인 정치양식과 정치행태를 갖추는 것은 다른 문제이고 새로운 민주주의 과제이기도 하다.

정부의 형태나 권력구조와 같은 거시적인 민주적 제도를 갖추는 것을 '거시민주주의'의 영역이라고 한다면 참여와 숙의, 소통, 설득, 합의, 배려, 공감의 정치를 실천할 수 있는 제도를 구축하고 실천하는 것은 미시정치이자 미시민주주의의 영역이다. 오늘날 대의민주주의가 시민의 실질적 삶과는 분리되어 작동하는 껍질로만 남았다면 그것은 무엇보다도 미시민주주의를 실천하지 못하는 한계 때문일 수 있다. 최근에 제시되는 참여민주주의, 숙의민주주의, 결사체민주주의, 주창민주주의 등의 새로운 민주주의 이론들은 이 같은 미시민주주의의 실천과 관련된 실질적 민주주의를 확장하고자하는 시도들이다.

노무현 정부의 탈근대 민주주의의 기획은 이 같은 '미시민주주의'를 실험하고 이를 통해 민주주의 새로운 전망을 가졌다는 점에서 무엇보다도 획기적인 의의를 갖는다. 이명박 정부에 들어 2008년 촛불집회로 가시화된 거대한 시민저항행동 또한 노무현 정부에서 팽창된 전자적 공론장과 제 4의 결사체가 핵심적 동력이 되었다. 촛불집회에 참여한 시민들은 촛불집회 참여경험 이후의 개인적 변화에 대해 일상으로 돌아와 지역사회의 정치적 현안에 새로운 관심과 참여의 의식을 갖게 되었다고 말하는 경우가 많다. 적어도 노무현 정부에서 추진된 협치의 과정은 거시적 제도의 미시민주적 운영을 의미한다면, 제 4의 결사체와 같이 온라인과 오프라인을 연계하는 시민행동은 공론의 장에서 미시민주주의의 프레임을 공유하고 학습하는 과정이라고 할 수 있다.

노무현 정부에서 전개된 탈근대 정치의 기획과 탈조직적 시민행동의 확장, 이에 따른 시민운동의 자율패러다임의 등장 등은 미시민주주의로의 전환이라는 정치사회적 변동의 주요 징표가 되었다. 노무현 정부에서 추진된 정책지향이나 시민사회의 변화에서 우리는 몇 가지 미시민주주의의 전략적 과제들을 설정할 수 있다.

첫째는 우리시대가 요구하는 민주주의의 결핍을 보완하는 과제로 정부운영에 참여와 숙의의 기회를 확대하는 '개방화' 과정을 들 수 있다.

둘째는 경제민주주의의 내용을 담은 균형발전과 사회적 약자를 보호하는 형평적 정책의 '구체화'가 미시민주주의의 전략적 과제로 설정될 수 있다.

셋째는 일상의 삶 혹은 주민적 삶에서 민주주의를 기획하는 작은 민주주의의 과제, 혹은 민주주의의 '일상화' 과제를 들 수 있다.

적어도 민주주의라는 측면에서는 노무현 정부에서의 미시민주주의의 진전과 견줄 때 이명박 정부와 박근혜 정부에서 민주주의의 후퇴는 자명하다. 이명박 정부가 노골적으로 시도한 협치방식의 해체와 시민단체에 대한 다각적 탄압, 나아가 온라인 공론장에 대한 규제는 노무현 정부가 실험한 미시민주주의의 폐절에 다름 아니다. 게다가 최근 국정원의 대선개입과 박근혜 정부에서 국정원의 정치개입, 대선공약의 몰염치한 폐기 등은 대의민주주의의 절차마저 위태로운 수준으로 만들고 있다. 형식과 껍질로 지탱하는 거시민주주의의 장식 속에서 탈법과 기만의 정치로 권력을 운용할 수 있다는 시대착오성과 무모성은 정치의 불안을 점점 더 가중시킬 것이다.

노무현 시대에 추진된 탈근대 정치와 미시민주주의의 실험은 '진정성의 정치' 맥락에서 해석할 수도 있다. 권력을 개방하고 공론장을 넓히는 것은 집권세력의 입장에서 본다면 획득한 권력에 대한 일종의 포기라고도 할 수 있는 것으로 궁극적으로는 권력을 국민에게 되돌리는 과정이다. 노무현 시대의 미시민주주의는 대의민주주의와 제도정치의 결함을 자인하고 이를 시민사회의 공론장에 던져 놓은 정치적 진전을 의미한다.

정치권력의 중심인 대통령이 민주주의에 대한 철학과 실천을 스스로 구현할 때 미시민주주의는 진전되며 사회갈등은 일상적 수준으로 완화되어 자율적 관리가 가능하게 된다. 그러나 집권세력이 철학과 실천의지가 없을 때, 민주주의는 아래로부터 요구되며 저항과 투쟁을 통해 얻어질 수밖에 없다. 이 점에서 이명박 정부에 이은 박근혜 정부의 정치 없는 통치방식과 소통 없는 권력운영은 노무현 정부에서 실행된 미시민주주의의 실험과 뚜렷이 대조된다. 따라서 이명박 정부에서 폐절된 '미시민주주의'는 우리 시대의 새로운 민주주의 과제로 설정되어야 하며 그것은 곧 노무현 시대가 시민사회에 남긴 유업일 수도 있다.

04 이명박 정부의 시장실용주의와 공공성의 위기 *

1. 세계시장화와 MB노믹스

1980년대부터 주요 선진국을 중심으로 확산된 신자유주의적 시장질서는 1990년대 이후 전지구적 수준에서 승자독식의 살벌한 시장경쟁을 강화했다. 시장영역에서 기업이 생존을 위한 구조조정에 돌입했을 뿐만 아니라 정부 또한 개방과 민영화 등을 통해 효율적인 작은 정부를 지향했다. 이 같은 경향은 기업과 정부영역뿐만 아니라 교육, 언론, 종교, 시민운동단체 등 시민사회의 영역에도 경쟁과 효율의 시장가치를 확산시키기에 이르렀다. 시장주의를 전지구적으로 실어 나르는 이른바 신자유주의적 세계화의 거대경향이 사회 구석구석을 시장으로 만들었다.

주지하듯이 신자유주의 시장화 경향은 시장질서의 무한한 팽창을 통해 사회 혹은 공동체질서를 위협하는 결과를 초래한다. 그것은 비정규

---

* 이 장은 〈환경과 생명〉 2008년 봄호(통권 55호)에 실린 "시장실용주의와 공공성의 위기"를 수정, 보완한 글이다.

직과 빈곤층을 양산함으로써 사회를 공동의 질서로 통합하기보다는 균열과 해체의 방향으로 몰아가는 경향을 갖는다. 신자유주의적 시장질서의 팽창이 드러내는 위기의 징후는 사회의 존립을 위협하기 때문에 자본주의 사회구성체 자체의 존속과 관련된 위기를 만들 수도 있다.

1990년대 이후 세계화 경향과 동반적으로 확대된 반세계화의 국제적 연대운동은 이 같은 위기의 가시적 징후라고도 할 수 있었다. 이러한 점에서 '창조적 자본주의'는 신자유주의적 시장질서의 위험을 넘어 '지속가능한' 자본주의를 위한 현실적 대안인 셈이다. 창조적 자본주의론은 다른 무엇보다도 시장이 순전히 사익과 효율, 경쟁과 탐욕의 질서가 아니라 시장 스스로가 성찰성을 가짐으로써 공적 가치를 지향한다는 점에서 의의가 크다. 그것은 어쩌면 세계시장질서가 새롭게 나아갈 방향을 제기한 것이라는 점에서 세계시장주의의 자기혁신과정이라고 말할 수 있을지 모른다.

근대사회에서 국가와 시장, 시민사회는 서로 다른 사회구성의 질서로 이루어져 있다. 시장은 기본적으로 사적 이익의 질서이기 때문에 화폐를 매개로 경쟁과 축적의 윤리를 지향한다. 따라서 사회의 공동성과 평등주의의 이상은 권력을 매개로 한 강제의 영역이라고 할 수 있는 국가의 역할로 채워지거나 시민사회의 자율적 공동성이 시장의 난폭성을 견제함으로써 추구되었다. 이 같은 근대적 사회구성의 질서가 변화하는 조짐 가운데 가장 주목해야 할 지점이 바로 시장의 변화이다. 세계시장질서의 근본적 변화를 추구하는 창조적 자본주의론은 시장영역 스스로가 공적 가치를 갖게 된다는 점에서 시장공공성의 확대를 통한 공공성 재구성을 가시화하는 것으로 보인다.

이처럼 세계경제를 선도하는 주요 흐름이 지속가능한 시장과 공생의 가치를 확대하고 있음에도 불구하고, 이명박 정부의 이른바 MB노믹스가 이 같은 방향과는 달리 오히려 강력한 시장경쟁으로 몰아가고 있다는 점에서 많은 우려가 있다. 최근 한 언론이 경제학자들을 대상으로 실시한 설문조사에 따르면 MB노믹스의 주요코드로 응답자(복수응답)의 85.9%가 규제완화를 들었고, 이어서 성장우선(82.4%), 실용주의(62.4%) 등을 꼽았다. 또한 이명박 정부의 정책성향에 대해서는 97.6%가 친기업, 76.5%가 친시장, 58.8%가 친재벌이라고 응답한 반면, 친환경, 친노동에 대한 응답은 15.3%, 3.5%에 그쳤다(중앙일보시사미디어, 2008).

실제로 이명박 정부 대통령직 인수위원회의 업무보고 결과에 따르면 이명박 정부의 주요정책은 성장주의와 대폭적인 규제완화, 친기업적 정책 등에 초점이 맞추어져 있음을 알 수 있다. 특히 이른바 747공약의 가장 우선적인 과제라고 할 수 있는 7% 경제성장률 달성을 위해 제시한 정책은 산업자본의 은행소유한도 완화 등 금산분리와 부동산 규제의 완화정책, 대기업의 출자총액 제한제도의 폐지 등으로 나타났다. 공기업 민영화가 훨씬 더 가속화되고 여기에 법인세, 상속세, 소득세 인하 및 유류세 인하 등 공약으로 제시되었던 감세정책이 추진되면 경제력 집중현상은 크게 확대될 수밖에 없었다.

부동산 정책 또한 한동안 시장안정의 측면이 다소 강조되는 경향이 있었지만 기본방향은 규제 완화에 있었다. 종합부동산세 부과기준을 높이거나 양도세 완화조치 등을 일시적으로 미루기는 했지만 규제완화의 기조로 볼 때 당시에도 여전히 추진가능성이 높은 것으로 평가되었다(〈경향신문〉, 2008. 1. 10).

자유시장 경쟁을 확대하는 이 같은 정책은 비단 경제영역에 국한된 것은 아니다. 신문법 폐지와 신문·방송 겸영규제 완화정책이 기정사실화된 것은 언론의 독과점을 강화함으로써 여론의 독점을 우려하게 한다. 경쟁과 시장의 논리는 여기에 그치지 않는다. 우리사회에서 가장 중요한 문제로 인식되는 교육부문에서 평준화의 해제를 사실상 결정함으로써 입시경쟁을 가열할 뿐만 아니라 학력과 교육의 계층화 현상을 가속화시킬 것이라는 우려 또한 컸다(〈경향신문〉, 2008. 1. 11).

신자유주의의 세계화라는 시장팽창 일변도의 거대경향이 이제 지구적 수준에서 새로운 방향을 모색하는 시점에서 이명박 정부의 기본적인 정책방향은 오히려 신자유주의의 가속화에 있었다. 이 같은 경향은 친기업 및 친시장지향의 정책을 넘어 친재벌적 모습마저 보임으로써 정부의 공적 기능을 더욱 위축시킬 수 있다.

신자유주의 시장화 경향이 확산되는 것은 무엇보다도 한 사회가 안정적으로 성장하는 데 필수적인 공공성의 체계를 위협한다는 점에 심각성이 있다. 일반적으로 신자유주의적 시장화 경향은 국가가 갖는 공공성 특히 공적 부조의 기능으로서의 국가복지기능을 약화시킨다는 점에 주목하는 경향이 있다. 그러나 제어되지 않는 시장화의 경향이 초래하는 무엇보다도 심각한 문제는 국가영역뿐 아니라 시민사회를 포괄하는 사회전체의 공공성체계를 크게 약화시킨다는 데에 있다.

2. 시장실용주의와 불안한 공공성

친기업, 친재벌정책 그리고 성장과 경쟁윤리를 지향하는 이명박 정부의 시장주의 경향은 대선과정에서 표방했던, 그리고 취임사에서도 크게 강조되었던 '실용주의'와 결합되어 있다. 시장주의가 기본적으로 시장합리성을 바탕으로 구축된다면 실용주의는 현실합리성을 배경으로 한다. 따라서 실용주의는 일관된 원칙과 가치지향에 따른 신념이나 행위의 논리라고 할 수 없다. 무엇보다도 실용주의는 가치의 현실성과 가변성, 그리고 편리성을 지향하는 행위논리라고 말할 수 있는 것이다. 이명박 정부가 지향하는 가치를 이런 점에서 '시장실용주의'라고 할 수 있다면, 시장이 추구하는 효율성의 가치와 실용주의가 드러내는 현실적 득실의 가치가 결합된 시장실용주의는 안정적 국가운영의 기반이라고 할 수 있는 공공성의 시스템을 크게 위축시킬 수 있다.

우리사회에서는 김대중, 노무현 정부 10년을 '진보적 정권'이라고 부르고 있다. 분단체제가 지속되는 현실에서 진보정권 10년은 좌우의 이념적 논쟁과 대립이 한국전쟁 이후 다른 어떤 때보다 확장되었다고 할 수 있다. 진보적 개혁에 대한 국민적 피로가 탄생시켰다고도 할 수 있는 이명박 정부의 시장실용주의는 얼핏 보기에 좌우의 이데올로기 지형에서 어느 쪽에도 치우치지 않은 중도적 지향으로 간주될 수 있다.

일반적으로 좌파이념과 동일시되는 사회주의와 우파이념으로 간주되는 자유주의의 정치이념은 세계 사회구성체의 맥락에서 볼 때 어느 하나는 다른 하나 없이 존립을 설명할 수 없을 정도로 '관계적으로' 형성되었다고 말할 수 있다. 따라서 세계 사회구성체 내에서 자유진영과 사회주의진영은 체제우위를 입증하기 위한 경쟁구도 속에서 상호 성장했다. 이 점에서 자유주의와 사회주의는 공히 공공의 복리와 사회통합을 위한 공적 기능을 강화했다. 사회주의이념은 기본적으로 공동생산과 공동분배를 지향하지만 이와 경쟁하는 자유주의이념 역시 국가가 주도하는 공공성의 기능을 강화하지 않을 수 없었던 것이다.

1980년대 말 사회주의 이후의 세계 사회구성체는 이른바 신자유주의적 시장경쟁의 질서를 팽창시켰다. 말하자면 지구적 수준에서 시장주의가 본격적으로 전개된 것인데, 이것은 월러스틴(Immanuel Wallerstein)이 말하듯이 자유주의의 승리라기보다는 근대적 이념의 시효가 만료된 것으로 보는 것이 합당하다. 정치이념의 실험으로서의 사회주의의 붕괴는 자유주의 또한 동반적으로 의미를 잃게 했다(이매뉴얼 월러스틴, 1996). 따라서 시장주의는 자유주의이념의 실천적 전략으로 작동하는 것이 아니라 이념의 외피를 걷어냄으로써 사회질서를 구성하는 다양한 이데올로기적 기구와 정책의 무용성을 확장시키는 벌거벗은 경쟁의 윤리로 재생산되고 있다.

시장주의가 이처럼 고삐 풀린 경쟁의 질서인 데다 실용주의 또한 원칙과 가치지향을 갖는 신념의 체계가 아니기 때문에 이명박 정부의 시장실용주의는 특정의 이념적 지향이라고 보기 어려운 것이다. 나아가 '중도주의'도 좌우의 이념적 스펙트럼상에 위치하는 '이념'이기 때문에 시장실용주의를 중도주의라고 말하기도 어려운 것이다.

시장실용주의가 정치이념이나 뚜렷한 가치지향을 갖는 신념의 체계라기보다 효율과 사적 이익에 기반하고 현실성과 가변성, 편익성을 추구하는 행위논리라고 할 때, 가장 우려되는 사실은 시장실용주의야말로 우리사회를 구성하는 공공성의 질서를 불안하게 할 수 있다는 점이다. 일반적으로 공공성은 국가의 공적 기능 혹은 정부의 복지정책을 중심으로 하는 국가영역의 재분배기능을 염두에 두는 경우가 많다. 사회통합을 담당하는 공공성의 기능 가운데 복지의 기능이 가장 핵심적이라는 점은 재론의 여지가 없다. 그러나 사회통합, 나아가 사회구성체의 질서를 지탱하는 공공성은 다양한 영역에서 다양한 수준으로 작동하고 있다.

'공공성'(*publicness*)은 개인이나 특정 집단의 사적 이해를 넘어 형성되는 국가 혹은 사회공유의 특성을 의미하는 것으로 사회과학의 대상과 범위에 따라 다양하게 사용되는 개념이다(조대엽, 2007a). 따라서 공공성은 근대사회구성체의 핵심적 질서라고 할 수 있는 국가, 시장, 시민사회에 포괄적으로 작동하고 있는 원리라고 할 수 있다.

주지하듯이 분석적 수준에서 국가의 영역은 정부를 중심으로 법과 제도의 실질적 운영을 담당하는 영역이다. 국가는 공권력에 기반한 강제의 영역이기 때문에 그 자체가 가장 강력한 공공성의 영역이라고 할 수 있다. 국가 공공성은 공공관리, 공공정책 등으로 불리는 정부의 행정기능과 공공지출을 통한 재분배의 기능이 특히 강조된다. 사회구성의 질서 가운데 시장영역은 사적 이익을 목적으로 재화와 서비스의 생산 및 교환, 소비가 이루어지는 영역이며 노동과 화폐를 매개로 형성된 질서이다. 시장질서는 본질적으로 이윤의 추구와 경쟁의 논리가 지배하는 사적 영역이라고 할 수 있다. 따라서 시장은 원칙적으로 공적 기능을 갖지 않는다고 말할 수 있다(조대엽, 2007a).

그러나 최근 들어, 특히 1990년대 이후 세계적인 시장조건에서 기업사회공헌 활동이 기업 경영의 한 방식으로 설정되어 이른바 전략적 사회공헌의 개념으로 공적 활동이 기업 내화되는 경향이 확산되고 있다. 기업의 오랜 관행이었던 단순 기부나 공익재단 설립 등은 그 운영영역이 시민사회라는 점에서 이미 시장의 영역을 넘어선 공공성이라고 할 수 있다. 그러나 최근의 기업 내화된 공익활동은 시장의 공공성이라고 말할 수 있고, 한 걸음 더 나아가 재화와 서비스 생산 자체를 공공성을 지향하도록 기획하는 '창조적 자본주의'의 전망은 시장공공성을 크게 강화하는 방향이라고 볼 수 있다.

사회구성영역 가운데 시민사회는 국가와 시장경제 사이에 있는 사회적 상호작용의 영역이다. 여기에는 가족과 같은 친밀성의 영역, 결사체 영역, 사회운동, 공적 의사소통의 형태들이 포함된다(Cohen and Arato, 1992). 시민사회는 공적 담론의 생산과 소통이 이루어지는 영역일 뿐만 아니라 결사와 연대를 기반으로 국가 및 시장을 견제하고 감시하는 기능을 갖는 영역이다. 이런 점에서 시민사회의 공공성은 여론, 공중, 공개성 등과 관련된 공론장이 특히 강조된다.

말하자면 시민사회의 공공성은 우선 사회성원 누구나 접근가능성을 가지며, 사회성원들이 전체로서의 시민들에게 영향을 미칠 수 있는 이슈에 관한 견해를 가지고 이 영역에 관여한다는 점에서 공적이다. 여기에다 시민사회에서 자발적으로 형성된 사회서비스단체들은 시민사회의 공공성을 확산시키는 데 기여하고 있다. 따라서 공적 담론의 소통과 함께 NGO 혹은 NPO 등의 다양한 자발적 결사체는 사회운동과 사회서비스를 주도하는 시민사회 공공성의 핵심적 지표이다(조대엽, 2007a).

이와 같이 공공성은 국가, 시장, 시민사회의 질서에 포괄적으로 내재된 공동체 구성의 근간이라고 할 수 있다. 이러한 공공성은 사회통합을 위해 작동하는 기능적 특성에 따라 실체적 공공성과 규범적 공공성으로 구분해 볼 수 있다. 공공복지 서비스, 공적 여론의 형성, 사회운동이나 자발적 시민단체의 공익활동과 같이 국가, 시장, 시민사회의 영역에서 실제적 범주와 내용을 가진 공적 활동을 실질적 혹은 '실체적 공공성'이라고 말할 수 있다.

이와 달리 규범적 공공성은 행위나 절차에 대한 공적 정당성을 확보하기 위해 따르게 되는 규칙을 전제로 한다. 사회구성 영역에서 작동되는 모든 사회적 행동에는 법적 절차와 규제가 따르기 마련이다. 정부는 물론이고 사적 영역이라고 할 수 있는 시민사회와 시장 또한 이 같은 규범으로부터 예외가 될 수 없다. 시민사회를 구성하는 사생활과 자발적 결사체, 공론을 형성하는 커뮤니케이션 제도, 나아가 사회운동조차도 법률에 따라 권리와 의무가 규정된다. 시장에서의 고용과 투자, 거래의 투명성과 책임성 또한 법적 규제에 따른 규범적 공공성과 결부되어 있다. 이런 점에서 규범적 공공성은 사회의 모든 영역에 걸친 보편적 현상이라고도 할 수 있다.[1]

한 사회를 구성하는 공공성의 구조는 이처럼 포괄적이고도 복잡한 내용을 갖는다. 일반적으로 시장주의가 확산됨으로써 경쟁과 개인주의의 윤리가 보편화되면 공공성 위기를 떠올린다. 그러나 많은 경우 이러한 공공성은 계층 간 격차와 불평등으로 인한 사회적 균열에 대한 우려를 반영함으로써 복지기능의 축소에 주목하게 된다. 말하자면 정부 주도의 국가 공공성과 실체적 공공성에 초점을 맞추는 경향이 있다.

그러나 시장실용주의는 실용주의가 갖는 독특한 성격에 따라 국가영역의 실체적 공공성뿐만 아니라 사회구성을 포괄하는 공공성의 구조 전체를 불안하게 만들 수 있다. 말하자면 시장주의의 확장에 따른 실체적 공공성의 위축경향과 함께 실용주의가 가질 수 있는 규범적 공공성의 약화를 동반적으로 초래할 수 있다.

---

1 나는 2007년의 논문에서 공공성을 기능적 공공성과 절차적 공공성으로 구분한 바 있다(조대엽, 2007a). 그러나 절차적 측면 또한 법률이나 규제와 같은 규범으로서의 기능을 의미하기 때문에 '기능적 공공성'을 개념적으로 따로 구분하는 것은 적절하지 않은 것으로 판단된다. 따라서 이 글에서는 실질적 활동내용을 갖는 공공성으로서의 실체적 공공성을 구분하고 절차적 공공성에 해당하는 개념으로는 규범적 공공성을 구분한다.

3. 공공성의 재구성과 유연사회

이명박 정부가 주도했던 시장실용주의가 한국사회를 더욱 빠르게 변화시켰지만 이러한 변화의 중심이 되었던 시장화 경향은 이미 지구적 수준에서 거대한 사회변동을 주도한 지 오래되었다. 1990년대 들어 가속화된 치열한 시장경쟁 상황은 한국에서도 1997년의 IMF 체제를 거치면서 고통스런 현실이 된 바 있다. 지난 20년 여 동안 지구적 수준에서 전개된 시장팽창의 현실은 개별 국가차원에서는 국가의 공적 기능을 약화시킴으로써 공공성 위기를 드러내게 되었다.

이 같은 공공성의 위기에 대응하기 위한 거시적 사회질서의 자기조정 방식을 '공공성 재구성'이라는 시각으로 볼 수 있다. 최근의 사회변동을 공공성의 재구성이라는 시각으로 보는 것은 국가, 시장, 시민사회에 내재된 공적 구조가 단순히 축소되거나 확장되는 것을 강조하는 것이 아니다. 공공성의 재구성은 사회질서의 내부에 고유한 공적 기능이 다른 영역으로 할당되거나 새로운 공적 기능이 형성됨으로써 각 영역 간에 공적 기능의 호환성이 발생하고 구조적 연계가 구축됨으로써 영역 간 경계가 불명확해지는 변화를 포괄한다(조대엽, 2007a).

이러한 변화 가운데 가장 주목할 만한 현상은 역시 시장의 팽창에 따른 국가 공공성의 약화 현상이다. 국가가 담당하는 공적 기능이 약화되면서 거시적 사회구조의 자기 조정효과는 시장과 시민사회에 공적 기능을 새롭게 할당하는 것으로 나타나고 있다. 시민사회의 공적 기능이 강화되는 것과 동시에 시장영역에서 새롭게 공공성이 형성되는 것에 주목해야 하는데 이러한 공공성은 기업조직 내부에서 형성되기 때문에 시장공공성이라고 말할 수 있다.

나아가 국가, 시장, 시민사회의 영역에서 형성된 공공성은 제도적 수준에서 협조적 관계를 확장한다. 시민사회에도 공공성은 다양한 형태로 재구성되고 있다. 공공성 재구성 과정은 시민사회의 공적 영역을 전문화하는 경향을 갖는데, 그 결과 사회서비스의 공공성을 확대시킨다. 이와 아울러 공공성 재구성은 사회구성 자체를 유연화하고 불명확성을 증대시킴으로써 그 보편적 효과로 근대적 사회구성에서 뚜렷하게 구획되었던 공적 영역과 사적 영역을 불분명하게 만들고 있다. 개인적이고 사사로운 이슈들이 공적 이슈로 전환되거나 호환되는 경향이 증대하고 있다.

이러한 공공성의 재구성 현상은 기본적으로는 국가를 구심으로 하는 강력한 사회통합의 질서를 가졌던 근대적 사회구성체의 해체적 경향을 반영한 것이라고 말할 수 있다. 중앙집중적으로 구조화된 사회통합의 질서가 시장질서의 팽창과 시장가치의 확산에 따라 다양한 사회영역의 자율성이 확장됨으로써 사회구성을 유연적으로 변화시키고 있는 것이다.

시장의 논리와 시장의 가치가 규정하는 유연사회와 공공성 재구성은 실제로 다양한 형태의 민영화를 통해 정부영역을 시장화할 뿐만 아니라 시민사회에도 시장적 경쟁의 가치를 확산시킴으로써 시민사회의 시장화 경향 또한 강화시킨다. 시장 중심적 공공성 재구성은 공적 기능의 절대적 약화를 초래함으로써 사회통합과 사회발전의 전망을 어둡게 하는 경향이 있다. 따라서 공적 기능에 관한 거시적 사회구조의 자기조정적 대응이 요구되는바, 국가 공공성이 약화되는 대신 다양한 사회영역으로 공적 기능을 분산하거나 새로운 공공성의 기능을 창출함으로써 공공성을 대안적으로 재구성하는 것이다.

실제로 시장영역의 기업이 사회공헌 활동을 확장하거나 기업의 상품

자체를 공익적 목적을 위해 생산하는 경우는 정부나 시민사회가 추구하는 평등과 평화, 환경 등의 공익적 가치를 기업이 적극적으로 추구하는 변화를 의미한다. 정부 또한 시민사회의 자율성을 국가경영에 접목시켜 국가고유의 강제적 공공성을 보다 효율적으로 재구성하는 경향을 보이기도 한다. 이와 같은 공공성의 대안적 재구성은 시장의 팽창에 따른 과잉축적을 통제하는 기제이면서 동시에 국가영역이 주도했던 정당성의 기능을 시장과 시민사회가 적극적으로 분점하는 기제이기도 한 것이다.

1990년대부터 크게 확산되기 시작한 국제적 수준의 반세계화의 연대운동들은 글로벌 자본주의의 축적방식에 대한 정당성 기능의 위기를 잘 보여주는 대목이라고 할 수 있다. 국가의 공적 기능이 약화됨에 따라 공공성을 대안적으로 재구성하는 것은 시민사회뿐만 아니라 시장스스로도 정당성의 기능을 분담하는 과정으로 볼 수 있다.

공공성 재구성이 이처럼 공적 기능의 균형적 분점을 추구함으로써 사회통합의 수준을 약화시키지 않을 수 있는 가능성은 정부와 기업 그리고 시민사회의 다양한 자발적 결사체들이 개방적이고 민주적 구조를 정착시킴으로써 건강한 파트너십을 구축하는 데에 있다. 정부와 기업과 NGO가 구조적 개방을 통해 연계하고 다양한 협치(*governance*)를 통해 개방적 정책과정을 구축하는 것은 시장의 확장을 승인하면서 공공성의 기능을 합리화하는 과정이라고 말할 수 있는 것이다.

이처럼 공공성의 균형적 재구성은 시장의 맹목적 팽창을 통제함으로써 사회통합을 유지할 수 있는 대안적 전망이라고 할 수 있음에도 불구하고, 근본적으로는 사회의 복잡성과 불안정성이 증대하는 유연사회의 특성을 반영하고 있다. 우선 공공성의 재구성과정에서 기업에게 구조적으로 할당된 시장공공성, 말하자면 기업의 사회공헌활동이나 앞에서 언급한 창조적 자본주의의 공익적 생산활동 등은 사적 영역으로서의 시장이 공적 기능을 맡게 됨으로써 공공성의 사유화가 초래하는 책임의 문제를 수반한다. 사유화된 공공성은 기본적으로 자율적이기 때문에 효율적으로 공적 기능을 수행할 수 있을지 모르지만 정책결정 과정이나 집행의 결과에 대해 공적 책임을 갖지 않기 때문에 공공성은 불안정한 것이 될 수밖에 없다(조대엽, 2007a).

사유화된 공공성과 그로 인한 공공성의 불안정성은 시민사회의 감시와 견제의 공적 기능을 훨씬 더 긴요하게 만들고 있다. 그럼에도 불구하고 공공성의 재구성은 시민사회를 현실적으로 보수화시키는 경향이 있다. 시민사회의 공공성은 다른 무엇보다도 시민단체의 성격에 따라 규정되는 바 크다. 시장의 확장은 시장친화적 시민단체가 성장할 기회를 확대시킬 뿐만 아니라 기존의 시민단체들 또한 시장화시키는 경향이 있다. 더구나 공공성 재구성은 기업과 정부에 기능적으로 결합될 수 있는 사회서비스의 공공성을 성장시키기 때문에 시민사회의 보수화 경향을 촉진하기 마련이다. 이러한 경향은 무엇보다도 시민사회의 자율성을 크게 떨어뜨릴 수 있다.

다른 한편, 공공성의 재구성은 과거에는 정부에 집중되었던 공적 기능을 다른 영역으로 분산시킴으로써 공공갈등의 구조 또한 다양하고 복잡하게 만든다. 민주화운동과 같이 광범한 연대를 가능하게 하는 사회운동은 찾아보기 어렵다고 하더라도 저항과 집합행동의 전선을 다양화시킨다. 따라서 갈등의 강도는 약화되는 반면 갈등의 유형과 범위가 확산되기 때문에 갈등의 분산화 경향이 나타나게 된다.

공공성의 재구성은 지구적 수준에서 나타나는 시장팽창의 보편적 효과이다. 일국적 수준에서 사회통합을 유지하면서 이러한 공적 재편의 과정을 견인하는 것은 결코 쉽지 않은 과제라고 할 수 있다. 이런 점에서 시장실용주의는 공공성의 재구성을 대안적이고 균형적으로 시도하기 위한 성찰성을 적극적으로 반영해야 한다. 시장실용주의는 정책의 논리와 실제에 있어서 공공성의 해체를 훨씬 더 무분별하게 시도할 수 있기 때문이다.

4. 시장실용주의와 사회통합의 전망

이명박 정부가 지향한 시장실용주의는 효율적 시장경제의 논리에 기반을 둔 탈이념적 정치지향이라고 할 수 있다. 이와 비교할 때 노무현 정부 역시 진보적 이념에 근거하고 있으나 시장경제에 기반을 둔 실용주의를 추구했다고 말할 수 있다. 민족공동체를 지향하면서 대북 포용의 성향을 보이는 한편, 한미 FTA와 같은 시장개방에 적극적인 태도를 보임으로써 실용적 진보의 모습을 띠었던 것이다. 어쩌면 노무현 정부의 이러한 이념적 지향 역시 구래의 좌우 이념의 지형에서 볼 때는 대단히 뚜렷한 탈이념화의 경향이라고도 볼 수 있다.

오늘날 사회변동의 단계에서 근대 정치이념의 실험이 실패한 후 뚜렷한 대안의 이념이 제시되지 못하는 현실은 대안 없는 무정향의 사회발전관을 드러내는 것이라고도 할 수 있다. 따라서 탈이념적 지향이 바람직한 전망이라고는 결코 말할 수 없다. 이 점에서 시장실용주의는 시장을 지배하는 경쟁의 정글에서 맹목적 우위를 점하기 위한 수단은 될지언정 세계사회에서 여전히 유용성을 가지는 민족국가의 공동성이나 '지구시민사회'와 같이 범지구적으로 설정되는 규범공동체가 추구해야 할 가치라고는 말하기 어려운 것이다.

노무현 정부의 시기에 우리사회는 이념과 가치의 균열을 크게 경험했다. 그러나 노무현 정부는 공공성의 구조를 보다 민주적이고 참여적으로 재구성하기 위해 다각적인 시도를 한 것만은 분명하다. 그것이 성공적이었는가의 문제와는 별개로, 정부의 제도적 개방을 시도하고 여기에 시민사회의 요소들을 적극적으로 참여시키려는 노력은 무엇보다도 공공성의 민주적 재구성과정으로 평가될 수 있다.

공공성이 민주적으로 재구성된다는 것을 절차적 수준에서 본다면 정책결정 과정 및 집행 과정에 다양한 이해당사자들이 참여하는 것을 의미한다. 그러한 참여는 의사결정을 더디게 할 수도 있고 합의의 과정을 어렵게 만들 수도 있다. 그러나 중요한 것은 그러한 과정 자체가 다양한 영역에서 공공성의 구조를 작동시키는 것이며, 그러한 과정을 거치지 않고 결정된 공공의 사안에 대해 사후에 치를 사회적 비용을 크게 절감하는 효과를 얻는다는 점이다. 시장실용주의는 무엇보다도 효율과 실용을 명분으로 이 같은 공적 절차를 비켜가려는 유혹에 빠질 수 있다.

노무현 정부의 사회적 균열을 메우고 새로운 사회통합의 질서를 구축하기 위해, 나아가 '선진화'의 과제를 이루기 위해서는 무엇보다도 시장실용주의는 다음과 같은 점에 주목하여 무정향의 사회발전관을 넘어서야 한다. 첫째, 지구적 수준에서 자본주의가 성찰적으로 재구성되는 경향을 적극적으로 수용해야 한다. 현 단계에서 가장 선진적이고 성숙된 자본주의의 향방은 신자유주의적 시장의 가혹성을 드러내는 것이 아니라 공공성을 시장 스스로 담보하는 경로라는 점을 염두에 둔다면 공공성을 민주적으로 재구성하는 데에 더 많은 관심을 기울여야 한다.

둘째, 시장실용주의의 몰(沒) 역사성을 넘어서야 한다. 시장실용주의는 현실의 효용을 기초로 작동한다. 그러나 이명박 정부의 선진화 전략은 한국사회의 역사적 발전과정에서 성찰적으로 자리 잡아야 한다는 점이 중요하다. 이를 테면 참여정부의 참여민주주의는 그 성과가 어떻든 우리사회의 발전과정에서 형성된 '역사'라고 할 때, 이명박 정부는 참여정부의 가치와 대립적 지향으로 존립하는 것이 아니라 그 성취 위에 선진화의 과제를 쌓아올림으로서 역사성을 갖게 되는 것이다.

셋째, 시장실용주의는 소통의 정치를 확장시켜야 한다. 참여정부에서 시민사회가 크게 성장했다고 하지만 사회적 균열은 거의 모든 정치과정을 소멸시킴으로써 정부 주요 정책이 헌법재판소와 같은 사법기관에 의해 결정되는 극단적 상황을 자주 초래했다. 균열사회의 전형을 보인 셈이다. 제도정치와 시민사회의 다양한 요소들 간에 파트너십을 확대함으로써 정치적 소통과 합의의 문화를 구축해야 하는 것은 시대적 정치과제이다.

이러한 과제는 무엇보다도 이명박 정부가 당면한 공공성의 문제는 단순히 정부예산에서 복지지출을 늘이거나 계급 혹은 계층적 편향을 넘어 노동친화성을 높이는 데 한정되지 않았단 점을 보여주고 있다. 어떤 정부에서나 정치의 핵심적 기능은 사회통합에 있지만 이명박 정부는 특히 사회통합을 위한 공공성의 과제에 주목해야 한다.

이 같은 공공성의 과제는 복지의 기능과 같은 실체적 공공성뿐만 아니라 이미 구축된 제도와 절차를 통해 통합의 질서를 추구하는 규범적 공공성과도 결부되어 있으며, 이러한 공공성의 구조는 국가, 시장, 시민사회의 영역을 포괄적으로 구성하고 있다는 점도 제고해야 한다. 한 사회를 구성하는 공공성의 구조에 대한 이 같은 총체적 시각을 바탕으로 공공성을 민주적으로 재구성하는 데 관심을 기울여야 한다.

05 이명박 정부와 시민사회 : 새로운 갈등의 도전

1. 갈등사회와 정치과정

이 장에서는 이명박 정부에서 나타났던 정부와 시민단체 간의 갈등 현상을 조망하고 그 원인과 해소방안을 전망하고자 한다. 시민단체는 자기집단의 이익을 추구하는 것이 아니라 공익을 지향하는 조직이기 때문에 갈등에 관여하는 이해당사자가 아니다. 따라서 시민단체가 개입하는 갈등의 대상은 정부이기 쉽고, 갈등의 이슈 또한 정부의 다양한 정책이나 정치적 실행의 범주만큼 광범하다. 1990년대 이후 한국의 시민단체는 다양한 영역에 걸쳐 폭넓게 만들어졌고 빠르게 성장함으로 해서 활동영역이 크게 늘어났다. 다양한 영역에서 나타나는 정부와 시민단체의 갈등은 실제로 우리사회의 공공갈등을 포괄적으로 보여주는 것이라고도 말할 수 있다.

최근에 와서 한국의 시민단체들은 양적 성장과 함께 안정적으로 제도화되면서 운동적 성격보다는 일상활동을 통한 제도적 특성이 강화되는 경향을 보였다. 시민단체는 일반적으로 상근활동가들이 지속적으로 이슈를 개발하는 구조를 갖추고 있기 때문에 제도화될수록 정부와의 갈등이 특별한 것이 아니라 상존하는 요소가 되기 마련이다. 이런 점에서 안정된 사회에서 시민단체와 정부의 갈등은 제도화된 갈등의 형태를 띠기 쉽고 그것은 곧 한 사회의 민주주의가 그만큼 성장했다는 것을 의미할 수 있다. 1990년대 중반 이후 크게 성장한 한국의 시민단체들은 정부와의 관계에서 제도화된 갈등을 만드는 추세를 보일 뿐만 아니라 한걸음 더 나아가 제도 내에서 파트너십을 갖는 협치적 관계를 구축하기도 했다.

이 같은 시민단체의 제도화는 정권의 성격과 무관하지 않았다. 1990년대 한국의 시민운동을 주도한 시민단체들은 대체로 정치민주화와 경제민주화의 과제를 1980년대 민주화운동의 연장에서 추구함으로써 운동의 이슈나 인적 연계에서 비교적 진보적 성향을 보였다. 따라서 시민단체는 민주주의의 진전과 함께 성장했으며 상대적으로 진보성향의 김대중, 노무현 정권 동안 제도화의 수준이 크게 높아졌다.

이명박 정부는 출범 초기부터 거대한 시민적 저항에 봉착했다. 정부와 시민사회의 갈등이라는 점에 초점을 맞춘다면 이러한 저항은 가치와 이념의 지향이 다른 새 정권이 들어섬에 따라 완전히 달라진 입지에 기인하는 시민단체의 도전으로 단순 도식화될 수도 있다. 이 같은 도식이라면 무엇보다도 정부와 시민단체의 갈등은 이념에 기반을 둔 정책 지향의 차이에 따른 것일 수 있다. 이념에 기초한 정책지향의 갈등이 다양하게 나타나기는 하지만 그러한 갈등은 오히려 일상적일 수 있고 제도적으로 해소될 수 있기 때문에 심각하지 않을 수 있다. 그러나 이명박 정부에서 나타나는 다양한 갈등은 이러한 갈등의 수준을 넘어 이슈와 양상이 '새로운 갈등'이라는 점에 주목해야 한다.

이명박 정부에서의 이 같은 새로운 갈등을 설명하기 위해 이 글에서는 두 가지 이론적 관점을 활용하고자 한다. 하나는 갈등사회론의 시각이고 다른 하나는 정치과정론의 시각이다. 이미 강조했듯이 '갈등사회'는 동구 사회주의의 붕괴 이후 지구적 수준에서 나타나는 새로운 갈등 현상을 현대성의 특징으로 주목하는 개념이라고 할 수 있다. '정치과정'은 다양한 정치행위자들이 정치적 기회와 억압의 구조 속에서 갈등과 합의를 이루는 과정을 의미한다. 말하자면 이 장에서는 이명박 정권에서의 정부와 시민사회의 갈등현상을 갈등사회에서 나타나는 특수한 정치과정으로 보려는 것이다.

정치과정은 정치행위자와 정치적 환경의 상호작용이라는 점에서 제도정치의 밖에서 작동하는 운동정치의 다양한 요소가 무엇보다도 중요하게 부각될 수 있다. 따라서 이 장에서는 정부와 시민단체를 갈등의 단순한 대립 축으로서가 아니라 제도정치와 운동정치를 포괄하는 정치과정의 맥락에서 보고자 하는 것이다. 일반적으로 정치과정론은 특정의 사회운동이나 정치적 사건의 사례를 분석하는 데 유용성을 갖는다. 그러나 이 장의 목적은 이명박 정부에서 정부와 시민단체 간 갈등의 일반적 요인을 찾는 데 있기 때문에 특정한 갈등의 사례에 주목해서 정치과정을 구성하는 요소를 세분하여 분석하기보다는 양 행위자를 둘러싼 갈등정치의 일반적 특징을 살피는 데 초점을 맞추게 될 것이다.

2. 새로운 갈등의 정치과정: 정부와 시민사회

2000년대 이후 한국사회에는 계급적 기반과 이념적 결속을 넘어선 새로운 갈등의 전선들이 드러나고 있다.[1] 1980년대 말 동구 사회주의의 붕괴 이후 현대성을 규명하는 대부분의 서구 사회학 담론들은 이 같은 새로운 갈등의 사회조건을 설명하는 논의라고 말할 수 있다. 성찰적 근대(*reflexive modernization*), 위험사회(*risk society*), 해체(*disintegration*), 균열 및 인정투쟁, 역동사회(*dynamic society*), 투명사회(*transparent society*), 네트워크사회, 사회운동사회(*social movement society*) 등의 담론은 근대적 사회질서가 재편됨으로써 나타나는 갈등의 증대와 새로운 저항의 경향을 반영함으로써 '갈등사회적' 특징을 제공하고 있다.

불확실성이 증대하는 갈등사회에서 가장 심각한 문제는 사회통합의 과제이다. 근대 사회구성체에서 사회통합의 중심축이었던 정부만으로는 현대 갈등사회의 불확실성을 예측 가능한 질서로 만드는 것이 불가능해진 것이다. 사회통합을 위해서는 무엇보다도 정부의 개방을 통해 공적 기능을 시민사회와 시장영역으로 분산시키는 것이 필요해졌다.

이런 점에서 갈등사회는 기본적으로 국가의 공적 기능이 시장과 시민사회에 할당되는 공공성 재구성의 현상이 확대되는 사회이다(조대엽, 2007a). 따라서 갈등과 저항이 관리되는 방식은 시장과 시민사회에 할당된 공적 기능만큼이나 다양한 협치(*governance*)의 구축을 통해 정

1 새로운 갈등현상은 1989년 동구 사회주의의 붕괴 이후 본격화되는 신자유주의적 시장질서의 지구화 효과를 거대구조적 요인으로 본다. 따라서 한국에서 새로운 갈등현상의 전개시기를 2000년대 이후로 설정하는 것은 다른 무엇보다도 1997년 IMF 경제위기 이후 2000년대 들어 신자유주의적 질서가 가속화되는 것으로 보기 때문이다.

치적 소통의 네트워크를 넓히는 방식이 되어야 한다. 이러한 방식은 갈등이 일상화되는 가운데 갈등이 제도화됨으로써 시민사회 내에서 갈등을 자율적으로 조율하는 특징을 보이게 되는 것이다.

갈등의 출현이 예측 불가능하고 갈등이 일상화되는 현실에서 시민사회의 다양한 영역에서 작동하는 하위정치(*sub-politics*)의 자율적 기능을 활성화하지 않는다면 사회통합은 보장되기 어렵다. 사회통합의 자율적 기능을 확대하는 갈등사회에서 협치의 방식은 정부의 개방을 통해 시장과 시민사회의 행위자들을 연계시킴으로써 정부 독점의 공적 기능을 분산하는 방식이라고도 할 수 있다. 이 같은 협치의 정치과정은 정부와 다른 행위자들이 상호 협조함으로써 쌍방적 기회구조를 갖게 된다.

그러나 시장화, 정보화, 민주화의 거대경향 속에서 아래로부터의 사회변동이 확장되어 대부분의 사회가 갈등사회로 전환하고 있다고 하더라도 경우에 따라서는 정부와 정치의 상부구조영역에서 오히려 '역행적 정치과정'을 드러내면서 주변부적 한계를 보이는 사회도 있다. 갈등사회의 이러한 '주변부적' 특징은 정치권력을 민주적으로 교체함으로써 절차적 민주주의는 확보되어 있더라도 안정적 권력교체를 가능하게 하는 대안적 정치세력의 재생산이 제한되어 있다는 점을 강조할 수 있다. 나아가 제도정치권뿐만 아니라 시민사회에도 서로 다른 이념과 가치를 지향하는 대안의 시민단체들이 취약한 경우가 많다.

한국의 경우 협치의 정치과정은 노무현 정부 이후 크게 확대되는 경향을 보였다. 그러나 이명박 정부에서는 집권정치세력의 네트워크가 대단히 취약할 뿐만 아니라 시민사회의 파트너십을 강화할 대안의 시민단체 또한 취약한 실정이었다. 기존의 진보적 성향의 시민단체가 파트너로서 적합하지 않다면 대안의 보수적 시민단체들이 있어야 한다.

그러나 한국과 같은 갈등사회에서는 협치의 실질적 자원이 제한되어 있다는 점에서 주변부적 한계를 드러내고 있으며 이러한 한계가 드러내는 역행적 정치과정은 제도화되고 일상화된 갈등을 넘어 비제도적 시민행동을 촉발시킬 가능성이 상존하게 된다.

갈등사회에서 갈등의 과정은 갈등 주체의 분산화와 갈등의 제도화 및 일상화, 그리고 이를 가능하게 하는 폭넓게 확장된 공론의 공간이 강조된다. 갈등사회에서 갈등과 저항의 주체는 전국적인 노조나 노동자 정당, 거대 시민단체와 같은 대규모 조직적 주체와 함께 신사회운동, 도구적이고 일시적인 집단주의, 지구화된 탈계급문화, 비정규노동을 포함한 다양한 소수자의 위치에 의해 형성되는 다양하고 새로운 존재로서의 탈조직적 주체들이 포괄된다. 이러한 주체들의 욕구는 기존의 언론과 방송 등 제도적 구속력이 강한 공론장을 넘어 인터넷을 비롯한 뉴미디어의 소통공간을 통해 네트워크적으로 표출되는 경향이 확대된다. 따라서 갈등사회에서는 시민단체들이 추구하는 조직주도의 갈등과 함께 탈조직적 갈등현상이 폭넓게 확산되는 것이다.

우선 갈등사회에서 갈등의 제도화 현상은 시민운동의 제도화 경향에 주목할 수 있다. 2000년대 들어 시민운동은 시민단체의 제도 내적 활동이 크게 늘어나는 한편 탈조직적 시민사회가 확장되면서 온라인의 회원망을 중심으로 하는 '탈조직운동의 주기'를 맞았다. '제 4의 결사체'라고도 할 수 있는 온라인의 회원조직이 확대되면서 공론장이 활성화되고 이를 기반으로 오프라인의 시민행동을 촉발시키는 2000년대 시민운동은 탈조직운동의 시대를 맞은 셈이다.

2000년대 시민운동은 갈등사회의 사회변동에 조응한다. 일반적으로 갈등사회에서 사회갈등은 폭넓게 일상화되는 반면 사회변혁이나 정권퇴진과 같은 근본적 저항의 이슈들은 거의 나타나지 않는다. 아울러 대부분의 시민단체는 영향력의 정치를 추구함으로써 다양한 갈등이슈에 따라 공청회나 성명서, 항의방문, 법적으로 용인된 시위 등 제도화된 운동방식을 추구한다. 이러한 운동방식은 정부와 시민단체의 갈등의 정치과정이라는 점에서 본다면 제도화된 갈등형태로 규정될 수 있다.

1990년대 이후 한국의 시민단체는 단일한 단체 내에서 다양한 이슈를 추구하는 이른바 종합적 시민단체들이 시민사회를 주도함으로써 이러한 단체들의 대의를 대행하는 활동이 정당에 비유되기도 했다(조희연, 2001). 1990년대는 정치경제개혁운동을 추구함으로써 민주화운동의 연장에서 시민운동이 탄력을 받은 시기라고 할 수 있다. 이 시기 동안 주요 시민단체들은 운동의 이슈와 조직화, 행위양식 등에서 빠르게 제도화되는 경향을 보였다.

특히 2000년 총선시민연대의 활동을 기점으로 시민단체의 운동지향적 활동은 크게 쇠퇴했다. 2002년 대선과 2004년 총선에서 진보적 정치세력의 집권에 따라 시민단체는 정부와 협치의 파트너십을 가짐으로써 제도화의 수준이 훨씬 더 높아지게 되었다. 운동으로서의 탄력을 점차 잃어가는 시민단체의 이러한 특징은 시민운동이 새로운 운동주기를 맞게 되었다는 점을 알리는 징후이기도 했다.

이 같이 제도화된 시민단체는 갈등사회의 다층적 욕구를 수용하지 못하는 한계를 갖는다. 갈등사회에는 일반적으로 기존의 제도와 조직의 권위를 불신하는 '급진적 개인주의'가 확산되는 경향이 있다. 시민단체와 같은 조직운동의 틀로는 이러한 급진적 개인주의를 수용하기 어렵다. 한국사회에서 급진화된 개인주의의 다양한 욕구들은 발달된 전자적 공간에서 가장 왕성하게 발산되고 있다. 인터넷을 비롯한 다양한 전자정보공간을 매개로 형성되는 '전자적 공중'은 산업사회의 원자화된 대중과는 달리 통신기술과 뉴미디어로 네트워크화되어 전자적 공론장을 주도하는 공중을 형성한다. 이미 제3장에서 강조했듯이 전자적 공중은 2000년대 이후 한국의 시민사회에서 가장 역동적인 시민으로 등장했고, 이들을 역동적 시민으로 전환시키는 장치는 최근 인터넷 공간을 매개로 광범하게 형성된 다양한 자발적 집단들이다. 이러한 자발집단들은 기존의 사회조직이 갖는 획일성과 경직성, 구속성이 거의 없기 때문에 급진적 개인주의의 가장 적응적인 활동공간이 되고 있다. 유연 자발집단 혹은 제4의 결사체로 부를 수 있는 이 같은 자발집단의 다양성은 그 자체가 갈등사회를 상징하게 되었다.

제4의 결사체는 정당, 노동조합, 이익단체, 시민운동단체 등과 같은 기존의 제도와 조직을 점점 더 위축시키고 있다. 이 점에서 제4의 결사체는 급진적 개인주의의 딜레마가 해소되는 집합적 공간이라고도 할 수 있다. 갈등사회에서 급진적 개인주의는, 기존의 권위에 도전하는 급진적 욕구가 확대됨에도 불구하고 이를 집단적이고 조직화된 저항으로 만들기는 점점 더 어려운 일종의 자기모순을 갖는다. 제4의 결사체는 독특한 유연성을 통해 급진화된 개인주의를 '탈조직적 집합주의'로 전환시킴으로써 이러한 딜레마를 해소하는 장이 되고 있다.

최근 들어, 특히 2008년 촛불집회 이후 한국의 시민단체는 이중의 딜레마에 봉착해 있다. 이명박 정부에 들어 협치의 해체가 가속됨으로써 제도 내적 활동공간은 점점 더 위축되는 한편, 장외의 비제도적 운동을 실행하기에는 동원의 탄력을 회복하기가 쉽지 않은 탓이다. 그러나 시민단체가 동원의 주체로 등장하기는 쉽지 않지만 거대한 시민행동이 촛불집회와 같은 탈조직적 정치과정을 통해 가능하다는 점은 확인할 수 있다.

이러한 사실은 주변부 갈등사회에서 정부와 시민단체의 갈등이 일상적이고 제도적 수준에서 전개되는 추세를 유지하면서도, 시민사회의 팽창하는 욕구, 특히 일상의 삶과 관련된 복잡하고도 예측 불가능한 욕구를 방치하는 역행적 정치과정이 언제든지 거대한 시민적 저항을 유발할 수도 있음을 알려주고 있다. 갈등사회의 이 같은 주변부적 특성은 끊임없이 새로운 갈등을 부가하는 요인으로 작동하기도 한다.

3. 새로운 갈등의 유형: 수준, 이슈, 형태

갈등사회에서 사회갈등은 일상에 만연해 있다. 나아가 공적 이슈의 갈등현상 또한 언제나 공론장을 가득 메우고 있기 때문에 갈등은 더욱 보편적 요소로 인식되고 있다. 2005년에 실시한 사회갈등에 관한 의식조사결과는 응답자의 90%이상이 우리사회의 갈등이 심각하다고 인식하며, 2007년의 의식조사에서도 응답자의 80% 이상이 집단갈등이 심각한 수준에 있다고 응답했다(한국여성개발원, 2005; 고려대 한국사회연구소, 2007). 더구나 이명박 정부에 들어서는 촛불집회와 같은 거대한 시민행동이 전개됨으로써 사회갈등의 심각성을 더욱 확산시켰다.

그러나 국민들이 인식하는 갈등이 실제로 모두 동일한 수준과 형태로 전개되는 것은 아니다.[2] 갈등은 이슈에 따라 다양한 수준과 다양한 형태로 나타난다. 이런 점에서 이명박 정부 출범 이후 나타난 정부와 시민단체의 갈등은 몇 가지 범주로 유형화해 볼 수 있다.[3]

먼저 정부와 시민단체 간에 발생하는 수많은 갈등이슈들은 '이념'의 수준과 '정책' 수준, '정치관행'의 수준으로 구분할 수 있다. 이념수준은

---

2 사회갈등에 대한 국민의식조사 결과는 응답자의 90% 이상이 갈등의 심각성에 대해 인식하고 있다는 점을 보여준다. 그러나 실제로 개인적으로 사회갈등에 관여한 적이 있는가라는 갈등경험에 대한 질문에는 역시 90% 이상이 없다고 답한다(한국여성개발원, 2005). 이 점은 미디어와 같은 공론장에는 사회갈등이 심각하게 보편화되어 있으나 실제의 갈등은 시민단체나 여타 조직의 수준에서 제도화된 갈등형태를 보이는 경우가 많다는 사실을 말해 준다.

3 이러한 유형화의 자료는 이명박 정부가 출범한 2008년 2월 25일부터 9월 말까지 〈한겨레〉 신문에 보도된 정부와 시민단체 간의 갈등과 관련된 기사 135건을 검색한 후 이를 공통된 이슈로 묶고 다시 범주화했다. 〈한겨레〉 신문 인터넷사이트에서 '시민단체'를 1차 검색어로 해서 추출된 기사 가운데 기업과 기타영역에 관련된 기사는 제외하고 정부와의 갈등으로 볼 수 있는 기사 135건을 추렸다.

구체적 갈등이슈가 친북과 반북, 진보와 보수, 좌와 우의 이념적 대립을 내재한 것으로, 좌우의 정치이념이 무의미해진 갈등사회에서도 분단체제의 잔영으로 인해 여전히 재생산되는 갈등이라고 할 수 있다.

정책수준의 갈등은 법률 및 제도의 신설, 변형, 폐지와 관련된 갈등을 의미한다. 정책수준에서의 갈등은 정부나 의회, 정당 등에서 제안된 법률이나 제도에 대해 문제점을 제기하거나 대안적 정책이 제시되는 방식으로 갈등의 형태가 결정되는 경향이 있다.

정치관행의 수준은 통치자 개인이나 정치세력에게 관례화된 정치적 태도나 실천방식으로 인해 나타나는 갈등이다. 정치관행 수준의 갈등은 대체로 정부나 대통령의 일방적이고 폐쇄적인 의사결정 때문에 만들어지는 경우가 많다. 갈등의 구체적 이슈에 따라 이러한 각각의 갈등수준이 복합적으로 작용하는 경우도 있다.

갈등의 형태는 제도화된 갈등과 비제도화된 갈등으로 구분할 수 있다. 제도화된 갈등은 제도적 절차와 법적 테두리 안에서 발생하는 갈등의 형태를 의미한다. 예컨대 공청회, 공개토론회, 성명서, 집단서명, 언론을 통한 논평, 캠페인, 1인 시위를 비롯한 합법적 시위 등이 이러한 갈등형태에 포함된다. 반면에 비제도화된 갈등은 불법집회나 대규모 가두행진 등 다양한 형태의 장외 투쟁형태를 의미한다.

〈표 5-1〉은 이명박 정부에 들어 정부와 시민단체 간의 다양한 갈등을 유형화한 것이다. 먼저 정책수준에서 정부와 시민단체의 갈등은 무엇보다도 기업규제정책의 완화 및 폐지와 관련된 내용들이 많다. 9·19 부동산 대책을 비롯해서 금산분리 완화, 출자총액 제한제 폐지, 수도권 규제완화 등의 갈등이슈들은 여기에 해당된다. 의료민영화와 교육자율화, 미디어관련법 개정, 신문방송 겸영제 실시, 공기업 민영화 등 시장자율화와 관련된 갈등이슈들 또한 정책수준에서 나타난 갈등이

〈표 5-1〉 정부-시민단체 갈등의 수준, 이슈, 형태

갈등수준	갈등범주	갈등의 주요 이슈	갈등형태
정책 수준	친기업화 갈등	부동산정책(뉴타운막개발, 9 · 19부동산대책), 금산분리완화, 출자총액제한제 폐지, 지역불균형발전, 수도권 규제완화, 청와대 - 기업인 핫라인 개설*	제도화된 갈등
	시장 자율화 갈등	의료민영화(상업화, 불평등, 의료법개정), 교육자율화(비정규교사양성, 국제학교, 교육불평등), 방송민영화(미디어관련법 개정), 공기업 민영화, 언론사유화(신문방송 겸영)	제도화된 갈등
정책 수준, 정치 관행 수준	대운하 갈등	한반도 대운하, 대운하 반대 종교집회, 경인운하	제도화된 갈등, 비제도화된 갈등
	쇠고기 협상 갈등	미국산 쇠고기수입반대, 검역주권, 종교계평화촛불, 광우병 괴담, 재협상불가능, 쇠고기 고시 강행, 상시촛불, 체포전담반, 법질서 선진화, 검경처벌 항의, 집회증거수집, 촛불문화제 처벌, 농민연행, 폭력진압공권력 고소, 천막철거요구, 무더기 연행, 경찰청장 사퇴 요구, 촛불집회 벌금형, 유모차 처벌	제도화된 갈등, 비제도화된 갈등
	시민 사회 규제 갈등	시민단체 정부보조금지원 제외대상선정, 사노련 체포, 시민단체 길들이기, 환경운동연합 검찰수사, 사이버모욕죄, 이주노동자 조합지도부 표적 검거, 비밀보호법 제정추진, 전교조 교사 국보법 위반혐의 공안수사, 저작권법 개정안, 시위피해 집단소송제, 인터넷여론 길들이기, 인터넷 정보전담팀 신설방안, 인터넷 실명제	제도화된 갈등
정치 관행 수준	정부 인사갈등	귀족내각, 김성이 · 박미석 교체, 방송통신위원장 최시중, KBS표적감사, 공기업 물갈이, 정부외곽단체 물갈이, 방송사인사, 코바코 사장, 독립기념관장, 인권대사, 균형발전위원장, 과거사위 통폐합방침	제도화된 갈등
	불교 차별갈등	불교폄훼, 불교계 검문, 범불교도 대회, 종교차별	제도화된 갈등, 비제도화된 갈등
이념, 정책, 정치 관행 수준	기타	제주해군기지건설, 양심적 병역거부대체 복무제, 역사교과서, 대북식량지원, 백혈병 글리벡 약값인하, 실리외교(독도파문)	제도화된 갈등

* 청와대와 기업인의 핫라인 설치와 관련된 갈등은 정책적 수준의 갈등이라기보다는 정치관행수준의 갈등이라고 할 수 있다. 여기서는 갈등범주에서 친기업화 갈등의 범주에 속하므로 이 표에 포함되어 있다.

라고 할 수 있다. 이러한 갈등이슈는 대부분 정부의 관련법 개정을 둘러싸고 전개되었는데 갈등의 형태는 공개토론회나 성명서발표, 반대서명, 언론을 통한 논평 등 제도화된 갈등이 일반적이다.

다른 한편, 정책과 정치관행의 두 가지 수준이 중첩적으로 작용한 갈등의 범주는 대운하관련 갈등과 미국산 쇠고기 수입관련 갈등, 그리고 이러한 갈등의 후속적 효과로 나타난 시민사회 규제관련 갈등을 들 수 있다. 이명박 정부 들어 가장 격렬한 갈등양상을 드러낸 한반도 대운하 갈등과 미국산 쇠고기수입 갈등은 기본적으로 정부의 정책적 결정에 관련된 갈등이다. 그러나 이러한 갈등은 비교적 긴 기간에 걸쳐 전개되는 갈등정치 속에서 정부의 일방적 정치관행이 드러내는 다양한 이슈들을 만들어냈다. 시민사회에 대한 규제와 관련된 갈등 역시 비밀보호법이나 시위피해 집단소송제, 사이버모욕죄 신설과 같이 법적, 제도적 수준에서의 갈등이 있는 반면, 정부감사나 검찰수사 등 정치관행적 수단을 활용한 시민단체에 대한 압박도 갈등의 주요 이슈가 되었다.

갈등형태의 측면에서 대운하 갈등과 미국산 쇠고기수입반대 갈등, 시민사회 규제갈등 등은 이명박 정부 들어 가장 장기간의 거대한 시민저항행동이라고 할 수 있는 촛불집회에서 확인한 바 있듯이 거리의 정치로 표현되는 비제도화된 갈등형태를 전형적으로 보여주고 있다. 이러한 갈등범주들이 비제도화된 갈등형태만을 보이는 것은 아니다. 언론을 통한 입장표명이나 논평, 온라인 공론장에서의 토론과 문화제와 같은 제도화된 갈등형태가 병행해서 전개되기도 하는 것이다.

전적으로 정치관행의 수준에서 나타난 갈등으로는 정부인사 갈등과 불교차별로 인한 갈등이 있다. 무엇보다도 인사와 관련된 갈등은 이명박 정부의 독특한 관행을 보여주는 것으로 특히 공기업을 비롯한 공공기관장에 대한 과도한 물갈이가 갈등의 원인이 되었다. 특히 몇몇 기관에서는 기관성격에 부적절한 인사의 선임이 시민단체와의 갈등을 부추기기도 했다. KBS사장 교체와 관련해서는 촛불시민의 연속적인 집회를 통해 비제도화된 갈등형태를 보이기도 했지만 새 정부의 인사관행과 관련한 갈등은 대부분 성명서 발표나 언론을 통한 비판적 논평 등 제도화된 갈등의 형태를 띠었다.

종교단체는 시민사회영역의 중요한 제도적 범주이다. 이명박 정부의 불교계에 대한 차별적 관행은 불교계의 여러 정파를 결집시켰고 마침내 8월 27일 '헌법파괴·종교차별 이명박 정부 규탄 범불교도 대회'와 같은 초유의 거대 불교집회가 개최되었다. 이 같은 정부와 불교계의 갈등은 전형적인 정치관행 수준의 갈등이라고 할 수 있다.[4] 이와 관련된 시민단체의 행위양식은 논평이나 성명과 같은 제도화된 갈등양식을 보였지만 대규모 군중집회는 비제도화된 갈등양식이라고 말할 수 있다.

이념적 수준의 갈등이슈는 역사교과서 문제를 들 수 있다. 대한상공회의소 측의 특정교과서에 대한 수정의견서가 교육과학기술부를 거쳐 출판사와 필자에게 전달되었는데 교과부장관의 좌편향 교과서 언급이 있은 후 이념적 수준의 갈등은 심각해지는 경향을 보였다. 정부의 이러한 태도에 대해 학계와 시민단체는 공개질의서 발표, 학술토론회 개최 등 제도화된 갈등양식을 통해 반박하는 모습을 보였다.

이처럼 이명박 정부에서 정부와 시민사회(시민단체)의 갈등은 갈등의 수준에서는 이념, 정책, 정치관행의 수준을 구분할 수 있고, 갈등

4 행위적 수준에서의 불교차별 갈등은 이명박 정부의 종교편향행태에 따른 것인데 불교계는 이러한 편향적 사례로, 개신교 편중인사, 청와대 예배, 정무직 공무원 종교조사, 청와대 경호차장 정부부처 복음화발언, 청와대홍보수석 촛불집회 참가자 사탄발언, 국토해양부 교통정보에 사찰누락, 경찰청장 전국경찰 복음화 금식대성회, 국토해양부 경관계획수립지침대상에 전통사찰 누락, 조계종총무원장 차량검문검색, 교과부 교육지리정보서비스에 사찰정보 누락 등을 들고 있다.

형태에서는 제도화된 갈등과 비제도화된 갈등을 구분해 볼 수 있다. 이명박 정부는 출범 이전 인수위시절부터 한반도 대운하와 관련된 갈등이 증폭되었고, 출범 3개월 만에 촛불시민의 거대한 저항에 직면함으로써 정부와 시민사회의 유래 없는 갈등을 경험했다. 그러나 〈표 5-1〉에서 보듯이 시민단체와의 갈등은 정책수준과 정치관행수준이 복합적으로 작동한 대운하 갈등과 쇠고기협상 갈등을 제외한다면 거의가 제도화된 형태의 갈등을 보여주고 있다.

따라서 갈등의 형태라는 점에서 본다면 이명박 정부에서 사회갈등은 두 가지 중요한 지점에 주목할 수 있다. 첫째, 시민단체가 관여하는 대부분의 갈등이 일상화되고 제도화된 방식으로 나타나고 있다는 점이다. 둘째, 그렇다고 하더라도 이명박 정부에서 가장 강렬하고도 장기간 전개된 갈등방식은 촛불시위와 같은 비제도화된 갈등이라고 할 수 있는데 이 같은 비제도화된 동원의 주체가 바로 시민단체와 같은 기존 조직운동의 주체들이 아니라는 점이다.[5] 앞에서 논의한 바와 같이 한국의 시민운동은 2000년대 이후 성장한 탈조직적 시민사회영역에 해당하는 제 4의 결사체가 동원의 새로운 주체가 되었다. 이명박 정부의 갈등양상 가운데 가장 격렬하고 광범한 저항행동을 보여준 촛불집회는 무엇보다도 온라인을 매개로 한 유연 자발집단이 '급진적 개인주의'를 '집합적 행동주의'로 전환하는 장이 되었기 때문에 가능했다. 온라인에서의 토론을 통해 오프라인에서 '이성적 군중'으로 등장한 시민들은 특정의 조직이 주도해서 움직이는 것이 아니라 그야말로 다종다양한 개별적 시민들이었다.

5 이러한 두 가지 특징과 함께 비제도화된 거대갈등의 이슈가 한반도대운하 및 쇠고기문제와 같은 생태, 생명 등 삶의 문제와 연관된 이슈라는 점은 갈등사회적 특징을 더 잘 보여주고 있다.

이명박 정부의 갈등형태와 관련된 이 같은 두 가지 핵심적 특징은 한국사회의 갈등사회적 성격을 잘 보여주는 대목이라고 할 수 있다. 문제는 정부와 시민단체의 갈등양식이 이처럼 제도화되고 일상화되었음에도 불구하고 촛불시위와 같은 비일상적이고 비제도적인 거대 시민행동을 드러내는 요인이 무엇인가라는 점이다. 무엇보다도 그러한 요인은 이명박 정부의 정치과정이 드러내는 주변부적 불안정성에 내재되어 있다.

4. 이명박 정부의 정치과정과 갈등의 성격

1) 탈정치주의와 해체된 협치

갈등사회는 다른 어떤 시기보다 시민사회의 욕구가 다양하고 복잡하게 분출하는 사회이다. 일상의 영역에서 비정치적 욕구들이 정치화되는 특징을 보임으로써 정치과정 또한 제도정치의 영역뿐만 아니라 시민사회와 시장의 영역까지 확장되는 경향을 보인다. 이러한 사회에서의 정치과정은 시민사회와 시장영역의 새로운 정치 행위자를 동반적으로 참여시킴으로써 사회갈등의 예측 불가능성을 줄이고 갈등을 제도내화하는 '정치'가 절실하다. 주지하듯이 '정치'는 사회구성요소 간의 통합을 지향하는 방식 가운데 하나이다. 이런 의미에서 정치란 법적 행정적 관리의 수준을 넘어 정치행위자 간의 협상과 타협을 통한 합의의 도출과정을 지향하기 때문에 가장 높은 차원의 사회적 행위형태라고도 할 수 있다.

이런 점에서 이명박 정부의 정치과정은 '정치 없는 정치과정'이라고 말할 수 있다. 이 같은 정치과정의 특징을 '탈정치주의'라고 표현할 수 있다면, 국정의 가치지향, 정책지향, 행위지향의 각 수준에서 탈정치주의적 특징이 뚜렷이 드러났다. 첫째, 이명박 정부는 출범초기 실용주의의 국정지향을 밝힌 바 있다. 실용주의는 다양한 정치행위자가 관여하는 복잡하고 긴 시간의 합의과정을 비효율적 정치과정으로 간주함으로써 집권세력 내의 소수에 의한 의사결정을 채택하기 쉬운데 실제로 이명박 정부의 실용주의는 이 같은 탈정치적 특성을 보였다.

둘째, 〈표 5-1〉의 친기업화 갈등이나 시장자율화 갈등에서도 알 수 있듯이 제한된 시장과 기업의 욕구에 부응하는 정책적 지향은 시민사회의 다양한 계층과 영역을 정책네트워크에 관여시키기 어려운 본원적 한계를 갖는다.

셋째, 무엇보다도 이명박 정부의 탈정치주의는 대통령의 행위지향에서 크게 부각된다. 이른바 CEO대통령이라는 별칭에서 보듯이 1960~70년대 개발독재 시기의 기업경영 방식이 몸에 밴 통치스타일은 정치적 소통을 중단시키고 정부와 시민사회 간에 그나마 구축된 협치의 시스템을 해체시킴으로써 일방통행식 정치과정을 주도했다. 이러한 탈정치주의적 행위지향은 정치관행수준의 갈등을 심각하게 분출할 수 밖에 없다.

가치, 정책, 행위지향의 탈정치주의는 정치를 기술경제적 효율성을 추구하는 행정적 관리와 통제행위로 크게 위축시키고 만다. 정부와 시민단체의 갈등 가운데 정책수준의 갈등은 신갈등사회의 일반적 현상이라고 할 수 있다. 정책수준의 갈등은 다양한 협치와 정치적 소통을 통해 합의적으로 해소되는 것이 바람직하지만 행위의 수준에서 실천되는 탈정치주의적 정치관행이 정책갈등에 부가된다면 갈등은 해소되기보다 누적되어 보다 심각한 분출을 예비하게 된다.

대운하 갈등을 잇는 미국산 쇠고기협상 갈등은 이런 점에서 탈정치화된 정치과정에 따른 정책수준의 갈등과 정치관행 수준의 갈등이 누적적으로 작동한 효과라고 할 수 있다. 시민사회의 이해당사자와 다양한 정치행위자가 관여하는 신중한 공론과정 없이 발표된 한반도 대운하 문제나, 30개월 미만 미국소의 수입에 대한 국내적 합의의 도출을 위한 어떠한 정치과정도 없이 협상을 타결시켜 버리는 일방적 행위는 정치 없는 정치과정을 가장 뚜렷이 보여주는 것이라고 말하지 않을 수 없다. 더구나 2008년 5월초 촛불집회가 시작된 이래 3개월을 넘어 수

십만의 시민들이 시민행동에 돌입했음에도 불구하고 시민사회영역과의 어떠한 소통의 채널도 가동하지 않고, 책임 있는 당국자 가운데 누구도 소통에 적극성을 띠지 않았다는 것은 정치의 소멸을 보여주는 단면이 아닐 수 없다.

아울러 불교차별 갈등 또한 정치 없는 정부의 한계를 분명하게 보여주었다. 시민사회의 다양한 영역 가운데 특히 종교계는 고도로 균형적인 관계설정이 필요한 영역이다. 그러나 이명박 정부의 탈정치화된 관행은 오로지 개인적 친화성을 가진 특정 종교계 나아가 특정 교회를 중심으로 일방적 관계를 추구함으로써 다른 종교에 대한 차별의식을 확대시켰던 것이다.

탈정치주의 정치과정은 무엇보다도 정부주도의 정치과정이 드러내는 한계라고 할 수 있다. 그러나 이러한 정치과정이 전적으로 정치권력측의 요인 때문은 아니다. 갈등사회에서 정부협치의 가장 핵심적 파트너는 시민단체라고 할 수 있다. 주지하듯이 한국의 시민사회를 주도하는 주요 단체들은 현대사적 맥락에서 형성된 진보적 성향의 조직들이다. 보수지향의 이명박 정부가 진보지향의 시민단체와 직접적 협치의 관계를 갖는 것은 쉬운 일이 아니다. 따라서 시민사회 내에 시민적 삶에 밀착되어 만들어진 보수지향의 시민단체가 취약한 조건도 이명박 정부의 탈정치주의를 강화하는 요인이 되었을 수 있다. 그러나 진보성향이든 보수성향이든 시민단체는 시민적 욕구의 현실적 대변자이다. 성향이 어떻든 다양한 수준의 소통을 구축함으로써 정치의 영역을 넓히는 것이 갈등사회의 요청이다.

2) 재건주의와 단절의 정치

이명박 정부와 집권여당의 민주주의 및 역사의식을 가장 잘 드러내는 표현이 이른바 '잃어버린 10년론'이다. '잃어버린 10년'은 이명박 정부와 집권여당이 김대중 정부와 노무현 정부의 10년에 대한 평가하는 부정적인 정치적 수사이다. 프레임이다. '잃어버린'이라는 표현은 '물건'을 새로 취득한 존재는 알 수 없고 분실한 주체만이 드러나는 표현이다. 여기에는 정치권력의 주인은 원래 보수진영이었고 언제나 보수진영이어야 하기 때문에, 정권을 '획득'했던 진보진영은 인정하고 싶지 않다는 의미가 내재되어 있다. 그리하여 '우리 것'을 집어간 주체는 부각되지 않고 보수진영이라는 '분실'의 주체만이 표현된 그런 의미의 잃어버린 10년인 것이다. 이러한 관점은 민주적 정권교체 자체를 용인하지 않는 태도일 수 있으며 국민의 정치적 선택을 수용하지 않는 반민주적 의식이라고도 말할 수 있다.

김대중 정부와 노무현 정부의 10년 역사를 만든 국민은 곧 이명박 정부의 5년을 살아가야 할 국민과 동일한 존재이다. 금모으기 운동에 참여하면서 IMF 외환위기를 극복한 국민이 잃어버린 10년의 국민이며, IMF 외환위기 당시 외환보유고 39억 달러를 2600억 달러로 만든 것도 잃어버린 10년의 일이다. 부실덩어리 은행을 64조원의 공적 자금을 들여 정상화시킨 것도, 정상회담으로 북한의 문을 연 것도, 월드컵 붉은 악마의 응원 열풍이 세계를 뜨겁게 달군 것도 바로 잃어버린 10년의 국민이 일군 국가적 성취였다.

이명박 정부는 이전 정부의 어떠한 성과도 인정하지 않거나 회피하는 '단절의 정치과정'을 보였다. 이러한 정치과정에는 기존의 정치에 '물들지 않은' 새로운 대통령의 리더십으로 기존의 모든 것을 '폐허'로 간주하고 다시 시작하고자 하는 '재건주의적 지향'이 내재되어 있다. 재건주의적 정치과정이 드러내는 정부와 시민단체의 갈등은 국토 재건, 인적 재건, 역사 재건, 상징 재건 등 다양한 수준에서 나타났다.

국토재건주의는 한반도 대운하 갈등의 요인이 되었다. 정권출범 이전부터 대운하 건설은 환경파괴와 경제적 타당성에 관한 치열한 논쟁이 전개되었고, 경기지역 54개 시민단체, 각 지역 농민단체와 시민단체, 불교계를 비롯한 종교단체 등의 직접행동을 유발하기도 했다. 대운하 건설에 대한 정부의 입장도 물류수송 효과에서 관광효과, 하천정비효과 등으로 명확한 목표가 설정되지 않은 혼란을 보였다. 한반도 대운하는 타당성이 검증되지 않은 채 정권의 상징적 치적을 위한 거대 성과주의로 간주되는 듯했다.

다른 한편 정부와 시민단체의 인사 관련 갈등은 인적 재건주의의 결과라고 할 수 있다. 공공기관장, 정부외곽단체장, KBS 사장 등 방송 관련사 인사, 기타 특수한 영역의 기관장 인사의 무리한 강행이나 부적절한 선임 등은 불필요한 갈등을 유발했다. 새로운 정부가 들어서면 주요 기관장을 교체하는 것은 당연한 일이라고 할 수도 있다. 그러나 임기가 보장된 직책의 교체방식이 설득적이거나 자발적 퇴임의 방식이 아니라 심각한 갈등을 유발하는 방식으로 전개된 것은 불필요하게 여론을 자극하는 일이 아닐 수 없었다.

이명박 정부의 재건주의는 부처 통폐합의 과정에서 부처명칭을 새롭게 만드는 데서도 나타났다. 기존의 부처명칭을 가급적 유지시키려는 입장이 아니라 새로운 명칭으로 개명하는 데 몰두하거나, 정부부처와 산하기관에서 정책수행을 위해 이전 정부에서 고안된 개념들이 폐기되는 것은 상징의 재건주의라고도 말할 수 있게 한다.

이명박 정부에서 심각한 단절의 정치과정을 보여준 것은 역사적 재건주의라고 할 수 있다. 이념적 수준의 갈등으로도 볼 수 있는 역사교과서 개정 갈등과 함께, '정부 수립'을 '건국'으로 규정하여 8·15를 광복절보다는 건국일로 기념하는 시도는 역사의 재구성을 통한 단절의 정치과정이라고 할 수 있다.

3) 적이 사라진 민주주의와 적이 필요한 실용주의

이명박 정부에서 촛불집회 이후 시민단체에 대한 정부규제는 새로운 갈등국면을 조성했다. 2008년 5월 초 촛불집회가 시작되기 전에 이미 행정안전부에서 25개 단체를 불법 폭력시위단체로 규정하고 정부보조금 지원대상에서 제외한 것에서부터, 6월 말 참여연대와 진보연대에 대한 압수수색, 시위피해 집단소송제의 추진, 환경운동연합의 회계부정에 대한 때늦은 검찰수사, 국회에서의 '비영리 민간단체 지원법' 개정안 발의, 행정안전부의 정부지원금 수령단체에 대한 '비영리 민간단체 공익사업'의 중간보고서 제출요구 및 회원명단 공개요구, 시민단체와 공익사업을 벌인 지자체, 공기업, 민간 기업에 대한 조사 등 시민단체에 대한 다차원적 통제가 전개되었던 것이다.

이명박 정부에 들어 나타났던 다른 범주의 갈등은 시민단체가 공공성의 맥락에서 개입한 갈등들이다. 그러나 시민단체에 대한 규제와 관련된 갈등에서 시민단체는 당사자의 위치에 있기 때문에 공적 가치의 위협에 대한 투쟁과 아울러 자기단체의 이익과 존립을 위한 싸움이 중첩되어 더욱 심각한 갈등을 낳았다. 이미 시민단체는 이러한 위협에 대응하기 위해 새로운 연대기구를 준비함으로써 훨씬 더 광범한 갈등을 예고했었다. 이러한 조건에서 색깔론이 다시 등장한 것은 갈등을 더욱 증폭시킬 가능성을 보였다. 이념적 편가르기를 부추기는 대통령의 연설이나 뉴라이트 전국연합을 비롯한 20여 개 보수단체들이 전교조를 반국가 이적단체로 규정하고 퇴출을 위한 연대운동에 돌입한 것은 한반도를 배회하던 이념의 유령을 다시 불러들이는 일이 되고 말았다.

1989년 동서 냉전체제 붕괴 이후의 서구사회는 '적이 사라진 민주주의'로 표현되기도 했다. 구세계에서 통용되던 자본주의 대 공산주의, 우파 대 좌파, 노동 대 자본, 자연 대 사회라는 대립관례는 이제 의미를 잃었다는 것이다(울리히 벡, 2000: 13). 그럼에도 불구하고 적이 사라진 민주주의에서도 끊임없이 새로운 적은 필요했다. 다만 과거의 단일하고 거대한 적이 가변적인 적으로 대체되고, 적과의 일시적 차이는 근본적 차이가 있기 때문에 적대관계를 극복할 수 없는 것으로 대체된다는 것이다(울리히 벡, 2000: 292).

동구의 붕괴 이후 더욱 맹위를 떨쳤던 신자유주의적 시장주의는 적이 사라진 민주주의의 또 다른 실체이다. 이런 점에서 이명박 정부의 국정이념이라고도 할 수 있는 실용주의는 적이 사라진 민주주의의 다른 표현이라고도 하겠다. 시장주의와 적이 없는 민주주의, 나아가 실용주의에서도 정치권력의 유지와 재생산을 위해서는 끊임없이 가변적인 새로운 적의 생성이 필요하다. 불과 몇 개월 전에 동일한 국민에게 선택되었던 이전 정부에서 동반적 관계의 파트너십을 가짐으로써 제도를 구성하는 중요한 주체였던 시민단체가 이명박 정부에서는 적으로 규정되는 낙인의 과정에 있었다. 더구나 지구적으로는 좌우의 거대한 적대가 사라졌음에도 불구하고 저물어가는 분단체제에 유령처럼 잔존하는 거대 적대의 구조는 적이 필요한 실용주의에서 새로운 '적'을 만들고 여기에 이념의 잔해를 습관처럼 덧씌웠던 것이다.

이명박 정부에서 시민단체는 새로운 적으로 만들어졌다. 적이 필요한 실용주의는 한국의 시민사회를 주도했던 진보적 성향의 시민단체를 주변화하고자 의도함으로써 사회통합이 아니라 더욱 심각한 균열과 갈등을 만들었던 것이다.

5. 다시 협치를 위하여

동구 사회주의의 붕괴 이후 세계사회는 구래의 계급, 이념, 노동 중심의 대립적 관계가 종료되고 새로운 갈등현상이 확산되는 갈등사회로 전환하고 있다. 갈등사회에서는 비정치적인 것으로 간주되었던 일상의 삶과 관련된, 나아가 일상의 안전을 위협하는 다양한 요소들이 정치화함으로써 갈등의 이슈가 복잡해지는 반면 갈등의 과정은 일상화, 제도화되는 경향을 갖는다. 이러한 경향은 시민사회의 조직화되고 제도화된 영역들이 정부와 네트워크를 가짐으로써 갈등의 불확실성과 예외적 분출을 줄임으로 해서 가능하다. 그럼에도 불구하고 갈등사회에서는 급진적 개인주의와 탈조직적 시민행동의 가능성이 상존하기 때문에 정부, 정당, 기업, 노조, 시민단체 등 제도화된 조직영역이 예측하지 못한 갈등이 언제든지 준비되어 있는 셈이다. 특히 조직화된 노동시장의 축소경향이 뚜렷한 가운데 비정규화되고 주변으로 해체된 시민층이 늘어나는 것은 탈조직적 사회갈등을 증대시키는 요인이 되고 있다.

이명박 정부에서 정부와 시민단체의 갈등은 어느 정권에나 있을 수 있는 집권 초기적 징후가 없지 않고 정부의 정책지향이 이전 정부와는 다르기 때문에 정책상의 시각차로 인한 갈등이 있을 수 있다. 나아가 시민단체는 정부나 기업에 대한 견제와 감시라는 공익적 활동을 추구하기 때문에 정부와 시민단체의 갈등은 당연하고도 정상적인 갈등이라고도 할 수 있다. 그러나 주택, 의료, 교육, 대운하 문제, 광우병 쇠고기 문제 등 이명박 정부 들어 나타난 주요 갈등은 갈등사회의 갈등이슈를 잘 보여주었다. 특히 이명박 정부에 대한 가장 광범한 시민적 반발이라고 할 수 있는 미국산 쇠고기 수입반대 촛불집회는 탈조직적 시민행동을 가시화함으로써 갈등사회의 새로운 갈등양상을 예시해 주었다.

정부와 시민단체의 갈등을 분석한 이 장은 갈등현상을 정치과정의 시각에서 보았다. 정부와 시민단체를 단순히 대립적 사회갈등의 두 축으로 설정하는 것이 아니라 정치과정의 주요 행위자로 설정함으로써 갈등의 요인을 정치과정의 특징을 통해 포착하고자 한 것이다. 이 같은 갈등의 정치과정을 여기서는 이념적 수준과 정책적 수준, 정치관행적 수준으로 구분해서 유형화하고자 했다. 이명박 정부 출범 이후 9월 말까지 전개된 갈등적 정치과정에서 정책수준의 갈등은 대체로 시민단체의 관례적인 행위양식을 보임으로서 제도화된 갈등형태가 많았다.

그러나 이명박 정부의 정책에 대해 가장 광범한 저항을 가져왔던 대운하갈등이나 쇠고기협상 갈등은 정책수준에서 야기되었음에도 불구하고 정부와 여당의 일방적 정치관행으로 인해 유례없이 광범한 비제도적 갈등양상으로 확대되었던 것이다. 아울러 시민사회에 대한 규제와 관련된 갈등이나 정부의 인사로 인한 갈등, 불교 차별 갈등 등도 정치관행의 수준에서 출현한 것이라고 볼 수 있다. 따라서 정부와 시민단체의 갈등은 다른 무엇보다도 정치관행의 수준에서 나타나는 갈등이 심각하다고 말할 수 있다.

이념적 수준에서 나타나는 갈등은 전체적으로 비중이 크지 않은 것으로 보인다. 역사교과서 개정문제와 관련된 교육과학부와 시민단체의 갈등은 갈등사회의 다원적이고 복합적 갈등구조에서 큰 의미를 갖지 않을 수 있다. 현실적으로 이념갈등은 분단체제의 잔영에 기대어 재생산되고 있을 뿐이다. 뉴라이트 전국연합을 비롯한 보수단체와 진보단체의 갈등이 시민사회 내에도 재생산되고 있지만 이러한 갈등 또한 정부와 시민단체의 이념갈등의 연장에 있는 측면이 많다.

이 장에서는 이러한 각각의 수준에서 나타나는 갈등적 정치과정의 특징을 탈정치적 정치과정, 재건주의 정치과정, 새로운 적대를 생산하는 정치과정으로 규정함으로써 집권정치세력 중심의 정치과정에서 갈등의 원인을 찾고자 했다. 시민단체는 정부와 정치권력, 시장권력에 대한 공적 감시의 기능을 갖기 때문에 시민단체와 정부의 갈등은 원칙적으로 정부의 요인이 클 수밖에 없다. 그러나 이명박 정부의 갈등은 집권정치세력 이외의 행위자는 배제된 정치과정의 특징을 보일 뿐만 아니라 '기능적 통제'를 통해 시민단체를 주변화시킴으로써 훨씬 더 심각한 사회갈등을 배태시킨다는 점에 문제가 있다.

시민사회와 시민단체는 시민들의 개인적(사적) 삶의 영역에서 형성되는 공적 질서이다. 말하자면 강제적 공공성의 영역과 구별되는 자율적 공공성의 영역인 것이다. 따라서 시민사회는 공공의 가치와 공공의 질서를 통해 자율적인 사회통합을 구축하는 현대사회의 가장 중요한 질서라고 할 수 있다. 더구나 갈등사회에서 정부의 관리범위를 넘어선 시민사회의 팽창하는 욕구는 시민단체가 주도하는 공공적 기능이 없이는 사회통합의 질서가 유지되기 힘들다.

이명박 정부는 탈정치적이고 재건주의적인 정치과정으로 인해 그간에 정부와 시민사회 간에 구축되었던 협치의 질서를 대부분 해체시켰다. 이런 점에서 이명박 정부는 정치 없는 정치과정을 다양한 행위자들이 참여하는 소통의 정치과정으로 복원시킬 뿐만 아니라, 재건주의를 지향하는 '단절의 정치과정'을 이전 정부의 성과에 토대를 두고 새로운 정치적 성취를 이루는 '누적의 정치과정'으로 전환시켜야 했다. 이명박 정부가 당면한 사회통합의 과제는 무엇보다도 이러한 정치과정의 전환을 통해 협치의 질서를 복원하는 것이었다.

세계적인 경제위기가 가중되고 있다. 이미 몇몇 나라는 국가부도의 위기에 놓여 IMF에 구제를 요청하고 있다. 정부와 시민사회가 민심을 모으는 사회통합의 과제가 어느 때보다 절실한 시점이다. 경제위기의 과정에서 현재의 수준보다 훨씬 더 심각한 양극화 현상이 드러날 것이고 양극화에 따른 주변화된 인구층의 확대는 새로운 갈등을 예견할 수 있는 지점이 되고 있다. 이제 적이 사라진 갈등사회에서 진보적 성향의 시민단체를 새로운 '적'으로 만들어 주변화시키는 것은 해소하기 어려운 심각한 갈등을 스스로 키우는 것과 다름이 없다. 이제 겨우 제도적 영역과 결합하여 안정적인 질서를 구축하고 있는 시민단체를 또다시 저 황량한 벌판으로 내몰아서는 얻을 수 있는 것이 아무 것도 없다.

갈등사회와 공공성의 재구성 3

06 공공성의 재구성과 시민사회의 공공성 *

1. 공공성의 담론: 모호성과 제한성

최근 우리사회에는 공공성 위기에 관한 담론이 확산되고 있다. 세계적으로 신자유주의 시장화 경향이 팽창한 이래 우리사회도 IMF 관리체제라는 경제위기의 시련을 겪었고, 이후 시장경쟁의 질서가 가속화되면서 공공성 위기의 징후는 우려할 만한 현실로 나타나기 시작했다. 특히 이명박 정부 이후의 친기업적 시장지향성, 자율화, 실용화 등으로 요약되는 정책경향은 이 같은 위기를 가속화하고 있다.

친기업, 친재벌 정책, 성장과 경쟁의 윤리를 지향하는 이명박 정부의 시장주의 경향은 주지하듯이 실용주의와 결합되어 있다. 제 4장에서 논의한 바와 같이 시장주의가 기본적으로 시장합리성을 기반으로 한다면 실용주의는 현실합리성에 바탕을 둔 행위논리라고 말할 수 있다. 이런 점에서 실용주의는 일관된 철학과 가치에 기초를 둔 신념의

* 이 장의 내용은 〈한국사회학연구〉 2008년 창간호에 실린 "공공성의 재구성과 시민사회의 공공성 – 공공성의 범주화와 공공성 프로젝트의 전망"을 수정, 보완한 것이다.

체계라기보다는 가변성과 편리성을 전제로 하는 현실적응의 행위논리라고 할 수 있다(조대엽, 2008). 시장주의가 추구하는 효율성의 논리에 실용주의가 드러내는 득실의 논리가 중첩된 이명박 정부의 '시장실용주의'는 전(全) 지구적 시장화 경향 속에서 그나마 지탱해오던 한국사회의 공공성 기반을 크게 뒤흔들었다.

공공성에 관한 담론은 무엇보다도 이 같은 현실의 위기를 반영하고 있으며, 이러한 위기에 대응하는 사회집단과 사회부문의 실천적 지향과 결부되어 있다. 이 점에서 공공성 논의는 현재의 사회변동에 관한 학술적 과제임과 동시에 현실적 삶의 위협을 넘어서기 위한 실천적 과제와도 닿아 있다. 이러한 이중적 과제를 염두에 둘 때 최근의 공공성 논의는 현 단계 사회변동을 반영한 더욱 정교한 이론화의 과제에 직면해 있다고 말하지 않을 수 없다.

무엇보다도 공공성 논의는 공공성 개념이 갖는 모호성의 문제와 함께 계급지향적 해석의 문제를 내재하고 있다. 현 단계 공공성 논의가 내재한 모호성과 계급적 제한성은 공공성 담론을 이론적으로나 실천적으로 진전시키는 데 일정한 제약으로 작용한다.

우선, 공공성의 개념은 사회과학의 다양한 영역에서 사용되며 현실적으로도 일반화되었지만 여전히 불명확하기 때문에 개념적 정교화가 요구된다. 사적 영역의 개인에게 지향된 사유성(私有性) 혹은 사사성(私事性)에 대비되는 개념으로서의 공공성은 사회구성의 공적 요소를 분석적으로 설명할 수 있는 정밀성을 갖지 못함으로써 포괄적 설명력만을 갖는 제약을 드러내고 있다.

다른 한편, 최근의 공공성 논의는 여전히 국가의 계급적 성격과 관련된 측면이 있다. 이러한 경향에서 국가의 공공부문이나 공공복지의 위축은 사적 자본의 계급이익이 확장되는 것이기 때문에 공공성 투쟁은 다른 무엇보다도 진보적 계급운동의 맥락에서 의의를 찾게 된다. 공공성에 관한 계급적 이해는 결집된 노동자의 구심력을 강화할 수 있다는 점에서 여전히 의미를 가질 수 있다. 그러나 이 같은 계급논리는 원칙적으로 비계급성을 반영하는 개념이자 실천으로서의 공공성 운동의 행보를 크게 제약하기 마련이다. 근래 들어 노동운동과 진보적 사회운동의 진영에서 등장하는 이른바 '사회공공성 운동'의 담론은 공공성 투쟁의 계급적 한계를 넘어서기 위한 모색이라는 점에서 공공성 논의를 확장시키는 효과를 갖지만 여전히 계급적 전략에 갇혔다고 말할 수 있다.

이 장의 내용은 이른바 공공성 재구성 경향과 시민사회의 공공성에 주목함으로써 최근 사회변동의 복잡성을 반영하는 공공성 논리의 정교화와 아울러 사회변동의 복잡성을 포괄할 수 있도록 공공성 논리를 확장시키는 것을 목적으로 한다.

오늘날 공공성의 위기적 징후는 비단 공공부문의 위축이나 국가복지의 축소와 같은 특정 영역에 국한된 현상이 아니다. 이 같은 위기의 징후는 지구적 수준에서 전개된 시장주의에서 비롯된 것이고, 이러한 시장주의는 사회구성체 전반에 걸쳐 공동체의 질서를 위협함으로써 고도의 사회해체를 예고하고 있다. 따라서 국가의 공적 기능뿐만 아니라 사회구성의 질서에 전반적으로 내재된 공공성의 구조가 분석적으로 다루어질 필요가 있는 것이다.

2. 공공성의 구조와 논리

공공성은 기본적으로 공적인 것과 사적인 것의 이분법적 구분에 기초한 것으로 사회과학뿐만 아니라 일상에서도 대단히 보편적인 질서이자 관념으로 자리 잡아 왔다. 공공성(*publicness*)과 사적인 것으로서의 사사성(*privateness*)은 거의 모든 사회이론에서 문화의 차이 없이 보편적 개념으로 사용되었다(Pesch, 2005: 23; Benn and Gaus, 1983: 7). 이런 점에서 공적 범주와 사적 범주의 구분은 '사회적 삶의 기본관념'(*basic notions of social life*)으로 간주되거나(Fay, 1975: 78), '거대한 이분법'(*great dichotomy*)으로 표현되기도 했다(Bobbio, 1989: 1~2).

다양한 영역의 학술적 논의 가운데 특히 정치이론과 사회이론에서 나타나는 공-사 이분법에 관한 전통적 시각들을 보다 구체적으로 보면 크게 4가지의 관점이 강조될 수 있다. 첫째, 대부분의 공공정책 분석과 일상의 법·정치적 논의에서 지배적이라고 할 수 있는 자유주의 경제모델은 공-사 구분을 원칙적으로 국가행정과 시장경제의 구분으로 본다. 둘째, 고전적 공화주의의 시각에서 공적 영역은 분석적으로 시장과 행정적 국가영역의 구분에 근거해서 정치공동체와 시민권이라는 점을 강조한다. 셋째, 사회사 및 인류학적 저술에 나타난 관점은 공적 영역을 유동적이고 다양한 형식의 사회성(혹은 사교성)의 장으로 보며, 그러한 장을 가능하게 만드는 문화적이고 극적인 관습을 분석한다. 넷째, 페미니즘적 분석의 다양한 흐름에서 중요성이 부각되었던 경향을 보면, 공-사의 구분은 가족과 거시 경제·정치질서의 구분을 반영하고 있다. 이 경우 시장경제는 공적 영역으로 간주되기도 한다(Weintraub, 1997: 7).

이 같은 공공성에 관련된 다양한 관점들은 일반적으로 공-사 구분을 국가-시장경제의 구분으로 설정하고, 여기에 시민사회 영역의 구분을 가능하게 하는 문화와 사회성의 장을 공공성의 영역으로 추가할 수 있게 한다. 또 시장경제를 공적 영역으로 간주하는 특수한 해석의 분야도 있다. 무엇보다도 국가 공공성은 전통적으로 이분법적 구획에서 뚜렷이 강조되었지만, 공-사 이분법적 구분에서 사적 영역에 해당하는 시민사회의 공공성이 부각되면서 공공성 개념은 복잡성을 띠게 된다.

공공영역, 공론장, 공론영역, 공공관계, 공론성 등 공공성과 관련된 다양한 개념들은 국가나 정부의 공공행정의 영역을 넘어서 나타나는 사회구성의 공적 질서를 가리킨다. 공론장이나 공공영역 등으로도 번역되는 공론영역(*public sphere*)은 국가영역과 구분되는 사적 영역에서 형성된 공공의 의사소통망이라고 할 수 있다. 하버마스는 이 범주를 근대 부르주아 시민사회의 모순이 반영된 영역으로 주목하고 이 범주가 갖는 공공성의 의미를 여론, 격분한 여론, 혹은 적절한 정보를 갖춘 여론, 그리고 공중, 공개성, 공표 등과 관련된 것으로 본다(위르겐 하버마스, 2001: 15~20, 62).

코헨과 아라토의 경우 국가 및 경제와 구분되는 시민사회의 구성적 특징으로 다원성, 사생활, 법률성과 함께 공론성(*publicity*)을 강조한다. 여기서 공론성은 문화와 커뮤니케이션의 제도로 규정된다(Cohen and Arato, 1992: 346). 이런 점에서 공론성은 무엇보다도 개인이나 집단, 조직의 견해가 언론과 미디어에 드러나는 것이 강조된다.

공론성의 상위범주로 공공관계(*public relations*)의 개념을 들 수 있다(조대엽, 2007a). 공공관계는 조직이나 특정입장이 공중과 의사소통하는 다양한 상황을 포함할 뿐 아니라 고용자 관계, 투자자 관계, 기업커뮤니케이션, 공동체 관계 등을 포괄하고 있다(Beckwith, 2006: 3~4).

따라서 공공관계는 국가나 시민사회의 영역에 한정된 개념이 아니라 시장영역까지 포괄하는 공적 관계를 지칭하는 것이라고 말할 수 있다. 이 글에서 강조하는 공공성(*publicness*)의 개념 역시 시민사회의 공론성과 국가의 공권력, 공공행정 및 공공복지의 기능 등 국가와 시민사회에 내재된 법적, 제도적 공적 요소를 포함하고 있다. 나아가 시장영역에 내재된 공공성의 요소 또한 포함한다는 점에서 공공관계의 개념과 유사한 광의의 개념화라고 할 수 있다.

최근 국내의 공공성 논의에서 몇몇 연구들은 공공성 개념을 분석적으로 제시하려는 시도를 보이기도 한다. 예컨대 신진욱은 공공성을 정부조직이나 공공부문, 의회 및 대중매체와 같은 공론장 등의 실체적 제도나 조직으로만 사용할 경우 공적 문제해결을 위한 규범적 원칙에 대해 분명한 인식을 가질 수 없다는 점에서 높은 추상수준에서 공공성의 분석적 정의를 제안하고 있다(신진욱, 2007: 30~35). 말하자면 공공성의 분석적 차원을 ① 다수 사회구성원에 대한 영향, ② 만인의 필수생활조건, ③ 공동의 관심사, ④ 만인에게 드러남, ⑤ 세대를 넘어서는 영속성 등의 5가지로 제시한다.

신정완 역시 공공성이라는 용어가 어떤 의미로 사용되었는가 하는 화용론적 맥락에서 공공성이 함의하는 5가지 의미를 강조하고 있다. 즉, 공공성이라는 개념은 ① 공중의 시선에 대한 개방성, ② 의사결정과정의 민주성, ③ 기본적 재화와 서비스에 대한 모든 사회구성원의 평등한 접근성, ④ 비시장적 원리에 따른 자원배분의 강화, ⑤ 국민적 자산과 사회경제적 의제들에 대한 국민적 통제 등의 의미를 함축하고 있다는 것이다(신정완, 2007: 40~41).

이 같은 공공성의 분석적 지표들은 공통된 요소들이 부각된다는 점에서 의미가 강조되지만 그렇지 않은 요소라고 하더라도 공공성의 구체적 지표로서의 의미를 충분히 가질 수 있다. 이러한 연구들은 공공성을 구성하는 지표를 구체화하고 그 구성요소들을 분석적으로 드러냈다는 점에서 진일보한 것일 뿐만 아니라 공공성 개념 자체도 대단히 포괄적이고 망라적으로 접근하고 있다는 점에서 주목할 만하다. 그럼에도 불구하고 공공성이 포괄하는 다양한 요소들을 분석적으로 범주화하는 과제는 여전히 남겨두고 있다.[2]

공공성은 사회구성체의 특정 영역에 국한된 요소가 아니라 국가와 시장, 시민사회의 질서에 포괄적으로 내재된 공동체 구성의 근간이다. 따라서 한 사회에서 공공성의 구조는 사회통합을 가능하게 하는 핵심적 질서를 지칭하는 것이라고 말할 수 있다. 이 같은 공공성은 사회통합을 위해 작동하는 기능에 따라 '실행적 공공성'과 '규범적 공공성'을 구분할 수 있다.

실행적 공공성은 서로 다른 수준의 행위주체들이 추구하는 공적 실천을 의미한다. 실행적 공공성은 무엇보다도 각각의 행위주체나 사회구성영역이 담당하는 공적 역할을 지칭하며 그러한 공적 역할이 행위주체의 사회적 실체로서의 특성을 부각시키는 내용을 갖추고 있기 때문에 실체적 공공성이라고도 말할 수 있다. 이와 달리 규범적 공공성은 행위나 절차의 공적 정당성을 확보하기 위해 따르게 되는 규칙을 전제로 한다. 사회구성의 모든 영역에서 작동하는 모든 사회적 행동에는 법

2 시민사회의 영역에 한정해서 NGO 및 NPO를 구분하는 기준을 마련하는 과정에서 분석적 범주화를 시도하는 연구로 김상준의 범주화를 주목할 수 있다. 김상준은 공공성이 미치는 사회적, 공간적 범위에 따라 직능적 공공성과 사회공공성, 국가 공공성과 초국가적 공공성을 구분한 바 있다(김상준, 2003: 58~65). 정태석도 NGO의 기준을 공공선으로 규정하면서 보다 평등하고 정의로운 사회상태를 의미하는 '적극적 공공선'과 상대적으로 다수에게 이익이 되는 상태나 목표를 추구하는 '소극적 공공선'을 구분한 바 있다(정태석, 2000: 10~11).

적 절차와 규제가 수반되기 마련이다. 실행적 공공성은 기본적으로 규범적 공공성에 기반해서 작동하기 때문에 법적 절차와 규정이 민주적으로 구축되고 시민들이 이를 수용하는 것이 무엇보다 중요하다.[3]

다른 한편 공공성은 사회구성 영역에 따라, 혹은 공공성의 주체에 따라 정부가 주도하는 국가 공공성, 기업이 주도하는 시장공공성, 자발적 시민단체가 주도하는 시민사회의 공공성을 구분할 수 있다. 국가영역에서 정부가 주도하는 실행적 공공성은 공공관리, 공공정책과 관련된 정부의 정책집행기능에 우선 주목할 수 있다. 이 같은 국가영역의 실행적 공공성은 공공복지, 기간산업, 보건의료, 교육, 주택, 금융 등의 다양한 영역에 걸쳐 공권력의 강제와 그러한 강제를 보장하는 법률과 같은 규범적 공공성에 근거해서 추구되고 있다.

사회구성의 질서 가운데 시장질서는 사적 이익을 목적으로 재화와 서비스의 생산 및 교환이 이루어지는 영역이며, 노동과 화폐를 매개로 형성된 질서이다. 시장질서는 본질적으로 이윤의 추구와 경쟁의 논리가 지배하는 영역이기 때문에 원칙적으로는 실행적 공공성의 기능을 갖는다고 보기 어렵다(조대엽, 2007a). 그러나 1990년대 이후 세계적 무한경쟁의 시장조건에서 기업 사회공헌 활동이 기업경영의 한 방식으로 설정되어 이른바 전략적 사회공헌의 개념으로 공적 활동이 기업 내화되는 경향이 확대되었다. 기업의 오랜 관행이었던 단순 기부나 공익재단의 설립 등은 그 운영이 시민사회 영역에서 이루어졌다는 점에서 시장에 내재된 공공성이라고 보기 어려웠다. 그러나 최근 기업 내화된 공익활

---

3 필자는 2007년의 논문에서 공공성을 '기능적 공공성'과 '절차적 공공성'으로 구분한 바 있다(조대엽, 2007a). 그러나 기능적 공공성의 개념이 불명확하다는 점에서 이를 '실체적 공공성'과 '규범적 공공성'으로 수정해서 제시했다(조대엽, 2008). 동일한 구분기준을 갖는 것으로 이 글에서는 실체적 공공성을 실행적 공공성으로 표현하고자 한다.

동은 시장영역에서 나타난 실행적 공공성이라고 말할 수 있고 이러한 '시장공공성'은 빠른 속도로 확대되는 경향이다(조대엽, 2008: 55).

최근 들어 시장영역에 실행적 공공성이 형성되는 추세와 함께 규범적 공공성은 사회구성의 모든 요소들에 적용된다는 점에서 시장공공성을 구성하는 주요 요소라고 할 수 있다. 시장영역에서의 고용과 투자, 거래의 투명성과 책임성 등은 법적 규제와 결부되어 있다는 점에서 규범적 공공성의 문제라고 할 수 있다.

시민사회는 공적 담론의 생산과 소통이 이루어지는 영역일 뿐만 아니라 결사와 연대를 기반으로 국가 및 시장을 견제하고 감시하는 기능을 갖는 영역이다. 아울러 시민사회는 다양한 자발적 결사체들 가운데 복지단체와 같이 자발적으로 실행하는 사회서비스의 기능을 가짐으로써 다양한 방식으로 사회통합의 기능을 담당한다. 따라서 시민사회는 공적 여론의 형성, 자발적 공공복지서비스, 사회운동이나 시민단체의 일상적 권력 감시활동 등의 실행적 공공성을 추구한다. 아울러 사적 영역으로서의 시민사회를 구성하는 사생활, 자발적 결사체, 커뮤니케이션제도, 종교 및 교육제도 등은 예외 없이 법적 권리와 의무의 구속을 받는다는 점에서 규범적 공공성을 내포하는 것이다.

실행적 공공성은 이처럼 정부와 기업, 시민사회의 다양한 집단들이 주체가 되어 추구하는 공적 역할이다. 이 같은 실행적 공공성은 공적 활동이 미치는 사회적 범위에 따라 '집단 공공성'과 '사회 공공성'을 구분할 수 있으며, 이슈와 활동의 범위에 따라 '일국적 공공성'과 '지구적 공공성'을 구분할 수도 있다.

실제로 사적 영역이라고 할 수 있는 시장과 시민사회의 공공성을 강조할 때 가장 주목해야 할 지점은 '집단 공공성'이라고 할 수 있다. 시민사회의 수많은 이익단체들은 동일한 직업영역을 기반으로 상호부조와 공동의 이익을 추구하는 집단이라는 점에서 그 자체가 이미 공익성을 갖는다. 또한 자기집단의 권익을 도모하는 목적이 아니라고 할지라도 시민사회에는 다양한 취미와 기호, 다양한 형태의 연고를 기초로 친목과 여가활동을 목적으로 하는 동호인 집단들이 있다. 이익집단과 아울러 이러한 단체들이 갖는 공공성은 자기집단의 범위를 넘어선 공공성을 추구하는 경우도 있지만 일상적으로는 집단지향적 공공성을 갖게 된다.

그러나 환경과 평화, 평등 등의 가치를 지향하는 사회운동이나 사회복지를 지향하는 경우, 그리고 공동체구성원 전체와 관련된 다양한 실행적 공공성의 요소들을 추구하는 경우 등은 집단지향성을 넘어 공동체를 지향한다는 점에서 '사회 공공성'이라고 말할 수 있다.[4]

민족 국가적 범주 내에서 작동하는 일국적 공공성과 초국가적 범주에서 작동하는 지구적 공공성의 구분은 다양한 공공성의 주체들이 추구하는 실행적 공공성의 활동범위라는 점에서 본다면 그리 유용한 구분이 아니다. 오늘날 대부분의 공공활동 주체들은 국내적 활동을 국제적으로 확장하는 경향이 있기 때문에 활동범위 자체는 중요한 의미가 아닐 수 있다. 그러나 여전히 민족 국가적 과제가 상존한 현실에서 민족적 가치와 지구적 가치는 충돌하는 경우가 많다. 따라서 공공의 이슈라는 측면에서는 일국적 공공성과 지구적 공공성의 구분이 유용한 설

---

4 김상준은 사회공공성과 구분되는 직업집단의 공공성을 '직능적 공공성'으로 개념화한 바 있다(김상준, 2003: 61~62). 직능적 공공성의 주체는 노조와 다양한 이익단체들로 규정하고 있다. 개념상으로 '직능적'이라고 할 경우 직업기반의 협회들에 제한된다는 문제가 있을뿐더러, 이러한 이익단체가 추구하는 공공성과 사회적 공공성을 차별화하기 어렵다는 문제가 있다. 말하자면 주체의 차이만 확인될 뿐이다. 이 글에서 구분하는 집단공공성은 시민사회의 다양한 집단들이 그 자체가 서로 다른 수준에서 공공성의 주체라는 점을 전제로 하고 집단을 지향하는 공동의 활동도 공공성의 범주에 포함시키고자 하는 것이다.

명도구가 될 수 있다.

이 같은 공공성의 범주화에서 알 수 있듯이 공공성은 사회구성의 모든 영역에 걸쳐 다양한 수준에서 그리고 다양한 방식으로 구조화되어 있다는 점이 강조되어야 한다. 특히 한 사회의 공공성 구조는 국가구조에서부터 일상의 영역에 이르기까지 대단히 다원적으로 할당되어 있을 뿐만 아니라 공공성의 주체와 범주가 수준에 따라 중복적으로 구성되어 있기도 하기 때문에 공공성의 존재양태는 다층적이라고 말할 수 있다. 또한 시민사회에 내재된 '다층적 공공성'은 다른 영역의 공공성과 맞물려 한 사회의 공공성 구조를 끊임없이 유동적으로 만든다. 최근 지구적으로 전개되는 시장화와 정보화, 민주화 등의 거대 경향들은 이 같이 공공성의 구조변동을 폭넓게 자극하고 있다.

3. 시장의 확장과 공공성의 재구성

현대 자본주의 사회구성의 질서에서 가장 거시적인 공공성의 구조는 국가와 시장, 그리고 시민사회에 편재된 공적 질서일 것이다. 근대 사회구성체가 민족국가를 단위로 하는 정치공동체로서의 특성이 부각된 이래 한 사회의 정치권력을 중심으로 구축되는 국가영역은 가장 강력한 공공성의 주체이자 작동영역이 되었다. 이러한 공공성의 질서를 가장 심각하게 뒤흔든 것은 이른바 신자유주의 시장화의 경향이었고, 1990년대 이후 이러한 경향은 훨씬 더 치열한 경쟁의 질서를 지구적 수준에서, 그리고 거의 모든 사회구성영역에 걸쳐 확산시켰다.

시장화 경향의 확산이 초래하는 당연한 귀결은 무엇보다도 공공성의 위기현상이었고 이러한 위기는 국가, 시장, 시민사회에 배분된 기존의 공공성 구조를 재구성하는 거대효과를 가져왔다. 근대 사회구성의 질서에서 국가중심으로 형성된 공공성의 구조가 시장영역의 팽창에 따른 세계화 경향과 이에 동반된 정보화, 나아가 민주화의 거대경향에 따라 이제 재구성되는 시점에 있는 것이다.

공공성 재구성이라는 관점에서 가장 주목해야 할 부문은 역시 국가영역이다. 가장 강력하고도 광범하게 작동되었던 실행적 공공성이 위축된 것은 공공성 재구성의 가장 중요한 지표라고 할 수 있다. 무엇보다도 전력, 철도, 우편 등 전통적으로 국유화되었던 기간산업의 민영화 경향과 함께 의료, 교육, 주택 등 일상적인 국민생활과 관련된 국가역할이 크게 축소되는 경향, 나아가 국가주도의 공공복지의 기능이 축소되는 경향은 공공성의 재구성 과정에서 가장 가시적인 현상이라고 말할 수 있다.

다른 한편, 시장영역에서는 시장의 투명성, 기업운영 및 상품생산과 거래의 공정성 등을 보장하는 규범적 공공성이 시장공공성의 핵심적 요소로 작용했다. 그러나 이미 앞에서 언급한 바와 같이 1990년대 이후 시장경쟁이 치열한 조건에서 기업의 구조조정과 규모축소가 확대되는 가운데 기존에는 기업 밖에서 전개되었던 사회공헌 활동들을 기업 내에 전담부서를 설치하고 기업의 업종에 적합한 전략적 공공활동으로 전환하는 경향이 나타나게 된다. 말하자면 기업의 공공활동이 기업 내적으로 재구성됨으로써 실행적 시장공공성이 구축된 것으로 해석할 수 있다.

나아가 최근에 기업의 투명경영 혹은 책임경영의 경향이 지구적 수준에서 확산되는 것은 기업이 법적 규제에 의존한 규범적 공공성을 넘어 자율적 측면에서 규범적 공공성을 강화하는 현상으로 볼 수도 있다. 이 뿐만 아니라 이른바 '창조적 자본주의'(*creative capitalism*)가 지향하는 바와 같이 기업이 상품의 개발과 생산단계에서부터 저소득층을 비롯한 사회적 약자를 겨냥해서 이들이 충분히 수혜를 볼 수 있는 맞춤형 상품을 지향하는 경향 또한 기업 활동 내에 실행적 공공성의 요소가 체계화되는 현상이라고 할 수 있다.

시민사회의 영역에서도 실행적 공공성의 기능은 크게 확장되었다. 다양한 수준의 시민운동단체들이 사회운동지향의 공공성을 추구함으로써 국가권력과 시장권력, 나아가 사회권력에 대한 시민사회 특유의 감시와 비판의 기능을 확대했다. 또한 공공복지를 지향하는 자발적 사회복지단체들이 시민사회영역에서의 사회서비스 기능을 확대했을 뿐 아니라 다양한 형식의 자조집단들 또한 시민사회의 실행적 공공성을 증대하는 데에 기여하고 있다. 건강 및 의료와 관련된 자조집단과 함께 취향과 기호, 연고지향의 집단들도 공적 가치를 추구하는 경향이 있는가 하면 특히 이러한 집단활동은 애초에 개별적인 문제로부터 출발하여 문제해결을 위한 공동의 결집을 이루고 이러한 집합적 활동이 다시 공적 이슈로 전환하는 사적 이슈의 공공화 현상도 보인다.

이 같은 현상들을 반영하는 공공성 재구성은 국가, 시장, 시민사회의 다양한 영역에서 다양한 방식으로 실행적 공공성의 기능이 재편되는 과정이라고 말할 수 있다. 요컨대 공공성의 재구성 과정에서 나타나는 주목할 만한 변화는 다음과 같이 요약할 수 있다.

첫째, 공공부문으로서의 국가의 공적 기능이 민영화, 민간화, 시장화함으로써 국가주도의 실행적 공공성이 축소된다.

둘째, 시장영역에는 실행적 공공성의 기능이 사기업 내부에 형성됨으로써 시장공공성이 새로운 지평을 갖게 된다.

셋째, 시민사회영역에는 자율적 공공성의 기능이 분화됨으로써 사회운동의 공공성과 사회서비스의 공공성이 실행적 기능으로 체계화된다.

넷째, 국가, 시장, 시민사회의 영역 간 교호성이 증대함으로써 각 영역의 실행적 공공성이 협치의 관계를 맺는 경향이 늘어난다. 이러한 경향은 국가, 시장, 시민사회의 전통적 경계를 불분명하게 하는 영역 간 상호침투를 통해 제도의 개방 효과를 초래한다.

다섯째, 공공성의 재구성은 사적인 것과 공적인 것의 경계의 해체를 반영하는데 이는 제도적 개방만이 아니라 이슈의 개방을 포괄한다. 최근의 사회변동 과정에서 사생활의 이슈가 시민사회의 정치적 이슈로 공공화되고 이는 다시 제도정치의 공적 이슈로 공공화할뿐더러 문제의 해결 또한 정부와 기업, 시민사회의 협치를 통해 해결하는 방식이 나타나고 있다.

이와 같은 공공성의 재구성 현상은 기본적으로 국가 공공성에 집중되었던 공적 기능의 맥락에서 본다면 공공성의 약화와 분산과정으로 볼 수 있다. 나아가 이 같은 재구성은 시장화 경향의 강화에 따른 공적 기능의 해체적 경향을 의미하는 것으로도 볼 수 있다. 그러나 다른 한편 공공성의 재구성은 세계시장주의의 확대로 인한 공동체 해체의 위기에 직면한 거시적 사회질서의 일종인 자기조절적 대응이라고도 말할 수 있다(조대엽, 2007a).

이러한 해석은 공공성의 재구성 과정이 사회구성 영역의 실행적 공공성을 단순히 축소시키거나 확대했다는 의미를 강조하는 것이 아니다. 오히려 사회구성 영역과 사회집단에 고유한 공적 기능이 다른 영역으로 할당되거나 실행적 공공성이 구축됨으로써 각 영역과 조직의 공적 기능 간에 결합과 호환이 발생한다는 점에서 거시적 사회구조의 성찰적 자기조정으로 보는 것이다. 특히 기업의 시장공공성 구축을 현실 자본주의의 정글식 경쟁에 대한 구조적 성찰의 효과로 보거나 의사결정과정에서 제도적 개방을 통한 협치(*governance*)의 확대를 공공성을 위축시키지 않기 위한 새로운 사회통합의 질서로 평가할 수도 있다.

말하자면 공공성의 재구성은 시장의 팽창에 따른 사회해체적 현실의 반영으로서의 공공성 위기의 징후로 해석할 수 있는 반면, 공공성의 위기에 대면한 구조적 자기성찰의 효과로 대안적 사회통합현상으로도 해석하게 된다. 최근 지구자본주의는 후자의 경향이 보이는 데 비해, 우리사회에서의 시장실용주의는 기업친화, 자율화, 실용화의 구호와 함께 전자의 경향을 증대하는 방향성을 갖는 것으로 보인다.

시장화의 거대경향을 통해 공공성의 구조에서 나타나는 거대한 재편현상을 전면적으로 거부하거나 저항하는 것은 쉬운 일이 아닐뿐더러 바람직하다고 말하기도 어렵다. 그렇다고 해서 공공성의 재구성 과정을 시장의 손에 맡겨둠으로써 공공성의 위기와 공동체 해체를 방임할 수는 없는 일이다. 따라서 새로운 공공성의 패러다임을 구축함으로써 의도적이고 민주적으로 공공성을 재구성하는 방향성을 가지는 것이 중요하다. 특히 사회구성 영역 전반에 걸친 공공성의 네트워크를 확대함으로서 공공성의 민주적 재구성을 지향하는 것이 긴요하다.

4. 시민사회와 다층적 공공성

1) 집단공공성과 사회공공성

공공성의 담론은 공공성 의제의 선택을 포함하는 이른바 '공공성 투쟁'의 전망과 관련된 실천적 지향을 간과할 수 없다. 특히 한 사회의 공공성은 "여러 상황과 권력관계에 의해 의미가 규정되기 때문에 의미를 부여하는 주체에 따라 상황적으로 결정된다는 점에서 공공성의 현실적 의미는 사회적으로 결정된다"(신광영, 2000: 78)고 할 때 공공성 담론의 실천적 의의는 훨씬 더 강조될 수밖에 없다.

이러한 실천적 담론에서 가장 주목되는 경향은 공공성의 문제를 계급적으로 해석하는 관점이다. 이러한 관점은 공공성의 문제를 탈계급적 문제가 아니라 계급헤게모니로 보거나(신광영, 2000: 91), 공공성 확장의 구조적 장애물이 너무 강력해진 계급적 기득권 세력이라는 주장 등에서 분명하게 나타난다(조희연, 2007: 55).

이러한 견해에 따르면 '참여정부의 시기를 거치는 동안 한국의 민주주의는 형해화되고 계급권력과 시장권력에 의해 무력화될 위기에 처했다'는 것이다. 아울러 "'국민'의 시대였던 박정희 체제 시기를 지나면서 개발과 성장이 성공적으로 추진됨으로써 '국민은 없다'는 것이 역설적으로 드러난 뒤 계급적으로 분화된 국민만 존재할 뿐이었으며, 민주화 시대 이후 시민의 시대가 끝난 뒤 이제 양극화된 사회가 출현한바 국민과 시민은 계급적, 사회적으로 분열되어 있다는 것을 직시해야 한다"는 것이다(조희연, 2007: 54~56).

이 같은 입장은 신자유주의적 시장화 경향이 지구적으로 보편화된 지구자본주의의 현실에서 사회구성의 본질로서의 계급적 성격을 드러내 보인다는 점에서는 의미가 있다. 더구나 공공성을 '국가의 계급적 성격과 관련지어 국가의 공적, 비사유적 성격으로 규정함으로써 강제된 비계급성의 한 측면'(조희연, 2007: 56~57)이라고 강조하는 것은 공공성에 대한 근본주의적 설명이라고도 말할 수 있다. 그러나 현실적으로 우리사회의 균열이 계급의 금으로 그어져 있는가의 문제, 시장권력이 계급권력과 일치하는가의 문제, 양극화사회가 계급적으로 양극화된 사회인가의 문제, 시민의 시대가 끝나고 계급의 시대가 되었는가의 문제, 나아가 강제된 비계급성으로서의 공공성이 계급적 결집에 의해 구축될 수 있는가의 문제 등에 대해서 이 같은 근본주의적 입장에서 답할 수 있는 여지는 크지 않아 보인다.

공공성 담론의 이 같은 실천적 지점에서는 오히려 공공성의 다층적 성격에 주목해야 한다. 명백한 계급적 시각에서 공공성의 새로운 구축을 지향할 경우 현실의 사회구성에서 공공성 운동은 노조중심의 집단공공성의 한계를 넘어서기 어려운 것이다.[5] 이 점에서 최근 노동운동 진영에서 제기되는 사회공공성 확대전략은 눈여겨볼 만하다. 사회공공성은 노조를 비롯한 직능적 이익집단의 자기집단지향적 공공성을 넘어선 것으로 그 범주가 특정집단이 아니라 보편적 시민의 일상적 삶과 결부된 필수적 생활서비스의 영역에 관련되어 있다.

무엇보다도 이러한 사회공공성의 영역은 사회보험부문에서 건강,

5 앞에서도 언급한 바 있듯이 시민사회를 구성하는 비영리적 자발적 결사체들은 일반적으로 공익지향형과 집단이익추구형으로 구분된다. 집단이익추구형 조직으로는 노동조합, 직능단체 등과 같이 비영리단체이면서도 처음부터 조직구성원들의 공동이익의 추구를 주된 목적으로 조직된 이익집단들이 있다(임희섭, 2007; 박상필, 2005). 여기서 이익집단들은 기본적으로 집단공공성의 범주에 해당하며 공익지향형 조직들은 사회공공성의 범주에 상응하는 것으로 볼 수 있다.

연금, 산재, 고용 등, 비사회보험분야에서 기초생활보장, 모성급여 등, 사회서비스 부문에서는 교육, 주택, 보육, 여가 등, 기간산업부문에서는 교통, 전력, 통신, 금융 등이, 나아가 환경과 농업 등의 자연부문, 문화, 언론 등이 해당된다(오건호, 2007: 77). 이러한 부문들은 전통적인 탈(脫)시장영역도 있지만 새롭게 등장하는 사회공공성 영역으로 환경부문뿐만 아니라 식량주권, 환경보전, 지역균형발전 등을 포괄하는 농업분야와 문화 및 지적 서비스 등 사회공동체를 위한 기본요소들이 강조된다(오건호, 2007: 78).

노동부문 혹은 노동정치 부문의 사회공공성 운동은 원칙적으로는 사회적 연대의 확장을 위한 전략적 지향이라고 말할 수 있다. 말하자면 노동운동의 사회공공성 지향은 노조를 중심으로 추구한 집단공공성의 한계를 넘어서기 위한 전략이라는 점에서 뚜렷이 분리된 계급적 전선으로는 제도정치권의 거점조차 마련하기 어렵다는 현실적 위기가 반영된 것이라고 할 수 있다.

그러나 이러한 전략적 사회공공성 운동은 시민사회의 다층적 공공성의 단위들과 연대와 연계의 가능성을 크게 높인다는 점에서 중요한 전환으로 평가할 수 있다. 시민사회의 다양한 집단공공성의 구심들은 일상적인 시민적 삶과 직결된 공공성의 이슈들을 공론화함으로써 집단이익의 요구라는 수준에서 사회공공성으로의 참여로 전환하는 다층적 공공성의 상향적 연계를 전망할 수 있다. 공공성 위기의 징후가 두드러질수록 시민사회의 다양한 수준의 집단공공성은 사회적 공공성의 실행적 수준을 유지하기 위한 공공성의 네트워크를 강화할 수도 있을 것이다. 무엇보다도 이러한 가능성은 공공성에 대한 계급적 접근의 한계를 넘어설 때 가능할 수 있다.

2) 규범적 공공성과 실행적 공공성

시민사회의 각종 이익집단들의 집단지향적 활동은 시민단체와 같이 높은 수준의 사회공공성을 지향하는 단체들의 공적 가치와 연계되어 광범한 공공성 네트워크를 형성할 수 있다. 그것은 사회서비스를 지향하든 사회운동을 지향하든 간에 공론화 과정과 함께 시민사회의 공공성 실천을 보여준다는 점에서 실행적 공공성이라고 할 수 있다. 이 같은 실행적 공공성은 구조적이고 제도적인 수준에서 강조된 공공성 범주라고 할 수 있다. 그러나 앞에서 논의한 집단공공성과 사회공공성은 한편으로는 구조 및 제도의 수준에서 설정할 수 있는 공공성의 범주이면서 다른 한편으로는 공공성 투쟁이나 공공성 운동의 의제나 목표로 설정되기도 한다. 이 점에서 공공성의 범주는 구조-제도의 수준과 가치-의제의 수준에서 동시적으로 논의될 수 있다.

규범적 공공성 또한 이러한 점에서 구조-제도의 수준과 가치-의제의 수준을 함께 고려할 수 있다. 구조-제도의 수준에서 규범적 공공성은 다양한 영역의 실행적 공공성을 규정하고 규제하는 법적 절차이기 때문에 공공활동을 구조화하는 법적 질서와 동일시될 수 있다. 따라서 법률을 비롯한 규범들은 시민사회의 공공성을 구성하는 내재적 구조로 강조될 수 있다. 다른 한편으로 시민운동단체들이 시도했던 다양한 입법운동들은 법률의 제정 및 개정을 목적으로 하며, 기존의 법질서를 정부기구를 비롯한 다양한 권력기관이 준수하는지에 대한 감시기능 또한 중요성이 증대했다. 이러한 경우 규범적 공공성은 가치-의제의 수준에서 사회공공성 영역의 주요한 운동이슈로 제기된 것이다.

규범적 공공성은 절차의 정당성과 관련되기 때문에 공공성 운동의 이슈로서의 이 범주는 정당한 법적 절차수립과 함께 법집행의 정당성에 대한 요구를 포함한다. 특정 사회집단이나 직능단체의 이익이 첨예한 법률도 있겠지만 예컨대 참여정부에서 추진했던 이른바 4대 개혁입법들은 집단공공성을 넘어선 보편적 시민의 공적 사안이라는 점에서 높은 수준의 탈계급적 사회공공성의 과제였다. 따라서 우리사회의 규범적 공공성의 이슈들은 집단공공성의 수준을 넘어서 있는 여전히 광범한 시민사회의 과제들이라고 말할 수 있다.

최근 들어 한국의 시민사회는 과거에 비해 공공성의 구조가 확장되었으나 공공성의 이슈 생산은 심각하게 정체되어 있다. 구조 및 제도의 수준에서 집단공공성과 사회공공성의 규모는 확대됨으로써 공공성의 다층화를 강조할 수 있는 수준에 있으나 이에 걸맞는 공적 이슈의 생산은 지체된 것이다. 주지하듯이 1990년대 중반 이래 시민운동단체들은 시민운동의 시대 혹은 NGO의 시대를 구가할 만큼 급속한 성장을 이루었고, 사회복지단체, 자원봉사단체를 비롯한 다양한 형태의 사회서비스단체들이 생겨났다. 이와 아울러 다양한 유형의 자조집단과 각양각색의 이익단체들은 시민사회의 실행적 공공성의 구조를 확대시켰던 것이다. 더구나 기업이 출연한 공익재단의 존재는 오랜 연원을 갖지만 시민사회에 기반을 둔 자생적 공익재단이나 공익기금이 등장한 것은 시민사회의 공공성 구조를 강화하는 데 기여한 바 크다.

이 같이 제도적 수준에서 시민사회의 공공성은 크게 확대되었으나 최근 들어 시민사회에서 사회적 공공성의 이슈들은 생산이 둔화되었다. 최근 한국의 시민사회에서 나타나는 이 같은 공공성의 구조 확장과 이슈의 빈곤현상은 실행적 공공성의 시민사회 내적 위기를 드러낸 것이라고도 말할 수 있다. 시민운동의 제도화 수준이 높아지고 시민사회의 공공성이 구조적으로 확대되는 가운데 시민운동단체의 활동이 일상적 영역으로 자리 잡으면서 공공성의 이슈는 상대적으로 새롭게 개발되지 못하는 경향도 있었다. 이러한 점은 제도화 수준이 높아짐에 따라 운동성이 크게 둔화되는 효과라고도 할 수 있다.

게다가 한국의 시민운동은 실제로 1987년 민주화운동의 미완의 과제를 이루기 위한 정치민주화에 치중한 경향이 있었다. 정치민주화의 과제에 당면하면 시장의 자유와 자율은 국가억압을 약화시키는 정치민주화의 동반적 목표가 될 수밖에 없다. 이런 점에서 한국의 시민운동단체는 팽창된 시장의 자율과 그 연장에서 확산된 공공성의 위기에 효율적으로 대처할 수 있는 기반을 갖지 못했던 점도 있다. 여기에는 시민운동이 가지는 자유시장경제에 대한 수용과 탈계급적 지향이 갖는 딜레마도 작동했을 수 있다. 그러나 이명박 정부의 시장실용주의가 초래한 다양한 정책적 혼란 이후 공공성의 위기는 더욱 확산됨으로써 시민사회에서 공공성의 이슈는 크게 부각될 가능성을 남겨놓고 있다.

다른 한편, 공공성 재구성이라는 점에서 보면 시민사회의 다양한 주체들이 정부 및 기업과 파트너십을 갖고 다양한 공적 사안에 관한 협치의 과정에 참여하는 것은 시민사회 영역의 중요한 실행적 공공성이라 할 수 있다. 그러나 공공성 재구성의 측면에서 본다면 시민사회의 공공성은 제도적으로 확장되었더라도 여전히 문제를 안고 있다. 특히 정부가 추구하는 시장실용주의의 정책결정 및 정책운용방식은 크게 성장한 시민사회의 공공성 구조를 도태시킬 가능성마저 보이고 있다.

시장 기능의 팽창에 따른 공적 질서의 유연화로도 볼 수 있는 공공성의 재구성 과정을 대안적 사회통합의 질서로의 적극적 구축을 위해서는 무엇보다도 정부와 시민사회, 기업 간의 공공성 네트워크를 민주적으로 재구성하는 것이 필요하다. 높은 수준으로 제도화된 시민사회의 다양한 공공성 주체들은 정부와 기업의 협치구조에 적극적으로 참여해 공공성의 범주를 훨씬 더 민주적으로 재구성하는 데 기여해야 한다.

5. 공공성 프로젝트의 전망

1990년대 들어 지구적 수준에서 시장경쟁을 가속화시켰던 이른바 지구자본주의는 국제금융시장의 주요 주체들과 IMF나 세계은행 등 미국 자본이 강력한 영향력을 갖는 몇몇 국제기구들이 구축한 질서이다. 나아가 각국의 발전전략 역시 지구자본주의의 주요 행위자들에 의해 크게 규정되어 왔다는 점은 주지의 사실이다. 이러한 점들은 현재의 지구적 시장화 경향에는 신자유주의적 시장화를 확산시키는 주체들에 의한 기획이 내재되어 있다는 점을 확인시켜 줌으로써 일종의 세계화 프로젝트의 효과라고 말할 수 있게 해준다(조대엽, 2002: 117~118).

이 같은 세계화 프로젝트는 1990년대 이후 반세계화운동의 동반적 성장을 자극함으로써 맹렬한 도전에 직면한 바 있다. 기업의 사회공헌 활동과 사회적 책임윤리의 강화가 지속적으로 강조되거나 최근 선도적인 거대기업에서 이른바 창조적 자본주의의 전망이 제시된 것은 이 같은 위기적 조건을 넘어서기 위한 지구자본주의의 자기조절적 대응이라고도 할 수 있을 것이다. 그러나 최근 한국사회는 지구자본주의의 선진적 지향이라고 할 수 있는 이 같은 성찰적 재구성 과정과는 달리 세계화 프로젝트의 가혹한 경쟁윤리로 회귀하는 경로를 보인다. 이러한 경로는 이명박 정부 이후 한국 정부의 정책 지향을 구래의 세계화 프로젝트의 국내적 버전으로서의 시장실용주의 프로젝트라고 말할 수 있다.

1980년대부터 전개된 신자유주의 시장화 경향은 1990년대를 거치면서 더욱 맹위를 떨쳤고 그에 따른 공공성 위기의식이 증폭되고, 국내적으로는 시장실용주의 프로젝트가 공공성 위기를 훨씬 더 급속히 현실화시키고 있다. 이러한 조건에서 시민사회에 내재된 공적 기능을 중심으로 시장실용주의 프로젝트에 대응하는 공공성 프로젝트가 광범하게 전개될 필요가 있다.

여기서는 이 같은 공공성 프로젝트가 무엇보다도 계급적 한계를 넘어 작동될 수 있는 가능성을 위해 공공성의 다층적 범주에 주목했다. 시장실용주의 프로젝트의 본질적 주체는 국내적 시장권력이지만 정치권력의 창출과정에서는 분단체제의 다양한 지배연합이 작동했다. 비록 이러한 프로젝트가 시장주의연합으로 결속되었다고 하더라도 공공성 프로젝트의 계급적 결속은 현실적으로 뚜렷한 한계를 보일 수밖에 없다. 무엇보다도 현실의 사회경제적 구조는 계급의 결속보다는 계급의 해체적 경향을 확대했고, 시민운동의 성장은 이러한 조건의 반영이었다는 점에서 오히려 시민적 결속이 대안적 전망이었다.

적어도 시장실용주의가 초래하는 공공성의 위기는 특정 계급과 특정 집단의 위기를 넘어 시민적 삶의 모든 영역에 다양한 수준과 다양한 방식으로 내재된 공공성 위기를 의미한다는 점에서 시민사회를 구성하는 공공성의 다층적 특성을 범주화할 필요가 있다. 이러한 범주화는 공공성 프로젝트와 관련된 몇 가지 분석적이고 실천적인 전망을 가능하게 한다.

첫째, 공공성의 다양한 범주화를 통한 다층적 공공성을 구분하는 것은 무엇보다도 공공성의 구조에 분석적으로 접근할 수 있게 한다.

둘째, 다층적 공공성의 범주화는 시민사회의 공론형성의 다양한 집합적 주체들을 확인할 수 있게 한다.

셋째, 집단공공성과 사회공공성의 제도적 주체들은 공공성의 연계와 네트워크를 통해 공공성의 구조가 사회통합의 핵심적 질서라는 점을 보여준다.

넷째, 공공성의 범주화는 시장의 팽창이 공공성 구조의 특정범주를 훼손하는 것이 아니라 모든 공공성의 범주에 위기적 징후를 가져올 수 있다는 점을 설명할 수 있게 한다.

다섯째, 다층적 공공성의 범주화는 공공성 프로젝트를 중심으로 하는 실천적 전망이 시민사회적 연대의 과제라는 점을 보여준다.

시민운동은 시민사회의 실행적 공공성의 중요한 축이다. 공적 이슈와 관련된 저항과 비판으로서의 시민운동은 시민사회에 내재된 자율적 공공성의 구조가 확대된 것을 기반으로 한다. 참여정부를 거치면서 시민사회의 운동적 실천은 크게 위축된 반면, 제도적이고 참여적인 공공성의 구조는 시민사회의 공적 질서를 크게 확장했다.

시민단체의 제도화 수준이 높아졌으므로 공공성의 측면에서 보면 저항과 운동으로서의 공적 기능과 제도적이고 참여적인 공적 기능은 시민사회의 공공성을 떠받치는 본원적 두 축이기도 하다. 따라서 시민사회에서 운동과 제도는 사회-정치적 조건에 따라 어떠한 실행이 확장되느냐의 문제와 결부되어 있다. 이명박 정부 이후 우리 사회에서 공공성의 참여적이고 민주적 재구성은 점점 더 관심으로부터 멀어져 있는 듯하다. 제도적 참여의 위축은 시민사회에서 운동으로서의 공공성을 움직이게 만들 수밖에 없는 것이다.

07 공공성의 재구성과 시장공공성*

1. 시민사회론 이후

1980년대 들어 시민사회는 지구적 수준에서 사회변동을 추동하는 핵심적 영역으로 등장했으며 현실적으로 '국가'가 만들어내는 문젯거리를 해결할 수 있는 가능성으로 기대되었다. 즉, 서구 중심부사회에서 시민사회는 시장과 함께 케인즈주의 복지국가의 위기를 극복할 수 있는 대안으로 부각되었으며, 사회주의국가에서는 체제전환을 가져온 근원으로 새롭게 조망되었고 주변부국가에서는 독재와 권위주의에 저항하는 민주화의 진원지로 주목되었다.

이 같은 현실의 변화는 이론사적으로 정치사회학의 주요 쟁점을 국가에서 시민사회로 이동시키는 계기를 만들었다. 특히 신좌파이론 진

---

* 이 장은 〈한국사회학〉 제41집 제2호(2007)에 게재된 "공공성의 재구성과 기업의 시민성 – 기업 사회공헌활동에 관한 거시구조변동의 시각"을 수정, 보완한 글이다. 이 논문은 같은 해에 필자가 주저자였던 저서 《21세기 한국의 기업과 시민사회》(굿인포메이션, 2007)에 포함되었다. 비록 수정이 있었지만 이 책에 재게재를 허락해준 굿인포메이션 측에 감사드린다.

영에서 시민사회는 국가 및 시장과 구분되는 사회구성상의 핵심적 질서로 정교화되기에 이르렀다. 한국에서도 1980년대에 사회과학 논의의 핵심에 국가가 있었던 반면 1990년대에 들어서면서 시민사회론은 뜨거운 논쟁을 불러일으켰다. 국가와 시장과 시민사회에 관한 2분 모델과 3분 모델 간의 논쟁이 전개되는가 하면 사회구성에 관한 계급적 해석과 탈계급적 전망들이 논의되기도 했다(김성국, 1991; 유팔무, 1991; 김세균, 1992; 김호기, 1993; 조희연, 1993).

1990년대 초의 이 같은 시민사회론은 1980년대 사회구성체 논쟁의 연속선에 있는 것으로도 볼 수 있는데 비교적 짧은 기간에 이론적 논의가 마감되는 듯했다. 곧바로 시민사회론은 시민사회 내부의 동학에 대한 관심으로 구체화되었는데 사회운동론적 관점에서 시민운동과 그 조직들에 관한 연구관심이 크게 확장되었다(조대엽, 1996, 1999; 정철희, 1995, 1996). 넓은 의미의 신좌파적 시각에서 시민사회론과 시민운동에 대한 분석이 시도되었다면, 자유주의적 시각에서는 이른바 제3섹터론과 NGO 및 NPO론이 확산되었다. 이러한 학술적 경향은, 현실의 사회변동 과정에서 시민사회를 저항과 자율의 진지로 공론소통을 확산시키고자 하는 신좌파의 경향과 국가의 통제로부터 시장을 자유롭게 하고자 하는 신자유주의적 경향을 반영한 것이라고 할 수 있다. 이 같은 경향들은 서로 다른 지향점을 가졌음에도 불구하고 시민사회를 사회구성의 핵심영역으로 등장시키는 공통의 효과를 가져왔다.

그렇다면 1990년대 초에 팽배했던 시민사회론 이후 국가, 시장, 시민사회에는 어떤 변화가 있었는가? 1990년대 이래 민주화 과정은 국가와 시민사회의 대립적 관계를 완화시키거나 협조적 관계로 변화시켰다. 따라서 그간의 사회과학 논의에서 정부와 시민사회의 관계변화를 보여주는 연구들은 다양하게 제시되었다. 민주화의 진전에 따라 정부와 의회, 시민사회의 권력구도가 변화함으로써 국가와 시민사회의 관계가 바뀌고 있다는 점은 쉽게 포착될뿐더러 그 의의도 학술적 관심을 갖기에 충분했다.

그러나 민주화에 따른 국가와 시민사회의 관계변화보다 더 근원적인 변화는 이른바 세계화의 광풍으로 몰아닥친 신자유주의적 시장화 경향에 따른 것이었다. 이 같은 세계시장주의의 거대경향에서 사회구성체의 거시적 질서를 바꾸는 위협적 해체의 진앙은 다른 무엇보다도 시장과 시민사회의 관계변화에서 찾아질 수 있다. 그럼에도 불구하고 국가와 시민사회의 관계에 비해 시장과 시민사회의 관계에 관한 논의는 찾아보기 어렵고 특히 거시적 구조변동의 수준에서 이러한 논의는 거의 제기되지 않았다. 시장과 시민사회 그리고 국가영역 간의 거시적 구조변화에 주목한다면 이제 한국사회에서 시민사회론 이후 사회구성체의 거시적 변화에 관한 연속적 논의가 필요한 시점이라고 말할 수 있다.

시장과 시민사회의 관계변화에 주목할 때 이 같은 논의를 가능케 하는 가시적 지점은 최근 기업현실에서 크게 활성화되는 기업의 사회공헌 활동에서 찾을 수 있다. 기업 사회공헌의 문제는 특히 사회학분야에서는 제한적으로 다루어졌다.[1] 1990년대 후반 이후 한국에서 기업의 사회공헌 활동이 일종의 붐으로 확산되는 경향을 보이고, 다른 학문영역에서는 이미 활발한 논의가 있은 지 오래되었을 뿐 아니라 이 문제가 시민사회와 직접 결부된 주요 쟁점임에도 불구하고 사회학에서는 상대적으로 소홀히 다루어졌다. 무엇보다도 사회학의 학문현실에서 사회

1 기업의 사회공헌 혹은 사회적 책임에 관한 연구관심은 경영학, 경제학, 복지학 등의 학문분야에서 왕성하였으나 사회학적 연구는 한국 기업의 현상적 특성을 외국과 비교설명하거나 특정 기업이나 재단, 지역사회에 대한 사례를 분석하는 몇 편의 연구에 제한되어 있다(이상민, 2002; 이선미, 2005; 한도현 외, 2005; 김경희, 2004).

공헌활동이 기업의 이윤동기를 넘어선 것일 수 없다는 당위론에서 확대해석을 경계하는 시각이 작용했을 수 있고, 다른 한편 시민사회론을 주도했던 학술 진영의 지향에서 시민사회와 기업이 교호성을 높이는 데 대한 정서적 거부감도 작용했을 수 있다.

이제 이러한 제약을 넘어 이 장은 '공공성 재구성'이라는 거시적 구조변동의 시각에서 기업의 사회공헌 활동을 설명하려는 목적을 가진다. 국가, 시장, 시민사회 등 사회구성 영역에 내재된 공적 기능의 재편에 초점을 맞춘 '공공성 재구성'의 관점은 무엇보다도 기업의 사회공헌 활동을 시장영역에 할당된 공적 기능이란 점에서 이를 '시장공공성'으로 규정하며 이를 국가가 가진 정당성 기능의 이전으로 해석하고자 한다. 아울러 시장공공성이 시민사회의 공적 기능과 연계되는 것을 기업의 시민성 확대경향으로 파악하고자 한다.

공공성의 재구성 관점은 기업의 사회공헌 활동을 단순히 기업활동의 내재적 차원이 아니라 사회구성의 질서변화를 통해 설명하는 사회학적 시각을 확보할 수 있다는 의의를 가진다. 나아가 이 관점은 기업과 시민사회의 관계변화를 거시적으로 설명함으로써 '시민사회론' 이후 침체된 거시이론의 복원을 기대할 수 있게 할뿐더러 시장주의의 확산이라는 보편적 사회변동 가운데 사회발전의 딜레마를 설명할 수 있는 지점을 제공해줄 수도 있다.

2. 공공성의 재구성: 국가, 시장, 시민사회 재구조화의 논리

1970년대 들어 서구 중심부사회에 불어닥친 이른바 케인즈주의 복지국가의 위기는 1980년대 이후 크게 확산된 신자유주의의 세계화 경향으로 이어졌고, 1990년대 들어 한국사회에도 이러한 물결은 본격적으로 밀려오기 시작했다. 지구적 규모로 몰아친 시장화의 거대경향은 어느 사회든 경쟁과 해체의 경향을 보편화했을 뿐만 아니라 근대 자본주의 사회구성의 핵심적 축이라고 할 수 있는 국가, 시장, 시민사회의 질서를 재편시켰다. 이러한 변화는 일반적으로 시장의 팽창과 국가의 축소, 그리고 시민사회의 강화라는 경향으로 평가되었다.[2] 그럼에도 불구하고 이러한 평가는 국가, 시장, 시민사회의 관계가 어떻게 변화되었는지에 대해 구체적이고 객관적으로 말해주지는 않는다.

국가, 시장, 시민사회의 재구조화를 '공공성 재구성'의 시각에서 보는 것은 각 영역을 공통적으로 관통하는 분석요소이자 이를 객관적으로 반영하는 사회과학적 범주라고 할 수 있는 '공공성'의 개념을 통해 새로운 변화를 설명하려는 시도라고 할 수 있다. 공공성(公共性: *publicness*)은 개인이나 특정 집단의 사적 이해를 넘어 형성되는 국가 혹은 사회공유의 특성을 의미하는 것으로 사회과학의 대상과 범위에 따

---

2 1968년 베스트팔렌 조약 이후 세계사회는 주권국가로 분할되었으며, 개별 주권국가들은 자국의 '국가'권력을 중심으로 구성된 사회였다(Held, 1995). 그러나 1970년대 이후 세계사회는 개별국가가 더 이상 국외의 상황으로부터 자유롭게 일국적 정책을 추구하도록 허락하지 않았다(Harrington, 1987). 이러한 변화는 결국 개별 국민국가의 능력을 약화시켰고, 나아가 1980년대 말에는 동구 사회주의의 대변혁을 통해 사회주의와 자유주의라는 이념에 의해 강력하게 보장되었던 국가정당성마저 크게 약화시켰다. 아울러 적나라한 시장경쟁의 윤리가 제약 없이 확장됨으로써 마침내 거시적인 사회구조로서의 국가, 시장, 시민사회의 구성을 변화시켰던 것이다.

라 다양하게 사용되는 개념이다.[3] 특히 공공성은 국가와 시민사회, 시장의 구성에 포괄적으로 결부되어 있기 때문에 최근의 거시적 구조변동과 사회구조의 재구성을 설명하는 데 유용성을 가진다.

우선, 국가는 정부를 중심으로 하는 법과 제도의 실질적 운영자로서 공권력에 기반을 둔 강제의 영역이며 권력을 매개로 작동하는 지배와 복종의 정치적 질서라고 할 수 있다. 따라서 국가는 그 자체가 공공성의 영역이다. 국가의 공공성은 다른 무엇보다도 이른바 공공관리(*public administration*), 공공정책(*public policy*) 등으로 불리는 정부의 행정기능 혹은 공공지출을 통한 재분배의 기능이 특히 강조된다.

시장은 사적 이익을 목적으로 재화와 서비스의 생산 및 교환, 소비가 이루어지는 영역이며 노동과 화폐를 매개로 형성된 질서이다. 따라서 시장질서는 본질적으로 이윤의 추구와 경쟁의 논리가 지배하는 사적 영역이라고 할 수 있다. 그럼에도 불구하고 오랜 역사를 가지는 기업의

---

3 공공성에 해당하는 영어권의 용어로는 publicness, public relation, publicity, public sphere 등이 있다. 주지하듯이 public sphere는 국가와 구분되는 사적 영역에서 형성된 공공의 의사소통망이라고 할 수 있는데, 하버마스는 이 범주를 근대 부르주아 시민사회의 모순이 반영된 영역으로 주목한 바 있다(위르겐 하버마스, 2001: 15~20). 이 범주가 갖는 공공성의 일반적 의미는 여론, 격분한 여론 혹은 적절한 정보를 갖춘 여론, 그리고 공중, 공개성, 발표 등과 연관되어 있다(위르겐 하버마스, 2001: 62). 이와 연속선에서 코헨과 아라토는 다원성(*plurality*), 사생활(*privacy*), 법률성(*legality*) 등과 함께 pubicity를 국가 및 경제와 구분되는 시민사회의 주요구성요소로 설정하고 있다. 이때 publicity는 문화와 커뮤니케이션의 제도로 규정된다(Cohen and Arato, 1992: 346). 일반적으로 publicity는 public relations의 하위범주로 조직이나 특정의 견해가 출판물, TV, 라디오의 뉴스, 토크 쇼 등 미디어에 드러나는 것을 의미한다. 이보다 상위의 범주로서의 public relations는 조직이나 특정입장이 공중과 의사소통하는 다양한 상황들을 포함할 뿐만 아니라 고용자관계, 투자자관계, 기업커뮤니케이션, 공동체관계 등을 포괄한다(Beckwith, 2006: 3~4). 이제 이 논문에서 사용하는 공공성의 개념은 국가, 시민사회, 시장에 내재된 공적 기능을 포괄할 뿐만 아니라 서로 다른 수준의 공적 기능들도 포괄한다는 점에서 광의의 공공성(*publicness*)이라고 할 수 있다.

기부행위와 기업출연의 공익재단 등이 시장이 갖는 공공성의 지표로 이해되기도 한다. 그러나 단순한 기부나 공익재단의 활동은 그 영역이 분석적으로는 시민사회에 해당한다는 점에서 시장은 원칙적으로 공적 기능을 갖지 않는다고 말할 수 있다.

이와 달리 시민사회는 국가와 시장경제 사이에 있는 사회적 상호작용의 영역으로 가족과 같은 친밀성의 영역, 결사체 영역, 사회운동, 공적 의사소통의 형태들로 구성된다(Cohen and Arato, 1992: ix). 시민사회는 공적 담론의 생산과 소통이 이루어지는 영역일 뿐만 아니라 결사와 연대를 기반으로 국가 및 시장을 견제하고 감시하는 기능을 갖는 영역이다. 따라서 이 영역의 공공성은 여론, 공중, 공개성 등과 관련된 공론장(*public sphere*)이 특히 강조된다(위르겐 하버마스, 2001).

말하자면 시민사회의 공공성은 사회성원 누구나 접근가능성을 가지며, 전체로서의 시민들에게 영향을 미칠 수 있는 이슈에 관한 견해를 가지고 이 영역에 관여한다는 점에서 공적이다(Bhargava and Reifeldms, 2005: 16). 공적 담론의 소통과 함께 이른바 NGO 혹은 NPO 등의 다양한 결사체는 사회운동과 사회서비스를 주도하는 시민사회 공공성의 핵심적 지표이다.[4]

이처럼 시장영역에는 공공성이 내재되지 않고, 국가와 시민사회에는 서로 다른 공공성이 다양한 방식으로 작동한다고 하더라도 실제로는 사회구성의 어떤 영역도 공공성으로부터 자유로울 수 없다.

가령 공공성을 절차적 측면과 기능적 측면으로 구분한다면, 공공성의 절차적 측면은 특정의 사회구성요소가 자신들의 행위에 대해 공적

---

4 이러한 맥락에서 NGO 혹은 NPO를 공공성의 범주에 따라 직능적 공공성(다양한 이익집단), 사회적 공공성(시민단체, 종교단체, 사회복지 및 사회서비스 단체)으로 구분하기도 한다(김상준, 2003).

정당성을 확보하기 위해 따르게 되는 규칙을 전제로 하기 때문에 '규범적 공공성'이라고 말할 수 있다. 국가와 시민사회, 시장 등 모든 영역의 활동에는 법적 절차와 규제가 수반되기 마련이다. 국가는 말할 것도 없지만 사적 부문이라고 할 수 있는 시민사회와 시장도 규범적 공공성의 예외가 될 수는 없다. 시민사회를 구성하는 사생활과 자발적 결사체, 공론을 형성하는 커뮤니케이션 제도, 나아가 사회운동조차도 법률성에 따라 권리와 의무가 규정된다. 시장에서의 고용과 투자, 시장거래의 투명성과 책임성 등도 법적 규제에 따른 규범적 공공성의 문제라고 할 수 있는 것이다. 이런 점에서 규범적 공공성은 사회의 대부분 영역에 걸쳐 있는 보편적 현상이다.

따라서 여기에서 우선적으로 주목하는 공공성은 사회의 보편적 요소로서의 규범적 공공성이라기보다는 오히려 국가와 시장, 시민사회의 조직들이 실제로 담당하는 사회통합과 재분배를 위한 역할로서의 공공성의 기능적 측면이라고 할 수 있다. 공공성의 기능적 측면을 '실행적 공공성'이라고 한다면 국가의 공공지출을 통한 재분배의 기능과 시민사회의 사회서비스 단체를 통한 복지의 기능, 시장의 사회공헌 활동을 통한 공적 기능 등은 실행적 공공성의 직접적인 예가 될 것이다.

최근 세계시장주의의 확산에 따라 국가의 공적 복지기능이 약화되면서 공공성은 일종의 위기에 직면해 있다. '공공성 재구성'은 이 같은 공공성 위기에 대응하는 거시적 사회질서의 자기조절적 대응이라고 말할 수 있다. 공공성의 재구성은 국가, 시장, 시민사회의 공적 구조가 단순히 축소되거나 확장되는 것을 의미하는 것이 아니라 각 영역 내부에 고유한 공적 기능이 다른 영역으로 할당되거나 새로운 기능적 공공성이 형성됨으로써 각 영역 간에 공적 기능의 호환성이 발생하거나 구조적 경계가 불명확해지는 것을 말한다. 따라서 국가, 시민사회, 시장의 영역에는 몇 가지 주목할 만한 변화가 따른다.

이러한 변화는 제 6 장에서 강조했듯이 ① 국가주도의 공공성이 시민사회 및 시장에 할당됨으로써 국가 공공성이 크게 약화되며, ② 시장질서 내부, 구체적으로는 기업조직 내부에 공공성의 기능이 새롭게 형성되고, ③ 시민사회 내부에는 NGO의 기능이 확대되고 NGO의 기능 가운데 사회서비스의 공공성이 크게 확장한다. 그리고 ④ 국가, 시장, 시민사회 간의 제도적 수준의 협조관계가 강화됨으로써 거버넌스를 통한 공공성이 재구성된다.[5]

이러한 변화 가운데 특히 시장과 시민사회의 관계에서 나타나는 변화는 거대전환의 사회변동 과정에서 공공성 재구성이 왜, 누구를 위해 필요한 것인가를 보여주는 지점이라고 할 수 있다. 이제 후술하게 될 기업 사회공헌 활동과 기업의 시민성 확대는 바로 이 점에서 시장과 시민사회의 관계변화에 내재된 공공성 재구성의 내막을 보여주는 창구가 될 수 있다.

근대적 기획의 전환이라는 보다 장기적 시각에서 본다면 공공성의 재구성은 국가, 시장, 시민사회의 공적 구성과 공적 기능, 나아가 공적 기구의 '성찰성'(*reflexivity*)이 증대함으로써 구조적 유연성이 높아지는

---

5 최근의 국가이론은 대부분의 시각에서 국가와 사회의 불분명한 경계와 상호침투에 대해 강조하고 있다. 이러한 경향은 첫째, 국가와 사회의 구성이 갖는 특수성과 상황성을 훨씬 더 강조하고 있으며, 둘째, 국가와 사회를 분리시켰던 경계가 허물어지고 있다는 인식을 가질 뿐만 아니라 국가와 사회 간의 복잡한 상호작용에 대한 인식을 반영하고 있다(크리스토퍼 피어슨, 1998: 138). 이러한 경향을 잘 보여주는 것이 제솝의 '전략 - 관계의 접근'인데 국가능력은 국가체계 자체에 내재해 있는 것이 아니라 국가구조와 다양한 세력들이 취하는 전략의 관계에 달려 있다고 강조한다. 아울러 국가는 제도적 고정성도 없고 공식적 실질적 통일성도 없는 다중적 경계를 갖는 제도적 총체라고 말한다(Jessop, 1990). 최근 제솝은 국가와 사회의 상호작용에 대해 이보다 한걸음 더 나아가 거버넌스와 네트워크중심의 국가론을 제시하고 있다(Jessop, 1998, 1999).

것이라고도 말할 수 있다.[6] 근대성의 기획과 그 결과의 '자기대면'으로서의 성찰성은 산업사회의 사회구조와 일상의 삶을 끊임없이 변화시키는 2차적 근대의 동력이다(앤서니 기든스·울리히 벡·스콧 래쉬, 1998). 이 점에서 국가, 시장, 시민사회의 질서가 상호 개방되고 침투하는 유연적 재구성은 근대적 사회질서의 구조적 자기대면의 효과이며, 1차적 근대(*the first modernity*) 혹은 단순근대(*simple modernity*)의 공공성을 넘어 제도적 자기성찰로서의 '성찰적 공공성'(*reflexive publicness*)이 증대하는 과정이라고도 할 수 있다.

최근 공공성의 재구성은 한국을 비롯한 근대화의 후발국가에도 크게 확산되고 있다. 적어도 글로벌 자본주의의 팽창과정에서 시장화의 거대경향은 세계사회적 보편성으로 확장되기 때문에 근대화와 탈근대화의 중첩지점에서 혼란을 겪는 이러한 국가들도 이 같은 경향에 빠르게 적응해야 하는 과제를 안고 있다. 이와 같은 비서구사회에서 공공성 재구성은 정부와 거대기업, 제도화 수준이 높은 시민조직 등을 중심으로 확산되고 있다. 근대화의 질곡으로부터 벗어나지 못한 대부분의 비서구사회는 민주화 과정을 거쳤다고 하더라도 사회적 관계는 여전히 불합리한 공동체 구속성에서 벗어나지 못하고 있다. 따라서 불합리한 관행의 기업문화와 권위적인 정치문화, 시민사회의 기득의 사회권력구조 등은 공공성 재구성의 패러다임에 제3세계적 특수성을 부여하는 요

6 여기서 성찰성(*reflexivity*)은 근대사회의 창조적 자기파괴의 가능성을 내포한 개념이다. 따라서 '성찰적'(*reflexive*)이라는 것은 반성(*reflection*)을 의미하는 것이 아니라 근대사회의 문화와 제도의 자기대면으로서의 성찰을 말한다(앤소니 기딘스·울리히 벡·스콧 래쉬, 1998). 1차적 근대성 내에서 사회적 행위자는 주어진 규율의 지배 아래 있게 되는데, 대중노조나 정당, 위계적인 거대기업과 같은 근대적 제도와 조직의 규범 혹은 복지국가의 제도 안에서 활동한다. 이와 대조적으로 성찰적 근대성(2차적 근대성 혹은 '다른 근대성') 내에서 개인은 특수한 상황에 직면하여 적용할 규칙을 찾아내야만 한다(Lash, 1999: 3).

인이 되고 있다.

공공성 재구성은 사회구성의 유연성을 높일 뿐만 아니라 불안정성 또한 확대시킬 수 있다. 이러한 불안정성은 한국과 같은 후발 근대화국가에서 훨씬 더 민감하게 나타난다. 미국과 서구사회의 경우 공공성의 재구성은 시장과 시민사회의 자발성에 맡겨지고 근대자본주의의 출현과 함께하는 경쟁문화와 개별화 현상이 구성원들에게 안정적으로 내재되어 있기 때문에 이 같은 변화에 훨씬 더 적응적일 수 있다. 그러나 후발 근대사회에서 공적 구조의 성찰성 증대는 중앙집중화된 권력구조 및 관리체계의 분산에 따른 사회적 불안정성을 증대시킨다. 뿐만 아니라 공동체 구속성을 가진 사회관계 및 기득의 권력구조와 부조화를 만들어냄으로써 사회해체와 사회결속 간에 끊임없는 긴장을 발생시키고 갈등구조를 양산하게 된다.

3. 기업 사회공헌활동과 시장공공성

1) 시장공공성과 정당성 모델

서구 자본주의사회에서 사회공헌활동은 오랫동안 기업 활동의 가장 주요한 이슈로 제기되었으며, 이에 관한 학술적 논의 또한 기업의 사회적 책임(*corporate social responsibility*)을 둘러싸고 다양하게 전개되었다. 이러한 학술적 논의는 기업의 사회적 책임이 경제적 범주에 그치는가, 아니면 그 이상으로 볼 것인가라는 문제와 관련된 사회적 책임의 범주 논쟁과 함께, 특정의 사회문제에 관한 책임을 강조하는 내용, 그리고 특정 이슈에 대한 기업의 시각과 철학에 관한 관심들이 주요 내용을 이루고 있다.

우선, 사회적 책임의 '범주'와 관련해서 기업의 유일한 책임은 이윤을 극대화하는 것이며 다른 어떤 사회적 책임론도 자유시장사회의 근간을 잠식하는 '전복적 강령'(*subversive doctrine*)이라는 신고전경제학의 경제적 책임론이 있는가 하면(Friedman, 1962, 1970; Hass, 1979; Heyne, 1968), 사회적 책임이 단순한 이윤창출 이상의 것이라는 점을 강조함으로써 경제적 범주를 넘어선 활동에 주목하거나(Davis, 1960; Backman, 1975; CED, 1971; Davies and Blomstorm, 1975), 나아가 사회적 책임의 범주를 더욱 구체적으로 명시해서 법적 활동, 자원 활동(*voluntary activity*), 보다 광범한 사회체계에 대한 관심 등을 강조하는 경우도 있다(McGuire, 1963; Manne and Wallich, 1972; Steiner, 1975; Eells and Walton, 1961).

다른 한편 환경오염 문제, 빈곤 및 인종차별 문제, 소비자 문제 등과 같은 사회적 책임이 관여되는 사회문제를 강조하는 경향(Hay · Gray and Gates, 1976)과, 특정의 이슈에 대해 기업이 반발하는가 아니면 전향적으로 호응하는가에 대한 사회적 반응의 관점(*the philosophy of response*)을 구체화하는 경향(Ackerman and Bauer, 1976; Sethi, 1975) 등이 각각 다른 흐름들을 이루고 있다.

사회적 책임을 구성하는 이러한 3가지 차원 — 사회적 책임의 범주, 관련된 사회문제, 사회적 반응의 범주 등 — 을 종합적으로 재구성하여 캐롤은 이른바 기업 사회공헌 모델(*the corporate social performance model*)을 제시하기도 했다(Carroll, 1979).[7]

기업의 사회적 책임을 단순히 경제적 이윤의 추구 이상으로 보는 다양한 견해들은 근본적으로 두 가지의 전제를 공유하고 있다. 하나는 기업활동이 사회의 욕구 속에 존재한다는 점이고, 다른 하나는 기업도 사회 내에서 도덕적 행위자로 움직인다는 것이다(Wartick and Cochran, 1985: 759). 따라서 기업도 정부처럼 사회적 가치를 반영할 뿐만 아니라 사회에 대해 일종의 '사회계약'을 갖게 된다. 이러한 '계약'은 사회의 조건에 따라 바뀌지만 언제나 기업활동의 '정당성'의 원천이 되는 데는 변함이 없다(Donaldson, 1983; Ozar, 1979; Rawls, 1971).

적어도 1980년대 이후 신자유주의 시장화라는 세계적 사회변동은 사회적 책임에 관한 이러한 전제들을 획기적으로 작동시켰는데, 그것은 사회의 존립과 기업의 생존 양자의 동시적인 욕구와 필요에 따른 것이었다. 특히 1990년대 들어 더욱 치열해지는 경쟁적 조건에서 기업들은

---

7 캐롤은 기업 사회공헌모델을 사회적 책임의 범주와 사회이슈, 사회적 반응과정의 세 축을 중심으로 구성한다. 사회적 책임의 범주는 경제적, 법적, 윤리적, 자의적 책임으로 구분하고, 관련된 사회이슈는 소비자문제, 환경문제, 인종차별문제, 상품안전문제, 직업안전문제, 주주문제 등으로 설정하며, 사회적 반응의 범주는 반발, 방어, 타협, 선호 등으로 유형화하고 있다(Carroll, 1979: 499~502).

규모축소(*downsizing*)를 채택하면서 마케팅과 사회공헌 프로그램을 결합시켰다(Hoffman, 1998: 27). 따라서 많은 기업들이 이미 1970년대를 거치면서 갖추기 시작했던 공공업무 부서를 더욱 전문화하여 기업 내부에서 사회공헌활동을 공식적이면서 체계적으로 관리하고 지원의 기준과 수준, 절차 등을 성문화했다. 나아가 개별 기업 내부의 다른 조직뿐만 아니라 기업 간의 네트워크를 구축함으로써 훨씬 더 전문화되고 전략적인 사회공헌활동을 전개했다(이상민, 2002: 103; Useem, 1987: 344~345).[8]

'전략적 기부'(*strategic contribution*) 혹은 '시장기반의 자선'(*market-based philanthropy*)이라고도 불리는 이 같은 사회공헌활동은 기업의 수익을 극대화하기 위한 일종의 경영전략으로 이해될 수도 있다(Hoffman, 1998: 28).[9] 그러나 전략적 사회공헌이 가지는 '공공성'에 무게의 중심을 둔다면 이제 공공성의 기능은 기업 내부에 전례 없이 체계적으로 자리 잡게 됨으로써 구조적으로는 시장영역에 실행적 공공성이 할당된 것이라고 말할 수 있다.

이처럼 기업에 내부화된 공공성은 더 이상 '정당성'의 기능이 국가에 독점될 수 없는 조건을 반영한 것이라고 할 수 있다. 주지하듯이 자본

8 1980년대 초의 문헌들은 미국에서 기업 내부에 전문적인 사회공헌관련 부서를 만들고 기업의 공공기능을 이 부서에 집중화한 것이 이미 1970년대에 걸쳐 진행된 것으로 보고 있다(Preston, 1981; Keim, 1981; Murray, 1982; Wall, 1984 등을 참조). 미국의 500대 제조업체의 80%가 1980년에 이미 정부관계, 미디어접촉, 공동체프로그램, 자선프로그램 등과 관련된 공공업무 기능을 갖추었던 것이다(Useem, 1987: 344). 이러한 기능은 이제 1980년대 이후 기업의 마케팅과 결합되면서 사회공헌활동이 훨씬 더 체계적인 시장 내적 요소로 자리 잡게 되었다.

9 '전략적 사회공헌'의 개념은 사회공헌을 기업의 이익과 선순환적으로 이해함으로써 기업사회공헌이 가지는 사익과 공익의 이중적 기능을 충분히 반영하지 못하고 있다고 지적되기도 한다(이선미, 2004: 42~44).

주의국가는 축적과 정당성의 두 가지 핵심적 기능을 갖는다. 자본의 축적과 그로 인한 계급적 균열에도 불구하고 대중의 충성을 이끌어내는 것이 정당성의 기능이고, 그것은 곧 정치체제에 대한 신뢰를 의미한다(Offe, 1984; Habermas, 1975).

후기자본주의사회에서 복지국가의 위기는 축적의 위기에서 출발했으나 곧바로 국가 공공성의 위기가 되었으며 이는 곧 국가가 가진 정당성 기능의 위기에 다름 아니었다. 더구나 1980년대 이후 확산된 신자유주의적 시장화 경향은 국가의 기능을 더욱 위축시킴으로써 시장의 팽창으로 인한 무제한적 축적에 대한 정당화 기능의 임박한 위기를 우려하지 않을 수 없게 했다. 이러한 조건에서 이제 기업자체에 내부화된 사회공헌활동은 시장의 확대와 경쟁을 통한 해체의 가속화, 극단적으로는 사회(공동체)의 소멸에 직면하여 시장 자체가 '정당성'의 기능을 분담하게 된 것을 의미하게 되었다.

시장의 존립은 사회의 생존을 전제로 한다. 시장과 사회는 분석적으로는 구분되지만 실제적 일원성을 갖기 때문에 사회적 합의에 근거하는 정당성의 기능이 위기에 놓일 경우 시장의 존립도 보장될 수 없다. 이러한 조건에서 전략적 사회공헌, 혹은 기업 내부화된 공공성은 국가가 확보하지 못하는 정당성의 기능을 시장이 성찰적으로 분점하는 과정이며 신자유주의적 시장화의 결과에 대한 신자유주의적 대응방식, 즉 사회해체를 조절하는 일종의 '자기제한적 해체성'을 보여주는 것이라고도 말할 수 있다.

2) 공동체 구속의 시장공공성과 '정치적' 정당성

1990년대 후반부터 2000년대 초에 걸쳐 한국에서도 기업 사회공헌활동은 시장 내적으로 자리 잡기 시작하여 공공성 재구성이 확산되는 경향을 보여주고 있다. 그것은 이 시기에 신자유주의 시장화의 거대경향이 세계사회를 어떤 시기보다도 빠르게 재편한 효과였다. 한국의 경우 1997년 외환위기의 영향으로 사회공헌 평균지출액이 1998년에 약 32.1% 감소했으나 2000년부터는 다시 크게 상승하기 시작하여 기업당 평균지출액이 2000년에는 61.7%, 2002년에는 47% 늘어났다(전국경제인연합회, 2002, 2004).[10] 2002년을 기준으로 보면 이 지출액 가운데 기부금의 형태가 79%를 차지하고, 기업이 직접 프로그램을 운영하는 형태가 21%에 이르고 있다.

2000년에 기부금이 95.0%, 직접 프로그램 운영이 0.5%에 그친 것에 비해 기업이 직접 프로그램을 운영하는 비중이 빠르게 늘어나는 점을 알 수 있다. 개별 기업이 프로그램을 직접 운영하기 위해서는 무엇보다도 기업 내 전담부서가 필요하다. 한국의 주요 기업들은 1990년대 말에서 2000년대 초에 기업 내에 사회공헌부서를 설립하고 체계적인 활동을 전개했다. 다수의 기업에서 홍보팀 내에 사회공헌 전담팀을 배치함으로써 기능적으로 전문화된 시스템을 갖추는 데까지 이르지는 못했으나 주요 기업에서는 독립적인 전담부서를 조직함으로써 시장공공성을 주도하는 경향을 보이고 있다.

이러한 사회공헌활동에서 주목할 만한 특징은 무엇보다도 단순기부

---

10 국내기업 중 비교적 사회공헌 지출규모가 큰 11개 기업들은 2004년에도 사회공헌지출을 늘린 데 이어 2005년에도 10% 이상의 예산을 증액할 계획임을 밝혔다(정진경, 2005).

의 형태로부터 전략적 사회공헌으로 전환하고 있다는 점과 그 연장에서 임직원 자원봉사가 중요한 요소로 자리 잡고 있다는 점, 그리고 주로 사회복지분야에 대한 지원이 큰 비중을 차지한다는 점 등을 들 수 있다(정진경, 2005: 196~197).[11] 나아가 이 같은 활동은 NGO와의 파트너십이나 공익연계 마케팅 등으로 확장되는 경향을 갖는다.

한국뿐만 아니라 라틴아메리카의 경우도 이러한 경향은 빠르게 확산되고 있다. 특히 라틴아메리카는 NGO와의 파트너십이 한국에 비해 체계적으로 확산되었는데, 브라질은 385개 대기업 가운데 85%가 사회적 행동에 있어 동맹관계를 맺고 있으며 80%는 NGO와 법인체를 구성하고 있다. 멕시코의 경우도 44개 NGO를 조사한 결과 61%가 기업과 협력관계를 갖고 있으며 조사대상의 87%가 그러한 경향이 강화될 것이라고 답했다(Austin and Reficco, 2004: 6~7). 아울러 기업과 비영리영역, 정부 간의 210개 파트너십을 조사한 월드뱅크 역시 이러한 경향이 아르헨티나, 볼리비아, 콜롬비아, 엘살바도르, 자메이카, 베네수엘라 등에서도 일반적이라는 점을 보여주고 있다(Fiszbein and Lowden, 1999).

이처럼 기업의 사회공헌활동이 단순기부를 넘어 기업자체의 조직을 가동하고 스스로의 자원을 활용하며 나아가 정부나 시민사회 영역과 네트워크를 형성하는 것은 제 3세계 일반에서 공공성이 재구성되고 있

11 한국의 사회공헌활동을 분석하는 학술논문에서 이러한 특징은 기업 사회공헌활동의 동형화 경향으로 강조되고 있고 그 원인을 불확실성을 줄이기 위한 후발업체들의 모방효과 때문인 것으로 해석하고 있다(이상민, 2002: 86; 정진경, 2005: 196~197). 그러나 이러한 해석은 하나의 현상을 동일한 설명요소로 다시 설명한다는 의미에서 동어반복적이다. 오히려 동형화보다 궁극적 요인은 공공성의 재구성이며 시장영역에서 정당성의 공적 기능을 갖기 위해서는 기능적 유사성을 가진 요소들이 기업 내에 구성될 수밖에 없다는 사실에 주목해야 한다.

음을 의미한다. 공공성의 재구성은 국가에 집중되었던 정당성의 기능이 시장영역에 할당된 것이라는 점에 주목하면 한국을 비롯한 제 3세계 역시 '정당성 모델'의 일반성을 갖는다고 말할 수 있는 것이다.

그럼에도 불구하고 한국의 예에서 알 수 있듯이 공공성 재구성이 시장의 자율성에 기반을 둔 능동적으로 작동되지 않는 경향 또한 공존하고 있다. 세계시장주의의 경향 속에서 공공성이 성찰적으로 재구성되는 일반적 과정과 함께 현 단계 사회구성에 내재된 비합리적 공동체 구속성이 사회공헌활동을 특징짓는 측면도 지속되고 있는 것이다. 한국의 경우 준조세 납부와 같은 관행이 여전히 사회공헌의 주요 내용으로 남아 있다든지 사회공헌활동이 사회로부터의 압력이나 기업비판에 대응하기 위한 방편으로 시도되는 경우도 있으며, 많은 경우 기업의 공적 활동이 지원 대상에 대해 충분한 정보를 확보한 상태에서 전개되는 것이 아니라 자선수요자들의 요청에 따라 수동적으로 이루어지는 점, 그리하여 결과적으로 사회공헌활동이 기업 소유주의 이미지 개선을 지향하는 경향도 있다는 점 등(이상민, 2002: 104)은 이 같은 불합리한 공동체 구속성을 잘 보여주는 대목이다.

이와 아울러 사회공헌의 일반적 특징으로 나타나는 이른바 전략적 사회공헌과 함께 한국 기업의 경우 '정략(政略)적 사회공헌'의 요소가 여전히 내재되어 있다는 점이 강조되어야 한다. 전략적 사회공헌은 기업의 이익과 공적 활동을 결부시키는 것으로, 말하자면 '시장전략적 공공성'이라 할 수 있고, 공공성의 재구성 맥락에서는 공적 기능이 기업 내적으로 할당됨으로써 국가의 정당성 기능을 시장이 분점한 것이라고 말할 수 있다. 따라서 이때 시장이 갖는 정당성은 축적의 일방성에 대해 '사회적 정당성'을 확보하는 기능을 의미한다. 그러나 정략적 사회공헌은 주로 재벌기업 운용의 부도덕성을 포함한 기업비판을 상쇄하기

위한 방법으로 시도된다는 점에서 '정략적'이다.[12]

이러한 사회공헌은 그 목적이 기업활동에 대한 사회적 정당성을 겨냥하는 것이 아니라 국가영역의 정치권력이나 시민사회에 대해 '정치적' 사면을 목적으로 하는 것이기 때문에 '정치적 정당성'의 기능이라고 할 수 있다.[13]

---

12 2006년 현재에도 삼성그룹이 에버랜드 전환사채 유죄판결과 이른바 X파일 수사로 총수일가에 대한 비난이 정점에 있을 때 8천억 사회환원을 약속한 것이나, 현대차 그룹이 비자금 조성 건으로 사법처리를 앞두고 1조 원의 주식을 사회에 환원하기로 약속한 것 등은 최근까지 정략적 사회공헌이 지속되고 있음을 잘 보여준다.

13 '정치적 정당성'(*political legitimacy*)은 조직과 환경의 관계가 점점 더 중요해지면서 미디어 및 정치조직과의 제도적 관계를 다루는 정치적 수단(*skill*)이 보편적 조직활동에서 대단히 중요해진다는 점을 보여주는 개념이다(Perrow, 1979; Pfeffer, 1978; Kamens, 1985). 그러나 이 논문에서 '정치적'이라는 것은 비공식적이고 비정상적 거래 혹은 부정적 협상행위를 의미하는 협의의 '정치'개념으로 특화시켜 사용했다.

4. 기업의 시민성과 시민사회

1) '기업 시민성'과 시민지향의 거버넌스

공공성의 재구성에 따라 기업에 할당된 정당성의 기능은 국가영역의 정당성 기능과 마찬가지로 궁극적으로는 시민사회로부터의 합의를 이끌어내는 데 목적이 있다. 따라서 기업은 사회공헌활동을 통해 시민사회의 가치를 적극적으로 수용함으로써 이른바 '시민지향기업'(*civil corporation*)의 성격을 갖추는 한편, 시민사회의 NGO와 연계하여 '시민지향 거버넌스'를 형성함으로써 시민사회 영역에 대한 공적 네트워크를 확장하는 경향이 있다. 기업과 NGO의 파트너십을 통한 이 같은 거버넌스는 단순히 미국적 현상으로 이해될 수는 없다. 예컨대 남아프리카공화국에도 조사대상 기업의 48%가 기업과 비영리단체의 파트너십을 갖고 있으며, 많은 유럽국가와 일본 등 범지구적 수준에서 시민지향 거버넌스는 확대되고 있다(Austin and Reficco, 2004: 6).

시장영역의 공공성 할당, 즉 기업 내부화된 사회공헌활동과 시민지향 기업, 그리고 시민지향의 거버넌스는 기업이 본연의 경제적 활동영역뿐만 아니라 사회적이고 환경적인 시민사회의 가치영역에 큰 관심을 기울인다는 점에서 '기업 시민성'(*corporate citizenship*)이 확대되는 것이라고 할 수 있다.[14]

---

14 사이몬 제댁에 의해 학술적으로 명료화된 '기업 시민성'(*corporate citizenship*)의 개념은 국내에서는 분명히 제댁으로부터 차용했음에도 불구하고 '기업시민정신'으로 사용되고 있다. 기업시민정신의 개념 속에는 의식, 가치의 측면이 강조되어 있으며 또 이를 사용하는 학자들은 이를 바람직하며 모범적인 기업상으로 설명함으로써 이 개념 자체를 대단히 규범적으로 해석하고 있다(주성수, 2003; 이선미, 2005를 참조). 그러나

세계사회는 1990년대 중반 이후 기업 시민성의 르네상스를 맞았다(Zadek, 2001: 7). 사회공헌활동을 체계적으로 조직 내화한 기업들은 기업 시민성의 구조를 통해 치열한 경쟁과 사회해체적 경향, 그리고 증대하는 불확실성을 넘어서기 위한 자기생존적 전환을 시도한 것이고, 그 결과 이른바 '지속가능한 기업'(*sustainable business*)으로서의 '시민지향 기업'(*civil corporation*)의 모습을 갖춘 셈이 된다. 시민지향 기업은 무엇보다도 기업 내부의 가치와 역량을 효율적으로 한 단계 도약시킴으로써 사회·환경적 목표를 핵심 업무 내부로 끌어들여 구축하는 데 학습과 행동의 기회를 충분히 활용하는 기업이라고 할 수 있다(Zadek, 2001: 9).

시민지향 기업의 시민사회 내부파트너는 다양한 NGO들이다. 시민사회의 NGO는 공공캠페인을 비롯한 압력수단을 통해 기업의 지향과 행동에 영향력을 미치기 때문에 기업공공성에 대한 시민적 규제자이자 기업의 정당성을 확인해주는 보증인이다. 다른 한편 NGO는 시민사회 내부의 욕구와 가치의 실질적 주체이면서 시민사회 공공성의 주체이기 때문에 시민지향 기업들은 자신들의 업무영역으로 NGO를 연계시키기 위해 적극적인 네트워크를 형성함으로써 이른바 '시민지향의 거버넌스'(*civil governance*)를 다양한 방식으로 구축하고 있다. 시민지향의 거

---

corporate citizenship이란 개념은 제덱도 분명히 밝히고 있듯이 '제도적 현상으로 본질적으로 신경제(*new economy*)의 산물'이란 점을 강조하고 있다. 아울러 이를 인간 양심의 진화나 도덕적 회개로 이해하는 것은 대단히 어리석은 일이라는 점을 지적하면서 신경제가 필연적으로 '건전한 기업'(*good companies*)을 만들어낸다고 오해해서도 안 된다는 점을 경고한다(Zadek, 2001: 8). 따라서 이 논문에서는 제도적 수준에서 공공성의 재구성에 따라 시장과 시민사회에 구조화된 공공성을 지칭하기 위해 corporate citizenship을 '기업 시민성'으로 이해하고자 한다. 제덱이 정교화한 '시민지향 기업'(*civil corporation*), 시민지향 거버넌스(*civil governance*) 등의 개념도 같은 맥락에 있다.

버넌스 구조에서, NGO는 기업업무과정에 대한 지식을 확대할 뿐만 아니라 개인적 관계나 관리기술, 책임확인의 절차, 나아가 시장에 대한 직접적 영향력 등을 통해 업무과정에 영향력을 미치는 방법을 학습하면서 기업공동체와의 관계를 확장한다. 다른 한편, 기업은 NGO와의 관계 확장을 통해 미래의 NGO활동을 예측하고 시민사회에 대한 영향력을 강화할 뿐만 아니라 시민사회에서 출현하는 새로운 도전과 기회를 효과적으로 봉쇄하기도 한다.

이 같은 거버넌스는 기업과 NGO라는 서로 다른 영역 간의 파트너십의 수준에 따라 몇 가지 단계로 구분해볼 수 있다. 우선 전통적이고 가장 일반적인 관계유형은 '자선적 단계'(*philanthropic stage*)이다. 이 관계는 NGO의 요청이 있으면 이에 대해 기업이 돈이나 물품을 기부하는 수준이기 때문에 기업은 NGO에게 단순한 기금의 원천이라는 의미만을 갖는다.

두 번째 유형은 '업무적 단계'(*transactional stage*)로 단순한 기금전달 수준에 그치는 것이 아니라 공익연계(*cause-related*) 마케팅 프로그램, 이벤트 후원, 특수한 프로젝트, 직원자원 봉사활동 등과 같이 실제업무를 연계시켜 관계를 갖는 것이다. 최근 각국에서 나타나는 파트너십은 이 단계로 빠르게 옮겨가고 있다.

세 번째는 아직 소규모이지만 점차 증대하는 유형으로 '통합의 단계'(*integrative stage*)이다. 이 단계는 업무의 결합과 전략의 일체화, 가치의 공유를 포함하는 전략적 동맹의 관계라고 말할 수 있다. 이 관계는 단순한 결합이 아니라 독창적이고 높은 수준의 가치통합을 이루는 것이다. 조직의 통합은 업무의 연계라는 측면보다는 신규사업을 공동으로 운영하는 것을 포함한다(Austin and Reficco, 2004: 4~5).

기업 시민성의 시각에서 보면 파트너십의 유형 가운데 자선단계는 기업의 시민성 구조에 이르지 못한 것으로 볼 수 있다. 자선단계는 NGO의 요구에 따라 이루어지는 관계이기 때문에 제도화된 관계로 보기 어렵다. 기업의 시민성 구조는 공공성의 재구성에 따라 시민사회의 공공성과 시장공공성이 제도적 수준에서 결합된 것이다.

따라서 기업의 시민성 구조는 적어도 업무적 단계 이상의 수준에서 거버넌스를 형성한다고 볼 수 있으며, 통합의 단계로 갈수록 양자의 관여수준, 업무의 중요성, 자원의 양, 활동범위, 상호작용의 빈도, 관리의 복잡성, 전략적 가치 등이 점차 확대되어 기업의 시민성 구조가 고도화되는 경향을 가진다.

2) 공동체 구속의 시민사회와 공공성의 분화

많은 비서구사회는 여전히 전환기에 있다. 근대적 사회변동의 격변기에 이어 세계화와 정보화를 근간으로 하는 탈근대적 사회변동은 서구 중심부사회에 이어 어김없이 비서구사회를 변화시키고 있다. 거대한 사회변동의 경향을 맞아 정부와 기업으로 구체화되는 이른바 체계(*system*)의 영역은 변화에의 적응이 빠르다. 그러나 제도와 문화, 일상의 관행을 포괄하는 시민사회는 전통과 근대, 탈근대적 요소가 다른 어떤 영역보다 누적됨으로 해서 기업과 정부보다 빠른 변화를 보이는 부문이 있는가 하면 일상의 관행과 같이 공고한 지체를 보이는 부문도 공존함으로써 복잡성이 두드러진다. 특히 비서구 시민사회에서 나타나는 이러한 복잡성은 공공성의 재구성에도 그대로 반영되어 있다.

비서구사회 특히 한국과 같은 동아시아 사회는 공적 관계보다는 사적 신뢰가 강한 사회이다. 많은 경우에 공적 영역에도 혈연, 지연, 학연 등의 사적 신뢰가 크게 작용하는 공동체 구속성이 높은 사회인 것이다. 시민사회의 수많은 자발적 집단의 네트워크는 이러한 관계를 잘 보여준다. 이와 달리 기업의 사회공헌활동 나아가 기업의 시민성은 고도의 합리성에 기반을 둔 공적 신뢰의 표현이라고 할 수 있다. 따라서 비서구사회에서는 공공성의 맥락에서도 합리적 시장과 비합리적 시민사회의 균열이 내재되어 있다. 사회적 삶의 모든 측면이 가속화되고 지리적 거리가 붕괴되며 지식과 혁신이 기업경쟁과 경제적 가치의 원천으로 작용하는 지구화된 신경제환경에서 생존을 위한 기업의 공공성은 확대된다. 그럼에도 불구하고 이와는 유리된 시민사회의 공동체 구속성은 기업 시민성을 지체시키고 사회공헌활동에 '정치적 정당성'을 온존시키는 요인이기도 하다.

개인적, 집합적 네트워크의 공동체 구속성에서 자유롭지는 않지만 그럼에도 불구하고 가장 적극적으로 사회변동의 추동력을 갖는 시민사회의 요소는 사회운동이다. 한국을 예로 보면 시민운동이 권위주의정치에 대한 저항의 과정을 통해 시민사회의 가장 주요한 공공성의 기능으로 작동했다. 1987년 6월 민주항쟁 이후 정치적 민주화의 진전은 제도화 수준이 높은 시민단체의 정착을 가져왔다. 이제 한국의 시민사회는 다양한 기능을 가진 NGO들을 양산함으로써 사회운동의 제도화와 함께 시민사회의 공공성이 다양하게 분화되는 경향을 보이고 있다.

1990년대 이후 한국 시민사회의 공적 기능에서 나타나는 가장 주목할 만한 대목은 사회운동의 공공성과 사회서비스적 공공성의 분화이다. 말하자면 전문운동단체들의 제도화 수준이 높아지고 자원의 안정성이 확대되면서 사회운동의 공공성은 정치권력이나 시장권력에 대한 직접적 저항보다는 '영향력의 정치'를 지향하면서 중요성이 지속되고 있다. 다른 한편, 사회복지적 기능을 가진 다양한 단체들이 활동을 전개함으로써 사회서비스적 공공성이 확대되는 경향을 보이고 있다.

이러한 분화는 국가, 시장, 시민사회의 전 영역에 걸쳐 나타나는 공공성 재구성의 시민사회적 효과라고 말할 수 있다. 국가와 시장영역에 공공성이 재구성됨으로써 사회운동이 가지는 감시와 저항, 사회적 압력의 전선이 복잡하고 다양화되는 측면이 있지만 무엇보다 주목해야 할 경향은 사회서비스적 공공성의 확대라고 할 수 있다. 기업 시민성 확대에 따라 늘어나는 시민지향기업은 시민사회의 파트너십을 필요로 하며 이러한 조건에서 시민사회의 다양한 복지단체들은 기업 시민성과 선택적 친화력을 갖기 마련이다. 따라서 기업의 시민성에 기초해서 형성되는 시장과 시민사회의 공적 연계, 즉 시민지향 거버넌스는 시민사회 내부의 공공성 패러다임을 운동에서 사회서비스로 전환시키고 있으며 이는 전체 시민사회 지형을 사회압력 추구의 공공성과 사회안전망 추구의 공공성으로 분화시키고 있다.

5. 시장과 시민사회 사이

한국과 같은 비서구사회에서 근대화는 서구 선진사회의 근대성을 끊임없이 모방하고 학습하는 과정이었다. 근대로의 전환이 이어지는 과정에서 다시 몰아닥친 탈근대적 세계화 경향은 비서구사회의 변화를 급박하게 요구하고 있다. 신자유주의 시장화 경향을 지구적 수준에서 실어 나르는 최근의 세계화 과정은 선발과 후발의 구분 없이 동시적으로 변화를 요청한다는 점에서 근대화 과정과 차이를 갖지만 변화의 준거가 되는 글로벌 스탠더드가 미국식 시장주의에 기초하기 때문에 비서구 일반에서는 사회변동의 복잡성이 증대된다.

지금까지 논의한 공공성 재구성 과정에서도 시장과 시민사회는 빠른 변화를 요청받고 있으나 사회적 관계에 내재된 공동체 구속적 요소들은 변화를 더디게 하거나 독특한 발전의 경로를 만들어내기도 한다. 사적 신뢰와 권위적 관계를 기반으로 하는 공동체 구속성은 공공성의 재구성이라는 구조변동 속에서 기업 시민성이 증대되고 시민지향 거버넌스가 확장됨에도 불구하고, 사회공헌을 통한 정당성의 기능을 '정치적'으로 왜곡시키는 구조를 유지시키고 있다. 이러한 점은 개인주의가 철저하게 신봉되는 가운데 일상의 수준에서부터 기부를 통한 공적 헌신이 문화로 자리 잡은 서구사회에서 기업의 사회공헌이 갖는 '사회적 배태'(*social embeddedness*)와는 다르게 비서구적 전통에서 '사회적 탈구'(*social dislocation*)을 보여주는 것인지도 모른다.

그럼에도 불구하고 세계시장주의의 확산, 공공성 재구성, 이에 따른 시장공공성의 확대는 서구와 비서구를 막론하고 거스르기 어려운 거대 경향이 되었다. 사회의 거의 모든 영역에 걸친 시장의 전일화 현상은 축적에 대한 정당성, 나아가 축적의 과정에서 나타나는 공동체 해체에 대한 정당성의 기능 또한 시장이 나누어 갖도록 한 것이다. 시장공공성의 확대에 따른 기업 시민성 강화, 시민지향 기업의 성장, 아울러 시민지향 거버넌스의 확산과정은 이런 점에서 시장의 전일화에 대한 사회구조의 적응적이고 자기조정적인 변동이라고도 말할 수 있다.

이제 공공성 재구성이라는 거시구조적 변화는 시장과 시민사회의 간격을 빠르게 좁히고 있다. 기업의 시민성 확대에 따라 '시장의 시민사회화'를 예견할 수 있는 한편, 시민지향 거버넌스의 발달에 따라 NGO 역시 경쟁과 효율성 위주로 재편됨으로써 '시민사회의 시장화' 현상도 가늠할 수 있다. 공공성의 재구성이 만드는 이 같은 변화는 다양하고도 복잡한 몇 가지 새로운 과제에 봉착해 있다.

첫째, 공공성의 재구성은 공적 활동을 분산시킴으로써 공적 대립의 구조 또한 다양하고 복잡하게 만든다. 사회운동을 비롯해서 사회적 저항과 집합행동의 전선이 다양화되기 때문에 갈등의 강도는 약해지는 경향이 있으나 갈등의 범위는 크게 확산됨으로써 갈등의 분산화 경향이 나타난다. 문제는 이렇게 확산되는 갈등에 대한 관리의 능력이 크게 약화됨으로써 사회적 불안정성이 높아진다는 데 있다.

둘째, 시장공공성은 사적 이익의 영역인 기업이 공적 기능을 갖게 되는 것으로 이른바 공공성의 사유화에 따른 책임의 문제가 제기된다. 사유화된 공공성은 기본적으로 자율적이다. 따라서 기업은 오히려 정부보다도 더 효율적으로 공공성의 기능을 추구할 수 있을지 모르지만 정책결정과정이 사적 개인에 귀속될 뿐 아니라 그러한 결정에 따른 집행의 결과에 대해서도 공식적 책임을 갖지 않기 때문에 불안한 공공성의 문제가 발생한다.

셋째, 공공성의 재구성은 시민사회의 보수화 경향을 촉진한다. 시민사회의 정치적 성격은 시민사회를 선도하는 조직으로서의 NGO의 특성에 의해 규정되는 바 크다. 기업 시민성 확대는 시민사회의 파트너십을 강화하며 이러한 연계는 NGO를 시장공공성의 동반적 주체로 만들기 때문에 비판과 감시, 저항의 기능을 크게 약화시킬 수 있다.

공공성 재구성이 드러내는 이 같은 문제들은 이제 대부분의 사회가 해결해야 할 과제이며 한국 역시 예외일 수 없다. 무엇보다도 기업의 시민성 확대는 시장에 의한 시민사회의 재구성이며 시민사회에 대한 시장 주도의 구조조정이라고 말할 수 있다. 이제 사유화된 공공성도 감시되고 조율되어야 할 과제를 안게 되었고 그러한 과제는 시민사회의 탈보수화에서 해법이 찾아져야 한다. 불합리한 공동체 구속성을 넘어 합리적 행동주의를 강화함으로써 시민사회의 감시기능을 크게 확충하는 일은 이제 정치적 이념의 문제를 넘어 '사회'의 생존과 결부된 문제가 되었으며 현 단계의 사회발전 전망을 예측하게 하는 지표가 되었다.

08 갈등사회와 정당정치의 재구성 *

1. 시민사회와 정당정치의 사회학

우리사회에서 촛불시위가 시민사회의 정치양식으로 자리 잡았다. 2002년 미군 장갑차에 희생된 두 여중생에 대한 추모로 시작되었던 촛불시위가 반미시위로 확산된 이래, 2004년 노무현 대통령 탄핵반대시위, 2008년 미국산 쇠고기수입반대시위 이후 촛불시위는 대부분의 야간시위에서 보편적 현상이 되었다. 촛불시위는 시민적 욕구의 소통이 제약된 조건에서 시민적 자발성과 저항성, 비폭력성을 보임으로써 시민의 힘으로 만드는 살아 있는 민주주의의 교실로 평가되는가 하면, 새로운 세대적 현상이자 한국사회의 새로운 역동성으로 평가되기도 한다.

촛불시위에 대한 이 같은 평가는 시민참여의 민주주의나 시민사회의 자발적 정치의 동력이라는 측면에서 바람직한 현상이라는 인식을 반영

---

* 이 장의 내용은 〈한국과 국제정치〉 2009년 봄호, 25권 제1호에 게재된 “신갈등사회와 정당정치의 위기”를 수정, 보완한 것이다.

한다. 정당하지 못한 권력의 작동방식에 대한 저항, 그것도 평화적이고 절제된 촛불시위의 방식은 시민사회의 건강성을 보여준다는 점에서 긍정적이면서도 바람직한 현상이라고 할 수 있다. 그러나 이 같은 시민행동의 원인에 초점을 맞추면 무엇보다도 제도영역의 결함에 훨씬 더 심각한 의미가 부여되어야 한다. 말하자면 이 같은 시민행동은 기본적으로 사회문제나 정책갈등을 해결할 수 있는 제도와 시스템이 제대로 작동하지 않거나, 제도와 시스템이 새로운 변화를 수용하지 못하는 경우 나타나는 시민의 직접적 정치행동이라는 점에서 우리사회의 정치참여제도가 갖는 결함에 주목하는 것이 우선적 과제라고 할 수 있다.

대부분의 대의민주주의 정치제도에서 정치적 소통과 참여는 의회와 정당정치를 통해 확보되기 마련이다. 특히 현대 민주주의 사회에서 정당은 정치적 소통의 가장 중요한 통로일 뿐만 아니라 정치권력의 획득을 위한 통로로 기능한다. 무엇보다도 정당정치는 시민사회의 정치적 욕구와 다양한 이익을 의회에서의 입법과정과 정부의 정책집행 과정에 반영시키는 제도적 장치이다. 아울러 정당은 대통령에서부터 자치단체장, 국회의원에서부터 지방의원에 이르기까지 공직후보를 선정해서 정치권력을 획득하는 기능을 갖기도 한다. 이러한 기능들은 정당정치가 시민적 삶과 시민사회의 요구에 중첩되거나 직접 맞닿아 있다는 것을 의미하기 때문에 정당을 시민사회와 제도정치 영역 사이에 위치하는 정치참여와 소통의 핵심제도라고 말할 수 있다.

오늘날 한국의 정당정치는 이 같은 두 가지 원론적 기능에서 모두 심각하고도 뚜렷한 결함을 드러내고 있다. 우선 한국의 정당정치는 정치적 소통을 통한 사회통합에 기여하지 못하고 있다. 권위주의 체제의 정치권력이 지탱하던 사회통합의 질서가 해체된 이후 정당과 의회정치는 자율적 소통과 합의의 구조를 갖추지 못했다. 특히 노무현 정부 이후 정치권력과 사회권력의 심각한 이반은 정치적 균열과 갈등을 더욱 확산시켰다. 무엇보다도 국가의 주요 정책과제나 정치이슈들이 정당과 의회정치의 틀에서 합의되지 못하고 끝없는 갈등으로 돌이킬 수 없는 사회적 비용을 지불한 후 마침내 헌법재판소에 결정을 맡기는 경우가 늘었다(조대엽, 2007a). 노무현 정부에서의 수도이전 문제, 대통령탄핵 문제, 이명박 정부에서의 이명박 특검, 미국산 쇠고기수입 문제에 이르기까지 사법부의 기능이 중요성을 더했다. 얼핏 보아 법치주의가 구현되는 듯 보이기도 하지만 이러한 사회는 소통과 합의의 정치과정이 소멸된 극단의 사회라고 말하지 않을 수 없다. 이같이 법의 강제에 의해서 유지되는 극단의 사회에서 더 이상 정당은 정치적 소통의 통로로 기능하지 않기 때문에 한국의 정치현실은 정치 없는 정당, 탈정치화된 정당정치라고도 말할 수 있다.

다른 한편, 최근 들어 한국의 주요 정당들은 공직 후보를 배출하는 데에서도 위기에 직면해 있다. 특히 노무현 전 대통령과 이명박 전 대통령은 기존의 정당질서로부터 만들어졌다고 보기 어렵다. 더구나 선거 때만 되면 정당외부로부터 후보영입의 경쟁에 돌입하는 정당의 현실은 정당을 직업정치인을 생산하는 제도로 보기 어렵게 만들고 있다. 이러한 실정은 공직후보에 대한 정당공천 과정 일반을 볼 때 더욱 뚜렷한 결함을 보태게 된다. 당원과 정당내부의 민주적 정치과정에 따라 아래로부터의 후보공천이 아니라 이른바 공천위원회와 같은 기구가 공천을 담당함으로써 공천을 둘러싼 갈등이 상존하게 되었다. 공천결정을 외부로부터 수혈된 조직에 맡기는 것도 정당의 능력한계를 보여주는 것이지만 이 과정에서도 이른바 계파담합의 구조에 따라 나누어 먹기식 공천을 되풀이함으로써 우리 정당정치의 한계를 정당 스스로가 보여주고 있다.

한국 정당정치의 결함은 한국의 특수한 정치적 조건에서 만들어지고 비정상적 권력운용의 과정에서 응고된 정당 내적 요소에서 찾아질 수도 있다. 그러나 최근 정당정치의 위기는 문명사적 전환을 겪고 있다고도 할 수 있는 거대전환의 사회변동과 이에 조응하지 못하는 정당정치의 지체현상에 주목함으로써 보다 거시적 질서로부터 설명될 필요가 있다. 말하자면 한국 정당에 내재된 부정적이고 왜곡된 요소들이 지적되는 것과 아울러 근대적 사회구성의 질서가 변화하는 거대한 구조변동 속에서 기존의 정당정치를 점점 더 무력화시키는 필연적 경향으로서의 보편적 위기의 징후도 포착되어야 한다.

세계화, 정보화, 민주화 등의 경향으로 요약되는 최근의 사회변동은 근대 사회구성체의 주요 질서를 변화시키는 거대한 전환의 과정으로 주목된 지 오래이다. 무엇보다도 이러한 거대경향은 제도적 수준에서 국가와 시장, 시민사회의 질서를 구성하는 공공성의 구조를 변화시킴으로써 제도적 경계의 개방을 재촉하고 있다. 피할 수 없는 거대경향의 현실에서 정치질서, 나아가 정당질서 또한 예외 없이 개방화와 유연화를 통해 소통의 공공성을 확장하도록 요구되고 있다. 나아가 정치질서 변화를 추동하는 새로운 현실은 일상적 삶의 정치화 경향이 확대되는 데서 찾을 수 있다. 건강, 식품, 보건 의료, 환경, 성, 평화, 평등 등 일상생활의 다양한 욕구가 정치화됨으로써 비정치적인 것의 정치화, 사적인 것의 공공화 경향이 확대되고 있다. 특히 이 같은 이슈를 중심으로 만들어진 다양한 자발적 결사체들이 정치적 표출과 소통의 장이 되고 있다는 점도 중요한 변화이다. 이른바 사회자본(*social capital*)으로 기능하는 다양한 자발집단들은 사회적 네트워크를 구축함으로써 시민사회의 소통을 크게 증대시키고 있다.

이러한 소통과 새로운 집단화 방식에 뉴미디어를 중심으로 하는 전자적 네트워크에 기반을 두고 있다는 점은 말할 필요가 없다. 민주화 이후 우리사회에서는 시민사회의 다양한 자발적 조직화 경향이 시민운동단체의 빠른 성장을 가져왔고, 인터넷을 기반으로 형성된 전자적 공중은 온라인과 오프라인을 넘나들며 다양한 형태의 자발적 결사체들을 만듦으로써 시민사회의 공론장을 주도하고 있다. 이 같은 시민사회의 변화는 거대전환의 사회변동이 드러낸 직접적 효과라고 할 수 있는데, 그것은 정치질서를 포괄하는 국가영역과 시장영역의 변화와 긴밀하게 결합되어 있다.

이 같은 거대전환의 사회변동을 반영하는 현대성의 특징은 시민사회의 정치적 표출과 정치참여의 제도화 경향 나아가 갈등의 일상화 경향에 주목할 때 갈등사회적 전환과정이라고 할 수 있다.

이 장에서는 거시적 사회변동의 내용을 포괄하는 갈등사회론의 관점에서 한국 정당정치의 위기구조에 대해 전망하고자 한다. 한국 정당정치의 위기를 국내 정당의 특수성이 갖는 결함과 함께 갈등사회로의 전환이라는 사회변동의 과정에서 나타나는 정당정치의 보편적 위기가 동반된 효과로 보고자 하는 것이다.

2. 갈등사회론의 시각: 새로운 갈등과 통합의 구조

1) 갈등사회와 일상의 정치화

최근 우리 사회에서는 사회갈등이 점점 더 증대하는 경향을 보이고 있다. 특히 오랜 권위주의 정치구조가 해체되는 과정에서 권위주의 정치권력이 지탱하던 사회적 구심은 약화되는 한편 사회갈등은 점차 늘어나는 경향을 보이고 있다.[1] 그러나 이러한 갈등현상은 비단 한국사회에 국한된 현상이라기보다 최근 지구적 수준에서 나타나는 현대 사회구성의 질서변화에 수반된 보편적 사회변동의 효과를 반영하고 있다는 점에 주목해야 한다.

현대성 혹은 탈현대의 특징을 부각시키는 사회변동에 관한 대부분의 사회학 담론은 무엇보다도 사회통합과 결속이 약화되고 해체적 경향이 강화됨으로써 갈등현상의 보편화 및 일상화 경향의 도래를 암시하는 내용으로 구성되어 있다. 기든스(Antony Giddens)와 래쉬(Scott Lash), 벡(Ulrich Beck) 등의 성찰적 근대화와 위험사회의 논리(앤서니 기든스·울리히 벡·스콧 래쉬, 1998; 울리히 벡, 1998, 2000), 하이트마이어(Wilhelm Heitmeyer)의 해체화, 호네트(Axel Honneth)의 탈통합 및 균열사회, 마인츠(Renate Mayntz)의 역동사회, 바티모(Gianni Vattimo)의 투명사회, 메이어(David Meyer)와 태로우(Sidney Tarrow)의 사회

---

1 2005년 한국여성개발원이 주관한 사회갈등에 관한 국민의식조사에서 응답자의 90% 이상이 우리사회의 갈등현상이 심각하다고 인식하고 있으며, 2007년 고려대학교 한국사회연구소의 한국인의 갈등의식조사에서도 응답자의 80% 이상이 우리사회의 집단 간 갈등이 보통 이상의 심각한 수준에 있는 것으로 생각하고 있다(한국여성개발원, 2005: 고려대학교 한국사회연구소, 2008).

운동사회 등은 이 같은 사회변동에 주목하는 개념들이라고 할 수 있다. 현대성의 특성을 담아내는 이러한 학술담론에는 대체로 사회갈등의 일상화를 반영하는 갈등사회의 전망이 내재되어 있다(조대엽, 2006).

주지하듯이 현대 산업사회의 사회갈등은 계급갈등이 주요한 갈등 축이었기 때문에 노동계급과 자본계급의 대립이 핵심적 갈등구도일 수밖에 없었다. 여기에 각 사회의 특수성이 반영되어 정치 현실적으로 피억압민중과 억압적 국가의 갈등을 드러냈다. 현대 산업사회의 갈등은 이슈가 단순하기도 했지만 사회구성의 근본적 질서와 관련된 계급갈등이 주요 갈등 축이었기 때문에 이러한 갈등을 해결하는 방식이 곧 그 사회의 사회체제나 국가성격을 특징짓는 것이 되었다. 말하자면 서구 자본주의사회는 계급갈등을 '계급타협'에 의한 사회민주적 방식으로 해결함으로써 복지국가의 패러다임을 구축했다. 반면 동구 사회주의사회에서는 '계급혁명'에 의한 사회주의 국가 패러다임을 통해 갈등을 근본주의적으로 해결한 경우이며, 주변부 저발전사회에서는 주로 군부에 의한 권위주의국가의 패러다임을 구축함으로써 '계급억압'에 의한 사회통합 체제를 만들었다.

이 같은 현대 산업사회의 서로 다른 사회통합 체제는 대체로 1980년대 이후 사회변동을 거치면서 공통적으로 해체적 경향이 확대되는 갈등사회로 전환하는 것으로 보인다. 이러한 전환의 요인은 이른바 탈현대적 지구화 경향과 관련된 다음과 같은 몇 가지를 들 수 있다.

첫째는 신자유주의 시장화 경향이다. 사회주의 이념의 종료와 함께 세계시장주의의 급속한 팽창은 지구사회 전체에 걸쳐 결속과 공동성을 해체하며 벌거벗은 이익만이 질주하는 사회로 전환시키고 있다. 거대자본의 위협과 경쟁의 강화에 따른 기회박탈의 위기가 가중되고 양극화 경향의 확대에 따른 갈등을 확산하고 있다.

둘째는 민주적 권력분산을 들 수 있다. 지구적 수준에서 중앙집중적 사회통합의 축이었던 국가권력이 약화되는 경향이다. 사회구성적 측면에서는 국가권력이 시민사회와 시장으로 분산되는 한편 지역적 수준에서는 중앙권력이 지방화과정을 통해 자치적이고 자율적인 권력으로 분산됨으로써 갈등을 관리하는 사회통합의 장치가 동시에 분산된다.

셋째는 커뮤니케이션 경로의 확대를 들 수 있다. 언론 및 방송의 민영화, 다중채널화, 전자정보기술의 확대에 따른 뉴미디어의 확대 등은 정보의 전달과 확산을 가속화함으로써 개인과 집단의 욕구를 자유롭게 소통시키고 있다. 이러한 소통은 갈등의 제도화 기제이면서 동시에 갈등의 새로운 원천으로 작동한다.

넷째로 탈물질적 가치 및 탈현대적 욕구의 확대이다. 개인과 집단의 정체성 확보 및 안전한 삶에 대한 욕구는 환경, 건강 및 보건의료, 반핵평화, 성, 평등 등의 가치를 적극적으로 드러냄으로써 새로운 사회갈등을 확산시키는 경향이 있다.

이러한 사회변동의 요인들은 기존의 사회경제구조와 정치적 통합, 사회적 결속의 위기를 가져올 뿐만 아니라 생활패러다임의 모호성에 따른 불확실성을 증대시킴으로써 무엇보다도 갈등을 일상화하고 있다. 일상화된 갈등을 만들어내는 갈등의 이슈 또한 산업사회의 사회갈등과는 다르다는 점이 최근의 사회변동에서 강조되어야 한다. 즉, 현대 산업사회의 근본적 사회구성요소로서의 계급이나 민족, 국가권력 등을 둘러싼 갈등이 아니라 식품, 환경, 노동, 교육, 주택, 보건의료, 여성 및 성, 노인문제, 주민문제 등 일상적 삶과 관련된 수많은 이슈들이 정치화되면서 갈등을 표면화하고 있다. 탈현대성의 논리에서 강조되었던 이른바 비정치적인 것의 정치화, 문화의 정치화, 사적인 것의 공공화 현상이 현실적으로 확산되고 있다.

일상적 삶과 관련된 갈등이슈의 정치화 혹은 생활정치적 이슈의 공공화 현상은 오늘날 확장된 매체를 통해 급속히 확산되는 경향이 있다. 특히 온라인 공간을 통해 주요 이슈에 관한 토론이 이루어지고 쟁점화될 뿐만 아니라 온라인 공론장을 형성하는 이른바 '전자적 공중'이 순식간에 오프라인에서의 거대한 집합행동을 만들어냄으로써 갈등의 강도를 높이기도 한다. 이런 점에서 이제 정치화 현상은 기존의 제도정치의 영역에 국한된 정치현상이 아니라 시민사회와 일상의 영역에서 나타나는 광범한 사회적 욕구의 표출을 포괄해야 한다.

이처럼 최근의 사회변동이 드러내는 갈등은 현대 산업사회에서의 사회갈등, 말하자면 서구의 민주주의적 합의사회와 동구의 전체주의적 통합사회, 주변부의 권위주의적 통합사회에서의 사회갈등과는 완전히 다른 새로운 방식으로 만들어지고 또 재생산되고 있다. 갈등의 원천과 갈등의 이슈가 다르며 갈등의 형태와 갈등의 조정방식이 새롭게 전개된다. 더구나 이러한 새로운 갈등은 무엇보다도 현대 사회구성의 질서가 바뀌는 거대전환의 사회변동을 반영하고 있다는 점에서 갈등사회(*social conflict society*)라는 현대성의 새로운 패러다임을 전망할 수 있게 해준다.[2]

요컨대 갈등사회는 신자유주의 시장화의 경향과 성찰적 근대의 정치사회적 동학을 반영하는 개념으로, 난폭한 세계시장주의의 거대경향

---

2 현대사회의 질서를 설명하는 사회학이론 가운데 기존의 사회갈등론적 접근도 갈등현상의 보편성을 강조하고 있다(Coser, 1956; Dahrendorf, 1958, 1959; Collins, 1975). 말하자면 산업사회에서도 갈등현상은 편재되어 있다는 인식인데 넓은 범주의 기능주의사회학에 포괄되는 이러한 시각은 갈등은 어떤 사회에나 어느 시기에나 있는 현상이라는 보편론적 설명이며 갈등과 합의의 두 가지 질서는 사회의 근본적인 양면성을 말하는 것으로 두 가지 가운데 한 측면으로서의 갈등의 질서를 강조한다고 말할 수 있다.

에서부터 일상적 삶의 영역에 이르기까지 다양하게 나타나는 욕구의 정치화 현상을 포괄하는 사회변동의 패러다임이라고 말할 수 있다.

2) 공공성의 재구성과 갈등의 제도화

현대사회에서 사회통합은 사회구성의 다양한 영역에서 작동하는 공공성의 요소를 통해 가능하다. 한 사회에 다양한 방식으로 구축된 공적 기능을 '공공성'의 질서라고 할 때, 근대 자본주의 사회구성체의 공공성은 중앙집중화된 국가영역을 중심으로 강제되어 있었다. 최근에 들어 거대 전환의 사회변동 과정에서 이 같은 국가 공공성 중심의 사회질서는 빠르고도 광범하게 바뀌고 있다. 특히 갈등사회로의 전환에서 가장 주목할 만한 변화가 바로 '공공성 재구성'이라고 할 수 있다. 갈등사회를 추동하는 가장 강력한 힘으로서의 시장화 경향은 국가 공공성을 약화시키는 원천으로 작동하고 있다는 점에서 공공성 위기를 초래하고 있다. 이 점에서 최근 확대되는 공공성 위기의 구조는 공공성의 재구성과 맞물려 있다.[3]

제 6장과 제 7장에서 강조한 바와 같이 공공성의 재구성은 공공성의 위기에 대응하는 거시적 사회질서의 자기조정적 반응이다. 그것은 국가, 시장, 시민사회에 내재된 공적 구조가 단순히 축소되거나 확장되는 것을 의미하는 것이 아니라, 각 영역 내부에 고유한 공적 기능이 다른 영역으로 할당되거나 새로운 공공성의 내용이 구축됨으로써 영역

---

3 여기서 강조되는 공공성(*publicness*)의 개념은 국가의 공권력영역, 즉 공공행정 및 공공복지의 영역과 그 기능뿐만 아니라 사회운동과 사회서비스, 공공담론의 장을 포괄하는 시민사회의 공론영역 등 국가와 시민사회에 내재된 법적, 제도적 공적 요소를 포함하고 있다. 나아가 시장영역에 내재된 공공성의 요소 또한 포함한다는 점에서 광의의 공공성이라고 말할 수 있다(조대엽, 2008).

간에 공적 기능의 호환성이 발생하고 영역 간 구조적 경계가 불명확해지는 현상을 말한다(조대엽, 2007a). 국가, 시장, 시민사회의 거시적 질서에 내재된 공적 기능이 재편되는 이러한 과정은 주목할 만한 현실적 변화를 수반한다. 우선 공공부문으로서의 국가의 공적 기능이 민영화, 민간화, 시장화함으로써 국가주도의 공공성 실행이 축소된다. 시장의 영역에는 기업 사회공헌활동과 같은 공적 기능이 사기업 내부에 형성됨으로써 시장공공성의 새로운 지평을 열게 된다. 아울러 시민사회영역에는 자율적 공공성의 기능이 분화되어 사회운동의 공공성과 사회서비스의 공공성이 제도적으로 실천되는 경향이 확대된다. 또한 국가, 시장, 시민사회의 영역 간 교호성이 증대해서 각 영역의 공공성이 협치의 관계를 통해 작동하는 경향이 늘어난다. 이러한 경향은 영역 간의 전통적 경계를 불분명하게 하는 상호침투를 통해 제도의 개방 효과를 갖는다. 나아가 공공성 재구성은 사적인 것과 공적인 것의 경계 해체를 반영하는데 이는 제도적 개방만이 아니라 이슈의 개방을 포괄한다(조대엽, 2008).

갈등사회에서 사생활의 이슈는 시민사회의 정치적 이슈로 공공화하고, 이는 다시 제도정치의 공적 이슈로 공공화하며, 문제의 해결 또한 각 영역 간 협치를 통해 해결하는 방식이 확대된다.

이 같은 공공성의 재구성 과정은 일상적 삶의 정치화를 통해 갈등사회의 주요한 특성이라고 할 수 있는 갈등의 일상화 경향과 함께 갈등의 제도화 경향을 수반한다. 공공성의 재구성은 국가 공공성을 위축시키고 공적 기능을 다른 영역으로 분산시키는 과정이다. 이러한 과정은 사회의 해체적 경향을 증대시키는 것으로 그만큼 갈등과 긴장을 상존하게 만든다. 그러나 갈등사회에서의 갈등은 자기제한적이다. 무엇보다도 갈등의 자기제한성은 공공성의 재구성 현상이 해체의 경향을 가속화하는 측면과는 달리 사회적 결속의 경향도 동시에 드러낸다는 점에서 찾아진다. 즉, 갈등사회에서 공공성의 분산은 개인과 집단의 사회적 책임영역을 확대함으로써 시민사회의 자율적 공공성을 강화한다. 아울러 다양한 이해당사자의 협치(*governance*)의 시스템을 확대함으로써 갈등을 제도 내적으로 귀속시키기도 한다.

일상적 삶의 모든 영역에서 생활정치가 추구되고 시민사회에서 생활정치운동이 주류화됨으로써 갈등이 일상화된 갈등사회는 공적 기능이 재편됨으로 현대사회에서 정치적 동원과 통제의 핵심적 기구이자 사회통합의 중심이었던 정부와 정당의 기능이 위축될 수밖에 없다. 정부와 정당이 담당한 사회통합의 핵심적 기능이 다양한 수준의 하위정치(*subpolitics*)로 확대되어 시민사회의 자발적 조직과 시민단체 자체가 제도화된 갈등을 생산한다. 따라서 갈등사회에서 갈등의 제도화는 그 자체가 소통을 통한 갈등 조정의 기능을 포함한다. 말하자면 갈등사회에서 일상정치와 생활정치의 확대는 갈등현상의 확대일 뿐만 아니라 동시에 소통을 통한 자율적 결속을 강화하는 결과를 가져온다.[4]

일상정치와 생활정치는 제도정치와 연계되거나 제도정치적 이슈로 전환되어 보다 높은 수준의 공공성을 지향하는 경우도 있으나 대체로 정체성의 정치 혹은 표출적 정치의 특성을 갖는다. 특히 이러한 정치적 표출은 온라인에 기반을 둔 전자적 공중의 네트워크를 통해 훨씬 더 활발해지고 있다. 따라서 이처럼 소통에 중심을 두는 갈등사회의 정치참

---

4 사회운동의 제도화에 주목하는 연구경향들은 오늘날 사회적 저항이 현대적 삶의 항상적 요소가 되었다는 점을 민주주의 정치의 주요특성이라고 강조한다(Meyer and Tarrow, 1998: 4). 사회운동이 일상화되고 제도화된 현대 민주주의사회의 특성을 이런 점에서 사회운동사회(*social movement society*)로 표현하는바, 갈등정치(*contentious politics*)가 확산되지만 확대된 자율적 공공성에 바탕을 둔 갈등이기 때문에 이러한 요소가 현대 민주주의의 핵심적 요소라고 할 수 있는 것이다.

여 방식은 제도정치 영역의 정치기구를 넘어서 작동하는 '시민사회의 정치'라고 말할 수 있다. 이러한 정치화 방식은 최근 인터넷의 발달로 주목 받는 정치사회적 현상이 되었다.

갈등사회에서 갈등이 제도화되었다고 하더라도 시민사회의 팽창하는 정치적 욕구와 함께 점점 더 정치적 표출을 왕성하게 만드는 전자적 공론장의 발달은 강력한 집합적 저항과 일상성을 넘어선 갈등을 만들어낼 수 있는 소지를 상존시키고 있다. 만일 정부나 정당이 공공성 재구성 경향과 같은 갈등사회의 필연적 변동이 요청하는 제도의 개방과 소통을 제약함으로써 폐쇄성과 일방성을 드러낸다면 그러한 갈등이 발생할 가능성은 크게 높아질 수밖에 없다.

3. 갈등사회와 시민사회의 정치

1) 시민운동의 제도화

갈등사회에서 갈등의 제도화는 무엇보다도 시민사회의 운동정치의 제도화 효과와 중첩되어 있다. 시민사회에서 자발적으로 동원된 자원을 중심으로 다양하게 만들어진 운동조직들은 제도적 요소를 갖춤으로써 시민사회의 공공성을 확장하는 주요한 지표가 된 것이다.

넓은 의미에서 운동정치의 제도화는 사회운동 조직이 다른 제도적 영역들과 일상적이고 규칙적으로 상호작용하는 것을 의미한다. 이런 점에서 운동정치의 제도화는 사회운동 조직이 정당이나 이익집단 혹은 안정적인 시민단체로 전환하는 과정에 주목하게 된다. 이러한 경우 운동정치의 제도화는 조직의 자원이 안정적으로 유입되고, 운동의 목표가 보다 온건하게 설정되며, 행동양식이 관례화되는 것이 강조될 수 있다(Kreisi, 1996: 156~157). 나아가 기존의 제도정치에 운동정치가 합류하는 결과를 가져올 수도 있다.

1980년대 말 이래 민주화운동의 제도화 과정은, 운동정치를 주도했던 활동가들이 제도정당을 만들거나 기존의 제도정당으로 들어가는 제도정치로의 경로와 민중운동지향의 운동정치가 시민사회 내의 제도화된 시민운동으로 전환하는 경로, 노동운동경로 등으로 분화되었다(조대엽, 2007a: 221). 노동운동 경로를 포함한 제도정치로의 경로는 말할 것도 없지만 시민운동 또한 빠른 속도로 성장함으로써 시민사회 내적 제도화의 수준이 크게 높아졌다. 1990년대 이후 시민운동을 주도한 주요 시민단체들은 단일 이슈가 아니라 다양한 이슈를 생산하고 추구한다는 점에서 이른바 '종합적 시민운동 조직'이라고 부르기도 한다(조희연, 1999). 종합적 시민단체의 활동은 시민적 욕구의 직접적 표출이라기보다는 시민적 욕구를 다양한 이슈로 만들어 제도영역의 정치 및 시장에 영향력을 행사한다는 점에서 시민단체가 시민의 대의기구적 의의를 갖게 했다. 말하자면 정당정치가 제대로 작동하지 않는 한국사회에서 일종의 '대의의 대행' 기능을 통해 경실련이나 참여연대와 같은 이른바 준정당적 시민단체가 성장했다(조희연, 1999).

시민운동단체의 이 같은 유사정당적 특성 가운데, 그리고 제도화된 운동의 특성 가운데 가장 주목할 수 있는 것이 이른바 시민입법운동이다. 입법운동은 입법과정에 개입함으로써 법률의 제정과 개정, 폐지에 영향을 미치기 위한 집합적 행동들을 말하는데 입법과정과 결과에 영향을 미치기 위해 의회뿐만 아니라 정부나 언론, 이익집단, 다른 시민단체 등과 상호작용하는 과정이다. 입법운동은 주로 입법청원 활동을 의미하며 직접 법안을 작성해서 청원안을 제출하는 경우와 청원안을 제출하지 않고 정부입법이나 의원입법에 간접적으로 영향을 미치는 방식이 있다. 시민입법운동의 구체적인 유형으로는 법률의 제정과 개정, 폐지를 위한 제정청원, 개정청원, 폐지청원 등이 있다(홍일표, 2006: 27~29).

시민단체의 제정청원 운동을 연구대상으로 한 홍일표의 연구에 따르면 시민입법 운동의 성장기라고 할 수 있는 1995년에서 2002년까지의 시기(김영삼 정부 후반에서 김대중 정부의 시기)에 제출된 160건의 제정청원을 청원주체별로 볼 때 개별단체가 37%, 개인연명이 29%, 단체주도의 서명이 첨부된 청원이 21%, 단체공동이 14%의 순으로 구성되어 있다. 이러한 구성비는 시민입법운동의 동원역량과 동원규모가 크게 늘어났다는 점을 보여주는 것인데, 청원단체의 유형을 보면 시민단체가 31.9%로 노동조합을 비롯한 다른 단체에 비해 높은 비중을 차지한다. 또 제정청원의 결과를 보면 106건의 제정청원 가운데 38%가 반영되었으며, 56%는 임기만료로 폐기되고, 6%가 상임위 검토에서 실현불가 결정이 내려졌다. 이러한 결과는 시민입법운동의 출현시기로 설정되는 1988년~94년의 기간에 86%가 임기만료로 폐기되고 단 7%만이 반영되었던 데 비해, 반영비율로는 약 5배 이상 늘어났으며 상임위에 상정되어 검토된 비율도 3배 이상 증가했음을 보여준다(홍일표, 2006: 89~95).

시민입법운동을 비롯한 다양한 방식의 시민단체 활동은 1980년대의 민주화운동 이후 시민운동의 시기 가운데 미완의 민주화 과제를 추구했던 이른바 '정치경제 개혁운동'의 시기 동안 특히 정치개혁과 시장개혁을 위한 대의의 대행을 추구했다. 이와 달리 국회의 입법과정에서 의원발의의 건수는 늘어남에도 불구하고 가결건수는 오히려 크게 줄어들고 정부제출안과 비교할 때도 가결률이 크게 낮아지고 있다는 점에 주목하면 정당정치를 포함한 의회정치의 위기를 가늠할 수도 있다.

의원발의안의 가결률은 15대 국회에서 40%, 16대에서 27%로 줄어들었으며, 정부제출안은 82%에서 16대 국회에서 72%로 줄어들기는 했으나 여전히 높은 가결률을 보이고 있다. 이러한 지표는 국회의원의 입법활동이 위축되고 있다는 사실과 함께 정부의 입법기능 또한 점점 위축되고 있다는 점을 보여준다. 물론 입법안의 발의에서 가결까지는 의회정치와 정당정치의 다양한 내부 역학관계가 개입되겠지만 보다 거시적인 맥락에서 본다면 이러한 경향은 주요 선진국의 추세와 크게 다르지 않다. 말하자면 의회와 정부의 의제설정 기능에 대한 이 같은 위협은 국가영역 내의 사법부와 시민사회 영역에서 언론과 다양한 사회권력의 확장이 가져온 효과라고 할 수 있다.

2) 탈조직적 소통: 전자적 공중과 제4의 결사체

갈등사회에서 시민사회의 정치적 욕구를 발산시키는 가장 주목할 만한 영역은 전자적 공론장이다. 인터넷을 비롯한 다양한 전자정보 공간을 매개로 형성되는 '전자적 공중'은 산업사회의 원자화된 대중과는 달리 통신기술과 뉴미디어로 네트워크화되어 전자적 공론장을 주도하는 공중을 형성한다. 전자적 공중은 오늘날 갈등사회의 가장 역동적인 시민으로 등장하고 있다. 이들을 소통하는 역동적 시민으로 전환시키는 구조가 최근 인터넷 공간을 매개로 광범하게 형성되어 있는 다양한 회원조직들이다.

이 같은 회원조직들은 고도의 유연성과 자발성을 특징으로 하는 유연 자발집단의 기반을 구성한다. 유연 자발집단은 특정의 정치, 경제, 사회, 문화적 이슈와 관련해서 시의적으로 형성되는 경우가 있는가 하면, 보다 안정적이고 지속적인 집단네트워크를 구성하는 경우도 있다. 2002년 미군 장갑차에 희생된 여중생 사건 이래 새로운 시위양식으로 확산된 촛불시위는 여러 가지 이슈와 함께 전개되었는데 2004년의 노무현 대통령 탄핵반대 촛불시위, 2008년의 미국산 쇠고기수입반대 촛불시위 등은 거대한 시민적 저항을 보여주기도 했다. 2002년 월드컵에서의 세계를 주목시킨 길거리 응원을 포함해서 이 같은 대규모 집합행동은 실제로 인터넷상의 유연 자발집단을 동원의 핵으로 한다.

최근 촛불시위의 연령층이 낮아지는 경향에서 보듯이 상대적으로 감성적 코드의 새로운 세대들은 유연 자발집단에 훨씬 더 적응적이다. 이들의 시위형태가 평화적이고 축제적인 특성을 보이는 것도 인터넷을 통한 유연 자발집단에서 공론화의 과정을 거친 후 이루어지는 참여이기 때문에 고도의 '이성적 군중'의 특징을 보이고 있다. 말하자면 유연 자발집단의 공론과정 이후 촛불시위와 같은 이성적 군중의 집합행동 참여방식은 이제 또 하나의 새로운 정치참여 양식을 만들고 있다.

아울러 2002년 대선에서 정당을 무력하게 만든 이른바 '노사모'와 같은 정치인 지지 네트워크는 보다 안정적이고 지속적인 유연 자발집단이라고 말할 수 있다. 정치인이나 연예인 등 유명인의 지지집단으로서의 팬클럽뿐 아니라 취미활동을 위한 문화동호회, 다양한 문화비평 그룹 등은 갈등사회에서 다양한 문화적 이슈들을 공론장을 통해 정치화하는데 앞서고 있다. 오늘날 대부분의 정치인들은 온라인을 매개로 하는 팬클럽 형식의 지지집단을 갖고 있으며 특히 〈표 8-1〉과 같이 주요 정치인의 경우 다양한 규모의 다수 팬클럽이 있다. 이러한 네트워크는 갈등사회에서 정당보다 오히려 강력한 사회자본으로 작용할 수 있다.

유연 자발집단은 자발성과 일시성, 자유로운 가입과 탈퇴, 제도와 운동의 양면성, 활동 영역과 규모의 무(無)제약성 등 고도의 유연성이 특징이기 때문에 우리 시대의 완전히 새로운 결사체의 한 형태로 규정될 필요가 있다. 이미 앞의 장에서 언급한 유연 자발집단은 전통적인 2차집단과는 다른 특징을 가진 제 3의 결사체로서의 시민단체와도 전혀 다른 새로운 조직성격을 갖는다는 점에서 '제 4의 결사체'라고도 말할 수 있다.[5] 제 4의 결사체로서의 유연 자발집단은 규모와 영역에 제약이 없이 현실을 변화시키는 강력한 잠재력을 갖기 때문에 탈근대적 성찰성을 잘 반영할 뿐만 아니라 새로운 세대의 특성을 반영하기도 한다. 말하자면 감성적 참여세대의 문화취향별 결속력과 다른 한편으로 조직

---

5 일반적으로 유연자발집단은 온라인 공동체, 온라인 결사체, 인터넷커뮤니티, 온라인 집합행동 등으로 불린다. 온라인 결사체가 가진 집단형성의 수월성에 기반을 두고 왕성하게 만들어지고 있는 이러한 집합체를 제 4의 결사체로서의 유연자발집단으로 규정하는 것은 무엇보다 온라인과 오프라인의 현실적 연속성을 충분히 반영하고자 하는 개념화이다(조대엽, 2007a: 262).

〈표 8-1〉 주요 정치인의 팬클럽 현황(2009년 1월 현재)

정치인	팬클럽 명칭	회원규모 (명)	개설일
노무현	노사모	111,320	
	하이오리	127	
	바보노무현		
	노짱님과 삼겹살 파티를 준비하는 모임(다음카페)	13,676	2008. 1.10
	노사모(다음카페)	16,336	2002. 3.16
	바보노무현(다음카페)	1,489	2000. 5.13
	노우잇(프리첼)	237	
문국현	문블리	1,456	
	김봉간의 플라이투더문		
	문함대(다음카페)	18,449	2007. 3. 8
	네이버카페	2,300	2007. 8.20
박근혜	호박넷, 호박가족	약 7만여*	2005.11.21
	박사모전국연합	22,708	
	G.H네티즌포럼		
	희망21		
	박사모(다음카페)	52,618	2004. 3.30
	근혜사랑(다음카페)	10,689	2002.12.25
	♡大朴사랑♡(싸이월드 클럽)	8,954	
	박애단(다음카페)	2,373	2005. 5.18
	근혜로드(싸이월드 클럽)	164	
유시민	시민광장		
	유시민블로그 헌법 제1조		
	시민사랑(다음카페)	11,715	2001. 1.18
	시민마을(다음카페)	7,203	2003.12. 2
이회창	창사랑(공식팬클럽)		
	이회창사랑(한국昌)	2,499	2005. 1. 4
	2030의 희망의 창	651	2007.11. 3
정동영	정동영과 통하는 사람들		
	정동영 플레이톡		
	정통들(다음카페)	3,845	2000. 8.12
	정동영과 통하는 사람들(다음카페)	2,237	2004. 9. 9

* BBS 취재(양창욱 · 이용환, 2008. 11. 18. "[집중취재] 박근혜, 팬클럽 교통정리 나서나") 참고.
** 공란은 미확인.

에의 구속을 회피하는 해체적 징후의 모순적 결합이라고도 할 수 있다 (조대엽, 2007a: 263).

이 같은 유연 자발집단이 갈등사회의 공론장을 주도하는 주요 행위자로 등장한 것은 시민사회 영역에서 정당이나 노동조합, 시민단체와 같은 조직적 주체들이 갖는 경직성과 권위구조를 거부하는 일종의 급진적 개인주의가 반영된 현상으로 탈조직적 시민사회의 확장이라는 점에 주목할 수 있다. 시민사회의 욕구가 극대화되고 새로운 세대가 추구하는 유연적 소통에의 욕구는 시민사회의 기존의 주요 조직들이 갖는 구속성을 넘어 보다 느슨하고 자유로운 활동을 보장하는 제 4의 결사체가 갖는 네트워크에 훨씬 더 친화성을 보이는 것이라고 말할 수 있다.

갈등사회에서 갈등의 제도화와 일상화는 시민단체를 중심으로 생산되는 제도화된 운동의 경향과 함께 유연 자발집단의 공론형성 과정을 통해 규정되는 바 크다. 무엇보다도 시민단체와 유연 자발집단은 시민사회의 정치화 기제이자 정치 참여의 새로운 통로라는 점이 강조되어야 한다. 제도정치의 밖에서 작동하는 다양한 생활정치와 정체성의 정치는 이 같은 새로운 참여의 통로를 통해 확산되는 경향이 있다.

갈등사회에서 제도화된 시민단체들은 시민사회를 정치화하는 '제 1의 요소'로서 조직적 시민행동의 영역이라고 할 수 있다면, 제 4의 결사체로서의 유연 자발집단은 시민사회 정치화의 '제 2의 요소'로서 탈조직적 시민행동의 영역이 되었다. 이러한 요소들은 시민사회를 재구조화하고 정치화함으로써 공적 이슈에서 긴밀한 연계를 갖기도 한다. 갈등사회에서 갈등의 제도화 경향이 확산된다고 하더라도 시민사회의 소통의 욕구가 불합리하게 차단될 경우 이 같은 시민사회의 정치화 요소들은 강력한 갈등의 주체로 등장하기 마련이다. 특히 유연 자발집단의 힘은 어느 때나 거대한 촛불군중을 만들 수 있는 거대한 동원력으로 작동할 수 있다.

4. 갈등사회와 탈정치적 정당정치

1) 탈정치화된 정당과 혼합정치

정당이 가장 강력한 영향력을 가졌던 시기는 산업사회에서 독재적 국가동원의 수단으로 작동하는 경우였다. 파시스트 정당이나 공산당, 그리고 주변부에서의 개발독재를 뒷받침했던 정당들은 그 차이점에도 불구하고 산업사회에서 국가주도의 사회통합을 가능하게 하는 핵심적 제도였다. 그러나 오늘날 시장화와 정보화, 민주화의 거대경향이 만들어낸 갈등사회에서 시민사회의 자율적 정치참여의 기제들은 정당의 기능을 점점 위축시키고 있다. 시장과 시민사회의 자율적 영역이 확대되면서 국가통제의 영역이 약화됨에 따라 정당의 기능은 동반적으로 약화되는 경향이다. 특히 동구 사회주의의 붕괴 이후 확산된 지구적 시장화 경향과 함께 국가와 이념과 정당이 결합되었던 사회통합의 구심이 해체되면서 정당은 점점 더 무력화하는 경향을 보였다.

시장화의 경향과 동반적으로 작동하는 정보화의 속도가 다른 어떤 사회에 비해 빠른 한국사회의 경우 1990년대 이후 시민단체의 성장과 2000년대 이후 기존의 정당에 대한 불신이 확대되면서 전자적 공중과 유연 자발집단이 새로운 소통의 공간으로 작동하게 되었다. 게다가 인터넷과 같은 뉴미디어를 포함한 미디어 정치의 발달은 그간에 정당이 담당했던 정치적 동원의 구조를 획기적으로 바꾸어 놓았다. 오늘날 제4의 결사체로 등장한 개별 정치인 지지집단이 정당보다 훨씬 더 실질적인 동원의 자원으로 기능하는 것은 정당정치를 무력화하는 실질적 요인이 되고 있다.

이 같은 갈등사회의 보편적 사회변동이 정당정치를 위축시키는 거시적 경향으로 작용하는 데다 한국의 정당정치는 이러한 거대한 사회변동에 적응적으로 변화하지 못함으로써 가장 정치적이어야 할 정당이 '탈정치화'된 모습을 보이고 있다.[6] 정치적 소통의 소멸을 '탈정치화'라고 표현할 수 있다면 한국의 정당정치는 전형적으로 정치 없는 정당의 특성을 보인다. 정치의 궁극적 목적은 사회통합이라고 할 수 있다. 사회통합은 권력의 강제나 폭력을 통해서도 이루어질 수 있지만 정치를 통한 통합은 훨씬 더 고차원적이다. 말하자면 정치는 행위자 간의 협상과 타협을 통해 합의를 도출하는 과정이어서 사회통합에 이르는 가장 높은 차원의 사회적 행위양식으로 간주된다. 따라서 소통과 합의의 과정이 없는 정치는 더 이상 정치라고 평가하기 어렵다.

한국 정당정치의 탈정치화 경향은 2000년대 이후 정치과정에서 더욱 뚜렷이 나타나는데 무엇보다도 주요한 국가정책이 정당과 의회의 정치과정을 통해 소통과 합의를 이루어 내지 못하는 데 요인이 있다. 민주주의의 근간이라고 할 수 있는 의회정치가 마비된 이 같은 현실은 주요 정책과 정치적 판단이 의회가 아니라 사법부에 맡겨짐으로써 의회정치를 주도해야 할 정당은 이미 박제화된 현실을 통해 잘 나타난다. 이처럼 정치적 소통이 단절된 정당정치의 탈정치화 경향은 무엇보다도 다음과 같은 3가지 수준에서 그 요인을 살펴볼 수 있다.

첫째, 이념과 가치의 수준에서 계급적 지향을 뚜렷이 하는 진보정당

---

6 2008년 말 〈경향신문〉과 현대리서치의 정당지지도 조사에 따르면 지지정당이 없다고 답하는 무당층이 56.3%에 이르고 있다(〈경향신문〉, 2008.12.16). 또한 이러한 정당 불신의 경향은 '방송법'을 비롯한 쟁점법안의 일괄처리를 시도했던 2009년 1월 임시국회 이후 한길리서치의 조사에 따르면 무당층이 64.9%로 폭발적 증가세를 보이고 있다(GNN Korea, 2009.1.14). 이러한 무당층의 증가는 정치 없는 정당정치에 대한 국민적 불신이 반영된 것으로 정당정치의 위기를 가시화하고 있다.

을 제외한다면 한나라당(현재의 새누리당)과 민주당(현재의 새정치민주연합)은 적어도 정강정책에 나타나는 내용으로는 사회계층 및 계급적 성격이 명확히 구별되지 않는다. 오히려 정당 간 대립은 계급계층적 지향보다는 분단이데올로기를 반영하는 친북과 반북의 갈등과 균열이 심각하다. 갈등사회의 탈이념적 경향과 함께 김대중 정부 이후의 남북정상회담과 평화무드의 확산에도 불구하고 정당정치는 대북정책을 지속적 갈등의 요인으로 재생산했다.

정당이 사회통합을 위한 소통의 주체가 아니라 갈등의 주요 축으로 인식되는 데는 거대전환의 사회변동을 반영하지 못하는 정당정치의 이 같은 냉전 이념균열이 자리 잡고 있다.[7]

둘째, 조직적 수준에서 탈정치화 경향의 요인은 정당정치의 '실질적 프로그램'이 취약하다는 점에서 찾아질 수 있다. 프로그램은 유럽정치에서 정당의 종합적 강령, 즉 정강을 의미한다.[8] 여기서는 한국의 정당정치에서 형식적 강령이 있으나 시민들이 정치적으로 선택할 수 있는 실질적 프로그램이 작동되지 않는다는 점에 주목한다. 이 점에서 프로그램의 개념을 보다 실질적 차원에서 포괄적이고 분석적으로 사용하고

7 고려대학교 한국사회연구소의 갈등의식조사에 따르면 갈등의 책임에 대한 평가에서 응답자의 80% 이상이 정당이 언론과 함께 책임이 가장 큰 것으로 보고 있다. 아울러 갈등해소를 위한 노력에 대해서도 응답자의 약 70%가 정당은 거의 노력하지 않는 것으로 인식하고 있다(고려대 한국사회연구소, 2008). 대부분의 국민들은 한국의 정당정치가 사회통합에 기여하는 것이 아니라 갈등을 생산하는 데 기여하는 것으로 보고 있다.

8 특정집단에 대한 직접적인 대가와 후원을 매개로 형성되는 후견정당(*clientelist party*)이 낮은 수준의 정당정치를 의미한다면, 대부분의 현대 서구정당들은 종합적인 강령을 제시하고 이를 수행함으로써 사회적 선택의 문제를 해결하는 정강정당(*programmatic party*)이라고 할 수 있다(Kitschelt, 2004: 151~152). 유럽정치에서 이러한 정강의 정당별 분화는 사회적 균열을 대변하는데 예컨대 립셋과 로칸은 중심과 주변, 종교계파 혹은 종교와 비종교의 구분, 도시 - 농촌, 사회계급 등의 4가지 사회균열을 강조한 바 있다(Lipset and Rokkan, 1967).

자 한다. 말하자면 정당정치에서 프로그램은 '정당의 강령에서부터 구체적인 정책, 당원의 확보에 이르기까지 시민들의 정치적 선택과 연관된 종합적 기획'이라는 의미로 사용하고자 하는 것이다.

실천적 프로그램의 부재는 다른 무엇보다도 한국정당의 정체성 위기, 대중기반과 시민참여의 위기, 소통의 위기라는 3중의 위기와 결부되어 있다. 정당정치의 가장 종합적인 프로그램은 각 정당의 정강으로 나타난다. 정강에는 가장 우선적으로 정당의 다양한 활동이 이념적으로 지향하는 바를 통합해 낼 수 있는 비전이 있어야 한다. 당이 나아갈 바를 지시하는 정당의 비전은 무엇보다도 뚜렷한 정체성에 기반을 두어야 한다. 좌우 이념이 효력을 잃은 현실에서 구래의 이념지향을 넘어서면서도 정당이 추구하는 새로운 가치지향이 모색됨으로써 이념적 수준 혹은 가치적 수준의 정체성을 제시하는 프로그램이 설정되어야 한다. 대부분의 주요 정당은 탈근대, 탈냉전, 탈영토적 지구사회적 변동에 적응적인 정체성에 전혀 접근하지 못함으로써 심각한 정체성의 위기를 겪고 있다.

정체성의 위기와 동시에 한국의 정당은 안정적 대중기반을 갖추고 있지 못할 뿐만 아니라 시민참여의 통로가 막혀 있다. 정당정치의 탈정치화 경향은 점점 더 정치엘리트 중심의 정당, 원내중심정당을 현실화함으로써 정치의 외연을 극도로 축소시키고 결국 시민의 삶이 정치로부터 배제되는 결과를 낳는다. 따라서 한국의 정당은 과거 거대 동원정치의 시대에 연고적으로 동원된 수백만의 형식적 당원을 새로운 절차로 재구성하고 당의 대중기반과 시민참여의 폭을 전폭적으로 확장하는 실천적 프로그램을 가져야 한다. 시민과 지지자와 당원 없는 정당정치는 탈정치화된 정당정치의 전형이다.

소통의 위기를 극복할 수 있는 실질적 프로그램의 부재 또한 정당정치의 탈정치화를 재생산하는 원천이다. 적어도 중앙당과 지역위원회의 분권적 소통은 중앙당과 소수지도부, 국회의원에게 집중된 당내 권력을 나누는 시급한 과제이고, 계파담합의 정치를 정파 간의 합리적 합의의 정치로 만드는 프로그램을 구축하는 것도 현실적 과제이다. 계파의 이익만을 챙기고 의원 조합으로 남는 정당정치는 탈정치화된 정당정치의 오랜 숙제이다. 소통과 합의의 정치를 실천할 수 있는 구체적 프로그램이 마련되어야 한다.

정당정치에서 이 같은 다양한 수준의 실천적 프로그램의 취약성은 무엇보다도 정치적 소통을 단절시킴으로써 탈정치화 경향을 드러내는 요인이 된다. 이른바 제왕적 대통령제의 한국적 정치전통에서 정당은 정부에 압도됨으로써 프로그램의 부재를 드러내는 경향이 있다. 집권하게 되면 거의 대부분의 프로그램은 정당의 몫이 아니라 청와대 비서실의 몫이 되기 마련이었다. 참여정부에서 이른바 '로드맵'이라는 용어가 등장했지만 이것이 대통령 비서실뿐만 아니라 정당의 프로그램과도 맞물려야 했다. 물론 주요 정당들은 강령이 없는 것은 아니다. 주요 정당의 강령은 표현상 차이는 눈에 띠지만 대체로 큰 차이를 보기 어려운 데다 전략적 수준의 프로그램을 준비하지 않는 조건에서 강령은 형식적인 것이 되기 쉽다. 특히 2000년대 이후 노무현, 이명박, 박근혜 대통령에 이르기까지 정부와 정당의 소통은 고도로 제약되고 있다.

셋째, 구성원의 정치적 성향의 수준에서 탈정치화의 경향은 당내 이질성이 높은 '혼합정치'의 특성과 관련된다. 전략적 프로그램 부재의 정당정치 현실은 정당내부의 이질성을 높이기 때문에 서로 다른 요소들이 화학적으로 결합하지도 못하고 분리하지도 못하는 상태를 유지하는 '혼합정치'의 특성을 드러냈다.[9] 17대 의회에서 열린우리당의 경우 당내의 이념적 스펙트럼이 넓어 정책현안에 대한 일관된 입장을 갖기 어려웠다. 〈중앙일보〉의 국회의원 이념성향조사에 따르면 2004년 당시 진보와 보수의 성향을 10점 척도로 조사했을 때 국민평균은 4.6으로 온건한 진보의 성향을 약하게나마 보였다. 이때 열린우리당은 3.5로 진보적 성향을 보였는데 여기에는 극히 진보적인 성향의 의원들이 포함될뿐더러, 한나라당의 경우도 평균 5.4로 상당히 온건한 보수의 경향을 보이지만 6.2 수준의 보수적 의원들이 포함된다.

2008년 등원한 18대 국회의원을 대상으로 보면, 국민평균이 5.4로 보수화되었고 한나라당은 6.2로 보수화되었으며, 통합민주당은 3.8로 2004의 열린우리당과 비슷한 진보적 수준에 있다. 그러나 한나라당의 이념분포를 구체적으로 보면 3.1에서 7.7까지의 넓은 편차를 보이며 통합민주당도 1.7에서 6.9까지의 범위를 보였다. 자유선진당의 경우도 3.5~8.8까지의 편차를 보였다(〈중앙일보〉, 2007, 2008).

평균적 수준에서 본다면 18대 국회의원 당선자들의 이념분포는 17대에 비해 동질성이 높아진 것으로 보이지만 여전히 정당별 의원들의 이념 및 가치의 분포는 이질성이 높은 편이다. 이 같은 혼합정치의 특성은 정당내부에서 혹은 정당 간에 지역적 균열과 계파 간 균열을 재생산하는 구조로 자리 잡았다. 혼합정치에 내재된 이 같은 정치균열은 사회적 요구와는 관계없이 지극히 정략적 수준에서 나타난 균열이라고 말할 수 있다.

---

9 한국 정당의 혼합정치적 특징은 정당의 사회적 포괄성이 높다는 점과도 관련되어 있다. 정당이 사회적 균열구조상의 중요 사회집단들로부터 고르게 지지를 끌어내는 정도를 사회적 포괄성이라고 하고, 특정집단으로부터 받아내는 정당지지의 집중도를 사회적 집중성이라고 한다면(Janda, 1980), 한국과 미국의 정당은 사회적 포괄성이 높고 집중성은 낮으며, 일본의 정당은 사회적 집중성이 높고 포괄성은 낮게 나타나는 경향을 보이고 있다(곽진영, 1998). 문제는 사회적 포괄성이 높은 경우 정당정치와 사회의 연계가 약하다는 점이다.

혼합정치적 특성은 정당과 사회의 관계에서 포괄성은 높으나 집중성은 낮은 경향을 보인다. 정당의 사회적 포괄성이 높다는 것은 네트워크를 분산시키고 약한 사회적 연계를 갖는 결과를 낳는다. 혼합정치는 정부와 정당의 정책적 연계를 약화시킬 뿐만 아니라 갈등사회에서 높아지는 시민사회의 정치적 욕구와 정당정치의 연계 또한 크게 제약하고 있다. 따라서 혼합정치적 정당들은 시민사회와 정치적 소통을 구축한다고 하더라도 정당이 적극적으로 개입해 만든 이념단체 —시민사회 영역에 자리하고 있으나 제도정치의 외곽에 결집한 정치적 이념단체 — 와 결합함으로써 시민사회의 생활정치적 요구와는 차단되는 경향이 있다. 한국 정당의 이 같은 혼합정치적 특성은 갈등사회의 사회변동을 수용하기 어렵게 하는 구조적 요인이라고도 말할 수 있다.

이념, 조직, 구성원 성향의 각 수준에서 정당정치가 갖는 이 같은 특징은 정부와 정당, 정당과 정당, 그리고 정당과 시민사회의 정치적 소통을 어렵게 하는 구조적 요인이 된다. 이러한 요인들은 한국 정당정치를 정치 없는 정치로 만들어 갈등사회의 사회변동에 조응하지 못하는 지체현상을 드러냈다.

2) 정당의 분화와 틈새정치

주요 정당들은 이념적 수준 혹은 가치적 수준의 프로그램을 강령에 제시하지만 민주노동당을 제외하고는 현실적으로 효력을 갖기 어려울 만큼 정당 간의 구별이 분명하지 않다. 나아가 전략적 수준의 프로그램과 이에 따른 정책이 준비되지 않고 언제나 선거 국면에서 공약을 위해 급조한 정책들을 쏟아내기에 바쁜 것이 우리 정당정치의 현실이었다. 그나마 이렇게라도 만들어진 정책들이 정작 선거시기에는 이른바 '바람의 정치'가 작동되어 의미 없는 것이 되고 만다.

시민사회의 정치적 욕구가 팽창하는 갈등사회의 현실에서 탈정치화된 정당정치는 시민사회와의 지속적 연계를 맺기 어려울 뿐만 아니라 이를 통해 시민사회의 욕구를 반영하는 구조를 갖기도 어려울 수밖에 없다. 이러한 조건에서 정당은 선거 때만 요동치는 특징을 갖게 된다. 유독 우리 정당은 선거를 앞두고 이합집산을 거듭하는 경향이 있다. 정당분화의 특성에 주목할 때, 이러한 경향은 선거국면에서 표를 얻을 수 있는 조금의 여지만 보여도 기존정당에서 이탈하거나 새로운 정당을 만들어낸다는 점에서 '틈새정치'의 성격을 보인다고 말할 수 있다.

'틈새정치'는 유사한 이념과 지역성을 가진 정치세력이나 정당이 있음에도 불구하고 특정의 정치적 수요층이 요구하는 바로 그러한 정파가 없기 때문에 정치적 수요가 틈새처럼 비어 있는 상태를 겨냥해서 만들어지는 정당이나 정치세력화 현상을 의미한다. 틈새정치는 선거 때에 활기를 띠다가 선거 후에는 다시 의회 내에서의 유리한 위치를 얻기 위해 정당별 혹은 정파별로 재정렬함으로써 프로그램 없는 정치의 전형을 보였다. 틈새정치는 프로그램 없는 정당들의 혼합정치에 내재하는 정략적 균열의 효과라고 말할 수 있다. 혼합정치에서 이러한 균열은 이념이나 가치와 같은 뚜렷한 지향이 없는 균열이다. 이런 점에서 지역정치와 계보정치는 틈새정치를 확대시키는 혼합정당의 주요한 특징이라고 할 수 있다.

2008년 총선에서 '자유선진당'의 창당은 지역균열의 조건에서 충청지역을 목표로 하고 아울러 대북관계에서 강경입장을 채택함으로써 지역균열과 이념균열을 기회로 삼은 틈새정치의 전형이라고 말할 수 있다. '친박연대'의 경우도 출신지 정치와 계보 정치의 균열조건을 기회로 삼은 틈새정치의 특징을 보여준다고 할 수 있다. 틈새정치는 정치세력들의 살아남기 위한 정치적 모색이라는 점에서 본질적으로 생존의 정치이다. 따라서 틈새정치는 정치적 욕구를 가진 시민으로서의 유권자가 아니라 표로서의 유권자만 보게 되는 것이다.

갈등사회의 논리에서 새로운 사회갈등은 대체로 생활정치적 이슈가 공공화됨으로써 갈등의 일상화를 통해 그 빈도가 증대하는 경향이 있다. 이처럼 시민사회의 자기조정적 자율성에 바탕을 두고 만들어지는 일상적이고 제도화된 갈등은 이미 강조한 바와 같이 갈등이 만연하다는 생각은 갖게 하지만 실제로 갈등의 강도가 그리 높지 않으며 그러한 갈등 자체에 이미 유연적 사회통합의 요소를 내재하고 있다. 그러나 제도정치의 영역에서 틈새정치가 작동하는 것은 정당이 갈등 생산의 중요한 주체로 간주되게 한다.

갈등사회에서 틈새정치는 시민사회의 정치적 요구와는 전혀 상관없이 정당 간 혹은 정당내부의 불합리한 균열의 구조를 반영하는 것이며 그것은 곧 탈정치적 정당정치의 효과이다. 출신지나 계보로 인한 균열구조 속에서 형성되는 틈새정치는 시민사회의 다양한 요구에 반응하기 어려우며 나아가 이러한 시민사회의 요구나 시민단체의 활동과 안정적인 제도적 연계를 이루는 것은 더더욱 어려운 일이다. 더구나 틈새정치는 균열의 틈을 메우는 정치가 아니라 기존의 균열을 확대하거나 새로운 균열을 만드는 정치로 작동하는 경우가 많다.

무엇보다도 정당정치는 가치와 이념의 수준에서부터 구체적 정책의 수준에 이르기까지 정치적 소통을 복원하는 것이 시급하다. 정당정치가 거대한 사회변동의 과정에서 시민사회의 재구조화를 이루는 시민단체와 유연 자발집단에 대해 개방적 연계를 갖는 것은 이 같은 정당정치의 재정치화를 통해 가능하다. 갈등사회에서 정치의 복원은 무엇보다도 정당의 개방을 의미하는 것일 수 있다.

5. 정당정치의 재정치화를 위하여

20세기의 정치패러다임에서 국가영역의 제도정치는 오늘날 그 위력이 점점 약화되고 있다. 반면에 시민정치, 노동정치, 소수자정치, 생활정치, 정체성의 정치 등의 개념에서 보듯이 시민사회에는 정치적 욕구와 일상적 삶의 정치화 경향이 넘치고 있다. 특히 갈등사회의 정치패러다임에서 시민사회의 새로운 정치참여방식은 일상화되고 제도화된 갈등을 만들어내고 그러한 갈등은 자체에 자율적 통합의 요소를 내재함으로써 정당을 포함한 제도정치의 기능을 더욱 위축시키고 있다. 일상적 삶의 정치를 포함한 다양한 하위정치가 비정치적인 것의 정치화 경향을 촉진함으로써 우리 시대는 정치의 범람 속에서도 이러한 변화에 적응하지 못한 정당정치의 지체를 경험하고 있다.

오늘날 갈등사회로의 사회변동은 국가중심의 공공성 구조를 재구성하고 있다. 정부중심으로 구축된 공공성의 구조가 시장과 시민사회영역에 할당됨으로써 사회갈등의 이슈가 달라지고 사회통합의 성격과 구조 또한 달라지고 있다. 국가, 시장, 시민사회의 거시 질서에 내재된 다양한 기구와 집단 또한 공공성 재구성을 반영하고 있다. 분산된 공공성의 기능은 파트너십과 연계를 통해서만 질서의 구축이 가능하다.

이 장에서는 갈등사회의 사회변동 과정에서 시민사회의 제도화된 운동을 생산하는 시민단체와 인터넷을 매개로 형성된 전자적 공중의 새로운 조직특성이 더 근원적인 사회변동과 함께 정당정치를 약화시키는 큰 흐름이라는 점을 강조했다. 시민사회를 재구조화하는 주요 요소로서의 시민단체와 함께 전자적 공중이 만드는 제 4의 결사체는 시민사회의 수많은 정치적 욕구를 표출하는 갈등사회의 새로운 정치참여 기제라고 할 수 있다. 정당과 의회정치를 중심으로 작동하는 제도정치의 경로와는 '다른 정치'가 전개되고 있다.

거대전환의 사회변동이 만드는 이 같은 정치참여의 현실은 정당정치를 위협하는 한편, 기존 정당의 경직성과 폐쇄성, 비효율성을 심각하게 드러냄으로써 정당의 위기를 가중시키고 있다. 아울러 한국의 정당들이 공유하는 탈정치화된 정당정치의 현실이 정당의 위기를 더욱 가속화한다는 점도 강조되어야 한다. 정부, 정당, 시민사회 간의 정치적 소통이 소멸된 정당정치의 특징을 '탈정치화'로 규정할 때, 이러한 경향은 이념과 조직, 구성원의 성향의 수준에서 그 요인을 강조할 수 있다. 주요 정당들은 정강정책을 갖춤으로써 정치적 프로그램을 갖추고 있다. 그러나 대부분의 프로그램은 일정한 방향성을 갖기보다 일종의 바람직한 전망을 모두 모아놓은 듯한 도덕 교과서식 강령을 제시한다. 또한 이러한 강령들은 정당 간 차이를 찾아보기 어렵게 혼합적 요소를 갖고 있다는 점에서 형식적이며, 정치적 소통에서 가장 중요한 전략적 프로그램이 대단히 취약하다.

여기서는 정당정치의 탈정치화 경향을 드러내는 요인 가운데 정당정치의 '혼합정치'적 특성과 '틈새정치'의 특징을 강조했다. 정당내부의 이질성이 심해 선거를 위해 모여든 혼합정치의 특성과 함께 기존 정당과 정치적 수요자층의 틈새를 겨냥해 선거국면에서 정당이나 정치세력화가 급조되는 틈새정치는 정당정치를 시민으로부터 유리시킴으로써 탈정치화의 중요한 요인으로 작용하고 있다. 정당정치의 이러한 특징은 갈등사회의 사회변동과 함께 한국의 정당정치가 이중적 위기를 맞도록 하고 있다.

제도적 차원에서 정당정치는 여전히 유용하고 유효하다. 한국의 정당정치가 이러한 유용성을 지속적으로 갖기 위해서는 무엇보다도 갈등사회적 변화에 적응하지 못하는 정당정치의 지체를 넘어서야 한다. 말하자면 탈정치적 성격을 넘어 정당정치를 '재정치화'해야 하는 것이다. 이를 위해 우선적으로 몇 가지 과제에 주목해야 한다.

첫째, 다양한 수준에서 프로그램이 정비되어야 한다. 이념이나 가치수준의 프로그램과 전략수준의 프로그램, 그리고 정책수준의 프로그램이 사회변동에 대응해서 마련되어야 한다. 특히 새로운 지향의 가치가 명백히 제시되어야 할 뿐만 아니라 정책프로그램을 생산하고 추진하기 위해 통합과 소통 지향적 전략프로그램이 마련되어야 한다.

둘째, 생활정치 지향적 프로그램을 갖추어야 한다. 갈등사회의 새로운 갈등은 대부분 일상적 삶의 영역에서 제기되는 삶의 정치이슈라고 할 수 있다. 이 같은 생활정치의 이슈들은 구래의 좌우 정치 이념적 프로그램보다 훨씬 더 가치 중심적인 프로그램을 필요로 한다. 가치 중심적 요소와 함께, 생활정치 이슈를 공공화함으로써 다양한 정책프로그램이 구상되고 이를 공공성의 연계를 통해 실현할 수 있는 전략적 수준의 프로그램이 갖추어져야 한다.

셋째, 시민사회에 대한 구조적 개방을 확대해야 한다. 한국의 주요 정당들은 대부분 언론, 학교, 종교, 민간법조 등 시민사회를 구성하는 주요 영역의 소수의 이익 추구적 '사회권력'과 결부되어 있다. 시민사회의 아래로부터의 요구는 이러한 사회권력이 아니라 다양한 형태의 자발적이고 공공적인 시민단체를 통해 가장 잘 확인할 수 있다. 적어도 정당은 시민단체에 대해 개방되어야 할 뿐만 아니라 전자적 공중이 만드는 다양한 유연 자발집단과도 소통해야 한다.

한국의 정당정치는 더 많은 소통을 위해 제도의 개방과 유연화가 필요하다. 갈등사회에서 정당정치는 무엇보다도 새로운 갈등구조와 사회통합의 새로운 질서에 합류해야 한다. 산업사회의 국가동원구조에서 정당이 동원의 구심이 되었던 시기가 있었다. 그러나 더 이상 정당은 사회통합의 중심에 위치하지 않으며 또 그러한 능력을 갖고 있지도 않다는 점을 인식하는 것이 중요하다. 오늘날 갈등사회에서 정당은 다양한 사회통합의 구심 가운데 하나일 뿐이고 그러한 구심으로서의 역할조차도 시민사회의 주체들과 연계하지 않으면 지속되기 어렵다. 오늘날 갈등사회의 급속한 사회변동 속에서 정당은 산업사회의 유물이자 박제화된 제도로 남을 수도 있다. 정당정치의 위기를 새로운 적응을 위한 도전으로 넘어서지 못할 경우 정당은 소수정치인의 휴게실로 전락할 수도 있다.

갈등사회와 갈등정치의 재구성 4

09 갈등사회와 자조집단의 재구성 *

1. 자조집단과 공공성의 문제

사회운동에는 광범한 사회구조의 변동에서부터 운동 참여자의 개인적 동기에 이르기까지 거시적 수준과 미시적 수준의 다양한 사회구성요소가 결부되어 있다. 특히 사회운동 연구에서 중위적 수준의 연구대상으로 설정되는 사회운동 조직은 사회운동을 합리적 행위로 보는 시각에서 가장 핵심적인 분석요소이다(조대엽, 1995, 1996; 정철희, 1995). 무엇보다도 사회운동 조직은 사회운동의 주요한 유포자이자 추진자이며, 사회운동 분석의 거시적 수준과 미시적 수준을 연결시키는 매개적 요소이기 때문이다(조대엽, 1996).

사회운동 연구에서 사회운동 조직은 동원의 중심이나 사회운동 네트워크의 축으로 다루어짐으로써 사회운동의 출현과 확장, 그리고 성공

* 이 장의 내용은 〈현상과 인식〉 제32권 4호, 통권 106호, 겨울호(2008)에 게재된 조도현·조대엽 공저의 논문 "아토피안 자조집단의 사회운동 조직적 성격"을 수정, 보완한 것이다. 이 책에 제9장으로 포함하는 것을 허락해준 조도현 군에게 감사드린다.

과 실패의 가장 주요한 요소로 간주되는 경향이 있었다. 그러나 사회운동 연구에서 사회운동 조직이 갖는 중요성과 의의로 볼 때 사회운동 조직 자체의 특성을 분석하는 구체적 연구는 그리 많지 않다. 특히 사회운동 조직의 외연을 어디까지 확장할 수 있는지와 '사회운동 조직'과 '아닌 것'의 경계를 어떻게 구획할 것인가에 대한 논의 역시 활발히 이루어진 바 없다.

한편, 최근의 사회변동은 제도영역의 경직성으로 인해 증대하는 시민적 욕구가 만들어낸 다양한 '자조집단'(SHG: *self help group*)의 활동을 확산시키고 있다. 일반적으로 자조집단 활동은 자기 자신을 돕는 사적 활동이라는 점에서 시민사회의 공공성을 지향하는 사회운동과는 달리 해석되었다. 그러나 여기서는 자조집단이 현대사회의 사회운동 조직이 갖는 특성을 공유하고 있다는 점에 주목하고자 한다. '스스로를 돕기 위한 조직'인 자조집단은 개인의 필요와 욕구를 충족시키기 위해 만든 사적 목적의 조직이다. 그러나 공동의 문제를 안고 있는 사람들이 공동의 방식으로 문제를 해결하고자 하는 자조집단은 조직의 구성 자체가 공공적으로 구성되며 나아가 문제의 해결방식도 시간이 지남에 따라 공공성의 수준이 높은 방식을 채택하게 된다. 말하자면 자조집단은 사적 필요와 욕구를 공공적으로 해결하기 위한 시도이고 이러한 시도는 사회운동의 일반적 특성과 무관하지 않다.

이러한 맥락에서 자조집단의 공공성과 사회운동 조직의 공공성은 보다 분석적으로 검토함으로써 자조집단을 사회운동 조직으로 볼 수 있는가라는 문제에 접근하고자 한다. 사회운동 조직과 그 성격 및 행위양식이 다르다고 인식되어온 자조집단이 특정한 조건하에서 사회운동 조직으로 분류될 수 있는 속성을 그 자체적으로 이미 내재하고 있다는 진단은 사회운동의 출현과 유지, 발전과 쇠퇴의 동학을 보다 폭넓게 분석할 수 있는 가능성을 제공한다.

자조집단을 사회운동 조직으로 해석하려는 시도는 이미 서구 학자들에 의해 진행되었다. 스미스와 필레머(D. H. Smith and Karl Pillemer)는 자조집단이 그 자체로 전문화되고 관료화된 근대 사회체제에 대한 도전을 담고 있으며, 주류체제의 변화를 도모하는 사회운동 조직이라고 주장했다(Smith and Pillemer, 1983: 217). 또한 토크는 자조집단이 '집합적 행동을 통해 개별적 변화를 추동한다'는 점을 근거로 '개별 자조집단은 사회운동 조직이며, 자조집단의 네트워크는 사회운동'(Toch, 1965: 71)이라고 정의하기도 했다.

이 같은 선행연구의 이론적 자원을 통해 이 장에서는 아토피안[1] 자조집단을 사례로 자조집단의 출현과 자원동원론을 고찰하고자 한다. 무엇보다도 아토피안 자조집단에 내재된 사회운동 조직의 정체성을 추출해냄으로써 사회운동 조직으로서의 자조집단의 특징을 분석하는 것이 목적이다. 여기서 사례로 삼는 자조집단은 2000년에 설립된 '수수팥떡 아이사랑 모임'(이하 '아사모')으로 아토피 피부병을 가진 아이들의 어머니들이 자연 치유 혹은 친환경 치유를 공유하고 실천하기 위해 만든 모임이다. 이 모임은 기존 서구 의학이 제공하는 처방 대신,[2] 공기, 물, 바람, 먹을거리 등을 활용하는 자연치유 요법을 선택하고 있다.

---

1 '아토피안'은 아토피(*atopy*)를 겪고 있는 환우를 통칭하는 말로 공식적인 의학용어는 아니지만 국내의 다양한 서적과 아토피 극복을 위한 온라인 커뮤니티 등에서 아토피 환우를 의미하는 명칭으로 자주 쓰이고 있다. 이 논문에서는 《해맑은 피부를 되찾은 아이》에서 최민희가 사용한 아토피안의 개념을 준용하여 아토피 증상을 겪고 있는 모든 환우를 의미하는 개념으로 사용하고자 한다.

2 현재 아토피 피부염과 관련한 인터넷 자조집단 활동에서 진행되고 있는 주요이슈는 '탈스테로이드'로, 1950년 피부질환 치료제로 처음 인정받고 '꿈의 약'으로 불린 스테로이드제에 대한 거부가 서구 의학의 처방에 대한 가장 대표적 거부이며(최윤경, 2003), 수수팥떡 아이사랑 모임 역시 이 부분이 주요 화두의 하나로 나타나고 있다.

기든스는 자연치유법, 이른바 대체의학의 성장은 자조운동의 확대와 관련되어 있다고 설명하면서 사람들은 이제 과거 어느 때보다도 더 자신의 생명을 직접 통제하고 관리하려고 하며, 그 자체가 서구의 기성 의료체제의 운영 토대가 되는 생의학적 건강모델(*biomedical model of health*)에 대한 비판이자 도전이라고 설명한 바 있다(앤서니 기든스, 2003). 주류적 실재(*reality*)인 생의학적 건강모델은 질병을 객관적인 측면에서 정의하고, 건강한 신체는 과학적 근거를 갖는 '의료'에 의해 회복될 수 있다고 강조해왔기 때문이다.

2. 사회운동 조직과 자조집단

사회운동에 관한 정의는 터너와 킬리안(R. Turner and L. Killian), 매카시와 잘드(J. McCarthy and M. Zald), 틸리(C. Tilly), 투렌(A. Touraine), 멜루치(A. Melucci) 등이 비교적, 명시적으로 제시했다(조대엽, 1999; 임희섭, 1999). 터너와 킬리안은 집합행동론적 시각에서 사회운동이 갖는 유동성과 비공식적 관계의 맥락을 강조했으며, 매카시와 잘드는 이른바 자원동원론적 시각에서 운동조직을 중심으로 자원의 동원과정과 조직 간의 협조·경쟁관계를 중심으로 정의했다. 특히 매카시와 잘드는 사회운동을 특정한 '사회의 구조 또는 보상의 분배체계에 변화를 일으키기를 바라는 사람들의 의견 및 신념의 집합'이라고 정의하며, 이 같은 사회운동의 목표를 달성하기 위해 활동하는 공식조직을 사회운동 조직(SMO)이라고 명명하기도 했다(McCarthy and Zald, 1973). 틸리는 조직적 자원보다는 광범한 정치과정에 사회운동의 출현을 연결시키는 관점으로부터 사회운동에 대한 정의를 도출했다(Tilly, 1978).

다른 한편으로 서구사회운동의 새로운 조류를 설명하는 신사회운동론적 입장에 있는 투렌과 멜루치는 거시구조적 문화적 변동에 사회운동을 연관시켜 설명했다. 투렌은 사회운동을 해당사회의 지배적 갈등과 동일하게 보면서 후기산업사회에 나타나는 새로운 핵심적 갈등이 문화적, 상징적 영역에서 더욱 확산된다는 사실을 중심으로 사회운동에 접근했다(Touraine, 1981). 한편 멜루치는 연대성을 수반하는 집합적 행위의 형태, 동일한 재화와 가치에 대한 갈등 및 대립에의 참여, 구조를 바꿀 수밖에 없는 체계적응의 한계를 깨뜨리는 것 등의 3가지 수준을 포함하는 특수한 집합적 현상의 범주를 사회운동이라고 강조했다(Melucci, 1995).

조대엽은 사회운동과 관련된 이러한 기존의 논의를 종합적으로 고려하여 '공유된 집합적 정체성에 기초하여 정치적, 문화적 갈등에 참여하는 다양한 개인, 집단, 조직들 간에 형성되는 비공식적 상호작용의 네트워크'라고 사회운동을 정의하기도 했다(조대엽, 1999).

사회운동의 정의에서 공통적으로 언급되는 '갈등'은 기존의 제도를 구성하는 정체 성원집단(*polity member*)과 이에 대한 도전세력의 존재를 전제로 한다. 기성의 정치, 경제, 문화적 가치체계가 존재하고 이 체계의 변화를 도모하는 도전적 집합행동이 등장한다. 사회를 구성하는 성원집단과 도전집단에 대한 논의는 사회학의 오랜 관심의 하나이다. 고프만이나 버거, 루크만 등 많은 사회학자들은 제도적 의사결정 과정에서 사회에 공식성을 부과하는 주류세력이 존재하고 사회는 이들에 의해 재생산되고 조화롭게 운영되기 때문에 이들과 다른 이면에 존재하는 소수세력들의 실재는 항상 배제될 수밖에 없다고 설명했다.

로플랜드(J. Lofland)는 이 같은 맥락에서 '동시대의 실재성, 상당성 및 도덕성에 대한 지배적 규정력을 갖는 주류사회로부터 배제되거나 주변부에 있는 실재에 대한 이상적 또는 도덕적 주장을 하는 개인과 집단의 결사체'를 사회운동 조직이라 정의하면서, 사회운동 조직에 대한 연구는 '심각하게 갈등하는 실재 간의 경합'에 대한 연구라고 말한다(Lofland, 2002: 2~3). 이처럼 '배제된 실재'(*excluded reality*)라는 개념을 중심으로 결사체의 운동조직적 성격을 해석하는 경우 자조집단에 대한 논의 역시 사회운동 조직의 이론으로 설명할 수 있는 여지가 넓어진다.

자조집단은 '공통의 문제를 서로 나누고 상호 노력을 통해 공동의 불편함이나 삶을 파괴하는 문제를 해결하여 자신들의 삶을 효과적으로 향상시키기 위해 모인 사람들과 그 사람들의 자발적 결사체'(Katz, 1992) 혹은, '대부분 참여자에 의해 변경 가능하고 개인적이라 인지되는 문제들을 개선하기 위한 수단으로서 인격적 상호작용과 상호 부조를 가치 있게 여기는 자발집단'이라고 규정된다(Smith and Pillemer, 1983: 205~206). 어떠한 정의든 자조집단이 존재하는 동일한 토양은 '다수의 문화적 가치질서'와 '정상적 존재 및 상태의 설정' 그리고 이를 보장하는 '법과 제도'라는 주류의 실재와 관련되어 있다.

이러한 맥락에서 사회운동 조직을 규정하고 그 동학을 살피기 위해 발전된 이론들은 그간에 명확하게 사회운동 조직으로 분류되기 어려웠던 자조집단을 분석하고 그 동학을 살피는 데 있어 유용하게 활용될 수 있다. 우선 자조집단은 무엇보다도 자발성, 문제 보유성, 상호부조성, 기초조직 중심성 등을 그 특징으로 한다(Smith and Pillemer, 1983: 203~205). 자발성이란 참여자의 자발적 동참을 그 충원의 메커니즘으로 한다는 의미이며, 문제 보유성은 대다수의 구성원들이 상당부분 공통된 '스스로 개선가능성이 있지만, 절박하고 개인적인 문제를 보유'하고 있다는 의미이다. 상호부조성은 단체의 구성원들이 다른 구성원들의 삶의 질과 상황을 개선시키기 위해 노력한다는 의미이고, 기초조직 중심성은 집단 활동의 가장 기초가 되는 단위의 구성원 간 상호작용의 내재적 가치를 강조한다는 의미이다(Smith and Pillemer, 1983).

로플랜드는 사회운동 조직의 변수를 제시하며 변수의 충족 정도에 따라 해당 조직의 형태를 진단한다. 로플랜드의 사회운동 조직변수는 ① 운동이 대중적으로 드러나고 조직화된 형태로 나타나는지, ② 운동 목표가 도덕적이고 이상적인지, ③ 조직이 추구하는 실재가 얼마나 주변화되고 배제되어 있는지, 그리고 ④ 해당 운동의 규모와 지속성 및 조직의 수준은 어떠한지를 기준으로 운동조직을 진단하고 분석한다(Lofland, 2002). 즉, 이 4가지 요건을 갖춘 조직의 형태를 사회운동 조직으로 분류한다. 특정의 자조집단이 로플랜드의 사회운동 조직변수의 요건 또한 충족하여 사회운동 조직으로서의 성격을 드러낸다면 그 자체로 사회운동 조직이거나 최소한 그 형태와 행위양식 면에서 사회운동 조직과 유의미한 차이가 없는 것으로 평가할 수 있을 것이다.

〈표 9-1〉에서 보듯이 사회운동과 사회운동 조직은 다른 조직형태에 비해 대중적으로 드러나며, 도덕적이거나 이상적 가치를 추구하는 공공적 운동 목표를 가진다. 또한 이러한 조직은 주변화되고 배제적인 위치에 있다. 특정의 이슈를 중심으로 등장하는 행위양식 가운데 개인제안자와 군중행동, 사회운동과 사회운동 조직은 조직규모 및 활동의 지속성이라는 점에서 차이점을 갖는다. 사회운동 조직은 일반적인 군중행동과 사회운동에 비해 상대적으로 규모가 작으며, 지속성에서는 훨씬 더 강한 지속성을 갖는다. 경우에 따라 상설적인 지속성을 갖는 시민사회 지향성을 갖는 사회운동 조직 또한 다양하게 찾아볼 수 있다.

〈표 9-1〉 사회조직 형태별 특성

변수 / 조직형태	대중적 집합행동	도덕적 / 이상적	주변적 / 배제적	조직규모 및 지속성
원자화된 저항	×			
범죄집단	○	×		
정치정당 / 이익집단	○	○	×	
개인제안자	○	○	○	극소규모 / 약한 지속
군중행동	○	○	○	대규모 / 약한 지속
사회운동	○	○	○	대규모 / 강한 지속
사회운동 조직	○	○	○	소규모 / 더 강한 지속

* 출처: Lofland, 2002에서 재구성.

비록 자조집단과 사회운동 조직이 중첩적 성격을 갖고 있다고 하더라도 모든 자조집단이 사회운동 조직적 성격을 갖는 것은 아니다.

스미스와 필레머는 자조집단이 사회변화를 목표로 하는지 여부를 고찰하여 '자기변화의 목표'를 갖는 자조집단과 '사회변화의 목표'를 갖는 자조집단으로 구분한 후, 사회변화를 목표로 하는 자조집단이 사회운동 조직의 성격을 갖는다고 강조했다. 말하자면 공공성의 수준이 높은 자조집단이 사회운동 조직의 성격을 갖게 된다는 점을 강조한 것이다. 이들은 사회변화의 목표를 갖는 자조집단의 요소로 전문가에 대한 관계성, 평등적 · 순환적 리더십, 느슨하고 비공식적 이데올로기, 그리고 지위의 지속성 등을 들고 있다(Smith and Pillemer, 1983).

반대로 개인적 변화에 중점을 둔 자조집단은 이러한 요소와 반대적인 속성을 갖게 된다. 즉, 자기변화를 목표로 하는 자조집단의 경우 전문가와의 강한 연대감을 가지고, 권위적 리더십에 의존하며, 발달되고 공식적인 집단 이데올로기를 갖고, 구성원들이 보유하는 문제가 상대적으로 일시적 또는 한시적이라는 것이다.

3. 아사모의 출현과 동원과정

1) 환경 · 사회적 책임론과 전자적 공론장

한국사회는 압축적 성장의 산업화 과정을 거치면서 사회전반에 많은 문제점들과 부작용을 초래했으며 이전 사회에선 겪지 못했던 여러 질병들이 나타나기 시작했다. 이 같은 질병들 중 일부는 뚜렷한 발병원인을 알 수 없는 이른바 '원인불명'의 현상들로 간주되었으며, 개인적 치료와 해결의 영역에 맡겨졌다. 아토피 역시 초기에는 만성적인 피부병의 하나로만 여겨졌으며, 1950년대부터 피부 질환 치료에 그 효과를 인정받은 하이드로코티손을 기본 물질로 하는 매우 많은 종류의 스테로이드 외용제 처방이 그 해결책으로 인식되었다.

1925년 미국의 A. 코카 박사에 의해 최초로 명명된 아토피(Atopy)는 '이상한, 낯선, 묘한'이라는 뜻을 내포하는데, 그 이름에서 알 수 있듯이 현대의학적 피부병 개념으로는 접근하기 힘든 증상을 반복할 때 붙이는 '명명'으로 이해할 수 있다. 일반적으로 아토피의 발병 원인은 유전적 원인과 환경적 원인으로 나누어볼 수 있는데, 환경이 오염된 산업화 이후에 등장했다는 점과 40대 이상에서는 발병률이 낮다는 점 등에 따라 환경적 원인이 부각되는 추세이다(최민희, 2003).

우리나라에서도 두 가지 모두를 원인으로 보고 있지만 1990년대 초반까지만 해도 아토피 피부염의 발병원인은 유전적 요인이 강하다고 보는 소견이 많았고(〈국민일보〉, 1992), 그 치유책 역시 국소적인 부위의 피부병에 대한 치료방식, 즉 스테로이드 외용제 처방이나 자외선 레이저 방사선 등 물리요법, 혹은 자외선과 소랄렌을 이용한 광화학적 요법 등이 소개되었다(〈세계일보〉, 1992).

그러나 아토피의 발병 원인으로 환경적 요인이 부각되고 외용제의 투입 등 해당 환부에 대한 치료만으로는 병을 고칠 수 없다는 인식이 확산되면서 아토피는 외부물질의 자극에 의해 우리 몸이 나타내는 과민 반응을 총칭하는 '알레르기 질병'으로 분명하게 자리매김했으며, 그 치유책도 주거환경의 개선 등 생활연계적 방식으로 그 방향을 선회했다. '생활환경과 주거환경의 서구화가 국내 피부병 유형을 변화시키고 있으며, 실내온도를 낮춰 쾌적한 실내습도를 유지하고 스트레스 등을 줄여 피부질환 발생요인을 억제하라'거나, 서구식의 샤워문화를 원인으로 지목한다거나 면역요법 등이 소개되기도 했다(〈한국일보〉, 1995).

1990년대 후반부터는 모유수유의 문제, 집 먼지와 진드기 등 주거환경의 문제, 의복의 문제 등이 아토피의 원인으로 진단되기 시작했는데, 한 예로 가톨릭의과대학 강남성모병원은 초, 중, 고등학생 6천여 명을 대상으로 조사한 결과를 발표하면서 모유수유를 오래 한 경우가 그렇지 않은 경우보다, 단독주택에 사는 경우가 아파트에 사는 경우보다 아토피 발생률이 현저히 낮음을 보고하기도 했다(〈경향신문〉, 1996).

〈표 9-2〉 아토피의 발병원인과 치유방법에 대한 전문가 태도 (언론기사 빈도, 1990~2008)

(단위: 건)

구 분	아토피 기사	유전요인 언급 (또는 의료적 치료방법)	환경요인 언급 (또는 생활개선 방법)
종합	3,409		
1990 ~ 99년	208	30 (14.4%)	40 (19.2%)
2000년 이후	3,201	251 (7.8%)	1,241 (38.6%)

* 출처: 한국언론재단(www.kinds.or.kr)기사에서 재구성.

이후에는 아토피성 피부염의 원인으로 어머니가 먹은 음식, 즉 우유, 빵, 달걀, 생선, 인스턴트식품 등 항원성 성분이 모유 등을 타고 들어가 아기의 면역체계를 교란시킨다는 등의 분석으로 어머니의 식생활습관에까지 그 원인이 확장되었다.

이 같은 주거환경과 식생활 문제의 핵심은 대기와 수질 등 환경오염과 인스턴트식품 등의 섭취에 의해 발생하는 것으로 인식되었으며, 국내에서 사용되는 3만 8천여 종의 화학물질과 매년 국내 시장에 진입하는 300여 종의 새로운 화학물질 등이 공기의 질을 악화시키는 하나의 원인으로 파악되었다. 피부질환 혹은 유전적 특이체질로 여겨졌던 질병에 대한 발병원인이 사실은 환경적 요인에 있다는 논의가 확대되면서 국소적인 질환부위에 대한 치유책보다는 생활, 주거 및 식생활 등 주변환경 전반을 개선해야 한다는 인식이 확산되었다.

자조집단의 활동을 추동하는 또 하나의 주요한 요인은 전자적 공론장의 발달과 인터넷 문화의 확대이다. 인터넷을 통해 의학적 정보와 아토피 피부염 및 그 치료방법에 대한 논의가 급속도로 확산되기 시작했다. 2002년을 기준으로 아토피와 관련된 인터넷 사이트는 모두 112개나 운영되었고, 아토피 피부염과 관련된 온라인 동호회 역시 155개에 달했다(최윤경, 2003). 이들 사이트들을 통해 질환 부위에 대한 연고처방 등으로 특징되는 생의학적 처방에 대한 불신이 확대되었으며, 피부과의 처방이 아닌 다른 대체의학적 방법으로 아토피를 완치했다는 환우들의 경험담이 공유되기 시작했다.

스테로이드제 처방 일변도의 생의학적 처방과 이 역시 종국적 치유책이 아니라 완화책에 불과하며 종국적으로 '아토피는 불치병'이라는 서구의학의 자기고백, 인터넷 매체를 통해 공유되기 시작한 대체의학적 치료경험 사례 등은 서구의학에 대해 불신을 형성하기 시작한 아토피안들과 그 부모들에게 대체의학의 적용과 실천이 가능하다는 일종의 '인지적 해방'을 제공한 것으로 볼 수 있다. 거시적인 정치경제적 조건은 운동의 발생에 영향을 주는 포괄적 배경요인이다. 아토피에 대한 환경적, 사회적 책임론과 이에 대한 과학적 증명들이 뒷받침되는 상황 및 인터넷을 통한 왕성한 정보의 교류는 아사모가 출현하는 구조적 요인이 되었다고 볼 수 있다.

2) 조직의 확장과 자원동원

아사모는 2000년 9월 임의단체로 출범했고, 2005년에는 사단법인으로 재출범했다. 아사모를 출발시킨 대표자 최민희는 1990년부터 니시식(式)[3] 자연건강법에 대한 관심을 시작으로 잉태, 출산, 육아에 관한 연구와 강의를 하면서 2000년에 아사모를 설립하기에 이르렀다. 앞서 살펴본 바와 같이 환경문제의 등장과 친환경적 생활의 중요성에 대한 공감대가 확장되는 과정이 아사모의 출현을 돕는 유리한 기회구조가 되었으나, 아사모가 처음부터 아토피안들의 자조집단으로 구성된 것은 아니었다.

> "수수팥떡[4]을 열면서 우리가 아토피 아기들을 돌보게 되리라곤 생각하지 않았다. 그저 아이들을 건강하게 함께 키우고 싶었다. 그런데, 뜻밖의 일

---

3 니시의학은 반자연적 생활습관을 교정하여 병을 치유하는 자연의학으로 고 서승조 박사가 창안한 대체의학이다. 니시의학은 건강을 위한 4가지 요소인 사지, 영양, 피부, 정신의 조화를 강조하며 혈액순환과 피부호흡, 배설기능 등을 통해 건강을 회복하는 여러 가지 다양한 방법론을 강조한다.

4 '수수팥떡'은 '수수팥떡 아이사랑모임'의 또 다른 줄임말이며, 본 모임에서는 '수수팥떡'과 '아사모'라는 표현을 모두 사용하여 스스로를 지칭한다.

이 생겼다. 부모 모두 아토피로 고생했던 신은영 씨의 딸 나은이의 아토피가 자연건강법으로 나은 것이다. 신은영 씨는 이 사실을 여기저기 아토피 관련 사이트에 알렸고, 나은이의 완치가 계기가 되어 아토피로 고통받는 사람들이 '수수팥떡'을 찾게 된 것이다."(최민희, 2003)

아사모의 대표가 밝히듯이 아사모는 건강한 육아와 출산을 위한 출산 및 문화개혁 단체로 결성되었다. 그런데 이 단체의 활용방식으로 아토피를 완치한 아토피안이 치료경험 사례를 공개하면서 다른 아토피안들이 찾기 시작했고, 이에 따라 아사모는 아토피안들의 자조집단으로 재탄생하게 되었다. 〈표 9-3〉에서 보듯이 지난 2002년 아사모가 홈페이지 게시판을 개설한 이래 아사모 온라인 홈페이지에서 논의된 총 6만 3천여 건의 토론과 상담에서 아토피를 포함한 알레르기성 질환에 대한 논의가 차지하는 비중이 75%를 넘는 것을 확인할 수 있다.

아사모의 근간을 이루는 공간적 중심은 웹이라고 할 수 있다. 인터넷을 통한 온라인 커뮤니티를 활용해 정보와 치료 경험사례가 공유되고 친환경 생활을 영위하기 위한 물품이 거래되며, 회원의 가입 및 탈퇴 역시 온라인을 통해 이루어졌다.

그러나 아사모는 온라인 못지않은 오프라인 조직도 가지고 있다. 아사모의 정관에 따르면 특별시, 광역시 및 각 시와 군에 지부를 둘 수 있

〈표 9-3〉 아사모 게시판의 주제별 게시물 (2001~2007)

(단위: 건, %)

구분	아토피	기타 알레르기질환	단식, 생채식 기타	소계
게시물 수	32,500	14,641	15,733	62,874
백분율	52	23	25	100

* 출처 : 아사모 홈페이지(www.asamo.or.kr) 게시판에서 종합

으며, 특별시, 광역시에 있는 지부는 그 아래 지회까지 둘 수 있도록 규정[5]하고 있다. 실제로 아사모의 경우 다수의 지역 모임을 운영하고 있다. 온라인으로 정보의 공유가 상당부분 가능한데도 오프라인 조직이 운영되는 이유는 친환경적 실천과 친환경적 치유가 갖는 본질적인 어려움 때문인 것으로 보인다.

친환경적 생활을 위해 아토피안들이나 그 부모들이 익혀야 하는 풍욕, 겨자찜질, 냉온욕, 관장, 붕어운동, 모관운동, 합장합척운동, 명상 등은 온라인만을 통해서는 습득하기 어려우며, 주기적으로 진행되는 생활단식 역시 오프라인에서 함께 모여서 진행해야 그 효과를 얻을 수 있다. 그래서 오프라인에서 월례적인 아토피 특강과 생활단식, 지역모임 등이 수시로 개최되는데, 이는 자조집단의 또 하나의 특징이라고 할 수 있는 기초조직 중심의 상호작용이 활발하게 일어나는 것으로 볼 수 있다.

아사모가 구성원을 충원하고 조직을 유지, 발전시키는 주요 기제로는 위에서 언급한 다른 구성원들의 치료 경험 사례와 그 확산이라는 방법 이외에 두 가지를 더 들 수 있다. 하나는 전문성과 과학성에 대한 강한 밀착이고, 다른 하나는 친환경 실천을 실질적으로 보장할 수 있는 인적, 물적, 지적 자원의 공급이다.

먼저 전문성과 과학성과의 강한 밀착은 서구적 생의학 모델과 결별하고 대체의학적인 실천을 하는 것이 '의학에 대한 무지'나 '비과학적 방법'에 의지하는 것이 아니라 매우 과학적이며 근본적인 치유를 담보한다는 것을 친환경 전문가의 이론과 논리를 빌어 지속적으로 강조한다는 것이다. 아사모가 인용하는 가장 대표적 전문가는 니시의학의 선구

5 아사모 정관 제6장 지부.

자 일본의 서승조 박사이며, 아사모의 대표가 이를 스스로의 운영철학으로 체계화하였다. 서승조 박사는 1959년 사망한 니시의학의 선구자로 아사모가 따르고 있는 자연건강법을 실질적으로 창안한 인물이다. 그를 따르는 서식건강회는 평상 위의 취침, 경침의 사용, 붕어운동, 모관운동, 합장합척, 등배운동 등(일본 〈산케이신문〉 1959. 12. 7) 아사모가 수행하는 대부분의 자연건강법의 이론 및 실천적 자원을 제공하고 있다. 또한 아사모의 대표는 정기적인 아토피 특강과 지역 지부와 지회에 대한 적극적인 순회강연을 통해 이론적 자원을 확산하고 신념을 전파해 왔다.

〈표 9-4〉에서 보듯이 2년의 기간을 임의로 선정하여 아사모의 특강을 종합해본 결과 한 달에 평균 1.5회의 강연을 했으며 지역적으로 수도권 지역(서울, 인천, 수원, 구리, 의정부, 안산, 여주), 영남(대구, 부산, 창원, 울산, 진주, 상주), 호남(광주), 강원(횡성, 춘천)은 물론 제주도까지 포괄하고 있으며 대부분의 주제는 자연건강법과 아토피에 관한 것임을 알 수 있다.

또한 대체의학적 실천을 실질적으로 보장할 수 있는 인적, 물적, 지적 자원의 공급과 관련해서 아사모는 각종 생활협동조합과 연계하여 친환경 실천에 필요한 중요 물품을 구비하고 판매하며, 생활단식 모임과 강의, 지역모임을 통해 회원 간 서로 도움을 주고 있음은 물론 전문가의 이론화와 이의 전파라는 형식으로 구성원들의 실질적인 행동강령을 제시하고 있다.

약 56개에 달하는 각 지역별 생활협동조합을 소개하여 각종 친환경 농산물을 구매할 수 있도록 하고, 산야초 효소, 오곡가루, 감잎차, 풍욕 테이프, 관장기, 죽염수, 상쾌효소, 오곡조청, 된장, 볶음소금 등 자연건강법에 가장 직접적으로 소요되는 활용물품은 직접 구비하여 판

〈표 9-4〉 수수팥떡 아이사랑모임 강연(2003~2004년 2년간 총 35회)

일자	지역	강연주제
2003. 2.18	인천	자연 건강법으로 우리 아이 아토피 고치기
2003. 2.21	대구	자연건강법으로 아이 키우기 & 잘 먹고 잘 사는 법 이야기
2003. 4.23	서울 구로	아이를 살리는 먹거리와 환경
2003. 5.31	서울 사무실	아토피 특강
2003. 6.21	서울 사무실	아토피 특강
2003. 7.19	서울 사무실	아토피 특강
2003. 7.26	제주도	생태적 육아와 먹거리 - 내 안에 의사가 있다
2003. 8.28	구리	자연의학으로 고치는 알러지와 아토피
2003. 9.17	수원	자연의학으로 고치는 알러지와 아토피
2003. 9.20	서울 사무실	아토피 특강
2003.10.14	강원 횡성	자연법으로 아이 키우키
2003.10.25	서울 사무실	아토피 특강
2003.11.15	서울 사무실	아토피 특강
2003.12.13	서울 사무실	아토피 특강
2004. 1.17	서울 사무실	아토피 특강
2004. 2. 4	경북 상주	-
2004. 2.21	서울 사무실	아토피 특강
2004. 3. 3	부산	자연건강법
2004. 3.20	서울 사무실	아토피 특강
2004. 4.24	서울 사무실	아토피 특강
2004. 5. 4	대구 경북	안전한 먹을거리가 보약이다
2004. 5.20	경기 안산	자연법으로 아이 키우기
2004. 5.30	부산	자연건강법의 원리와 자연건강법의 구체적 방법
2004. 6.30	춘천	자연건강법으로 아이 낳고 키우기
2004. 7.15	광주	자연법으로 아이 키우기 - 먹거리를 중심으로
2004. 7.20	울산	자연법으로 아이 키우기 - 먹거리를 중심으로
2004. 8.20	서울 용산	자연법으로 아이 키우기
2004. 9.22	광주	자연건강법
2004.10.12	여주	자연주의 육아법 - 아토피의 원인과 대처
2004.10.13	창원	자연건강법으로 아이 키우기
2004.10.15	의정부	자연건강법
2004.10.21	서울 도봉	모유수유가 꼭 필요한 이유
2004.11.11	울산	자연건강법으로 아이 키우기
2004.11.25	진주	환경과 생명을 살리는 바른 먹거리
2004.12. 4	서울 사무실	아토피 특강

* 출처 : 아사모 홈페이지(www.asamo.or.kr)에서 종합.

매한다. 이 외에도 아사모에서 주장하는 요법을 실현할 수 있는 조산원, 산부인과, 단식원 등을 소개하여 아사모의 활동이 내용적으로 확대될 수 있는 기틀을 마련하고, 지역별 종교 복지관, 수도회관 등과도 연계하여 각종 행사와 지역 모임을 원활하게 수행할 수 있도록 하였다.

4. 아사모와 사회운동 조직 정체성

1) 자조집단으로서의 아사모

자조집단은 자발성, 문제 보유성, 상호부조성, 기초조직 중심성 등을 핵심적 지표로 갖는다. 이 가운데 자발성은 자조집단의 갖는 가장 보편적 요소라고 할 수 있다. 아사모의 조직규모는 2007년 8월 현재 정회원 658명, 준회원 1,801명이며, 정회원은 월회비를, 준회원은 연회비를 납부해야 자격이 유지된다. 이러한 측면에서 2,450여 명의 회원들은 회비를 납입할 정도의 '적극성'을 갖춘 구성원으로 볼 수 있다.

즉, 아사모의 회원으로서의 자격요건을 획득하고 유지하기 위해서는 회비납부 등 매우 구체적인 자발적 참여가 필요한데, 이 같은 회비납부는 별도의 강제성이 없음은 물론 아사모 스스로가 목표한 활동 이외의 정치경제적 보상 역시 존재하지 않기 때문에 아사모는 자발성을 보유한 집단으로 정의할 수 있다. 나아가 아토피를 치유하기 위해 실천해야 하는 친환경생활은 단식과 같은 고도의 통제적 환경을 전제하기 때문에 자발성이 결여되면 조직 자체가 운영될 수 없다.

자조집단의 요소 가운데 문제보유성은 자조집단을 단순한 '자기향상단체'(*self improvement groups*)와 구분해주는 중요한 기준이다. 아사모의 경우 2,450명에 달하는 준회원 이상의 구성원들이 모두 아토피 등 알레르기성 질환자 혹은 그 부모라고 확언할 수 없고 실제로 상당히 많은 참여자의 경우 질환 발생 전에 친환경 생활을 받아들여 아토피 등의 질병을 예방하려는 목적을 갖고 있다. 따라서 대다수의 구성원들이 공통의 문제를 보유하고 있다고 확증하기는 어렵다. 그러나 앞서 살펴본 바와 같이 아사모의 성장 자체가 아토피안 아이의 치유의 성과를 바탕으로 이루어졌으며, 아사모 운영의 실질적 동력이라고 할 수 있는 적극적 참여자들이 아토피안 아이들의 엄마들이며 이들의 온라인 활동으로 아사모가 운영된다는 측면에서, 즉 조직의 운영 동학과 핵심구성원들이 아토피질환과 친환경적 삶이라는 공통된 문제에 기반을 둔다는 측면에서 아사모는 자조집단 특유의 문제보유성을 갖는다고 볼 수 있다.

단체의 구성원들이 다른 구성원들의 삶의 질을 개선하기 위해 서로 돕고 노력하는 상호부조성 역시 아사모에서 쉽게 확인될 수 있는데 인터넷 게시판에서 서로 간의 노하우와 경험담, 치험례를 공유하며 오프라인 지역모임과 정례적인 회원모임, 단식모임, 특강 모임 등에서도 정보를 공유하는 등 왕성한 상호작용과 부조가 이루어지고 있다.

귤 농사를 생업으로 하는 제주도의 한 회원의 경우 자기가 생산한 유기농 감귤을 회원들을 상대로 저렴한 가격에 판매하고, 영양사인 한 회원은 아사모에서 제공하는 식단에 포함된 영양소를 분석하여 제공하며, 아사모 지역 모임에서는 공동육아를 기획하는 등 상호부조는 정보와 노하우의 공유를 넘어 본인의 생업영역을 통한 인적, 물적, 지적 부조로 확장되고 있다.

마지막으로 기초조직 중심성은 집단 활동의 가장 기초가 되는 풀뿌리 단위에서 구성원 간의 왕성한 상호작용이 진행되는지 여부가 중요한데 아사모의 경우 가장 근간이 되는 공간적 중심인 온라인 커뮤니티를 통해 정보와 치험례가 공유되고 친환경 생활을 영위하기 위한 물품이 거래되고 있다. 또한 앞서도 언급한 바와 같이 자연건강법의 실천을 위해서 아토피안들이나 그 부모들이 익혀야 하는 생활양식이 온라인만을 통해 습득하기가 어렵고 주기적으로 진행되는 생활단식 역시 오프라인에서 함께 모여서 진행해야 그 효과를 담보할 수 있다는 측면에서 온라인 이외에도 월례적인 아토피 특강과 생활단식, 지역모임 등이 수시로 개최되고 있어 자조집단이 갖는 온라인과 오프라인 기초조직 중심의 상호작용이 활발한 것으로 관찰되었다.

이처럼 아사모는 무엇보다도 자발적 참여의 조직이라는 점에서 자발성을 가지며, 아토피의 치유와 친환경적 삶이라는 공통의 문제보유성을 갖는다. 또한 인적, 물적, 지적 측면에서의 상호부조를 확장하고 있으며, 온라인과 오프라인을 통한 기초조직 중심성을 견지하고 있다. 아사모는 자조집단의 이 같은 일반적 특징들을 대부분 갖추고 있다는 점에서 전형적인 자조집단으로 분류될 수 있다.

2) 사회운동 조직으로서의 아사모

전형적인 자조집단이라고 할 수 있는 아사모가 사회운동 조직으로서의 성격을 어느 정도 가지는지의 문제는 무엇보다도 앞에서 논의한 로플랜드의 사회운동 조직변수를 준거로 확인할 수 있다. 말하자면 운동이 대중적으로 드러나고 조직화된 형태로 나타나는지, 운동 목표가 도덕적이고 이상적인지, 조직이 추구하는 실재가 얼마나 주변화되고 배제되어 있는지 그리고 해당 운동의 규모와 지속성 및 조직의 수준은 어떠한지 등이 사회운동 조직의 특성을 드러내는 중요한 기준이 된다.

사회운동 조직을 규정짓는 가장 일반적인 요소는 '사회운동 조직의 활동이 대중적으로 드러나고 조직화된 형태로 나타난다'는 점이다. 스멜저는 집합행동을 '사회적 행동을 재정의하려는 신념에 기초한 행동의 동원'(*mobilization of action on the basis of belief which redefines social action*) 이라고 정의하면서 집합행동이 기존의 사회규범, 제도 및 가치체계의 변화를 추구하려는 신념에 기초한 다수 개인들의 적극적인 공동행동이라는 의미를 부각했다(Smelser, 1962).

아사모는 아토피는 만성질환이라는 공유된 사회적 인식과 공식화된 의학적 치유요법에 반하는 단식, 식이요법, 목욕법, 운동법 등을 대안으로 공동체를 구성하고 이를 실천에 옮기고 있으며, 앞서 살펴본 바와 같이 온오프라인 차원에서 대중적, 조직적인 활동을 펼친다는 측면에서 운동조직의 대중적 집합행동을 보이는 것으로 해석할 수 있다.

이와 아울러 아사모를 사회운동 조직으로 해석할 수 있기 위해서는 아사모가 주장하는 바가 도덕적이고, 이상적 요소를 갖추어야 한다. 즉, 기존의 사회규범을 따르지 않는 비동조적 행동 가운데 일탈행동적 집합행동의 경우는 사회운동 조직이 아니라 범죄집단으로 분류될 수도 있다. 일탈행동은 개인 또는 집단이 기존의 사회규범과 제도의 정당성을 인정하면서도 자신의 사적인 이익이나 목적을 위해 규범으로부터 이탈하는 행동이라고 정의할 수 있다(임희섭, 2007).

그러나 아사모는 기존의 서구의학적, 생의학적 규범에 대해 그 유일 정당성을 부정하며 아토피 등의 환경질환이 발생한 기본 원인 역시 기존의 기성 사회체제가 제공했다고 보기 때문에 기존 규범과 제도의 정당성을 인정하지 않는다. 또한 사적인 이해관계에 얽매이지도 않으면서 친환경, 생활개선, 아토피에 대한 인식개선, 식생활개선 등 도덕적, 이상적인 양태를 보이고 있다는 점에 주목할 수 있다.

그렇다면, 이러한 아사모의 활동은 배제된 실재라고 할 수 있는가? 사회운동 조직의 실재는 배제되고 주변화되어 있는데, 이미 아토피에 대한 환경의 문제가 공론화되었으며, 이를 바로잡기 위한 실천과 정책들이 제도화된 상황에서 아토피에 대한 친환경적 치유를 언급하는 것은 배제된 실재가 아니라 변화하는 실재의 기류에 포함된 것이라 해석할 수도 있기 때문이다. 그러나 아토피가 환경 질환이라는 인식이 상당히 널리 유포되고 공식화되어 있는 바와 달리 이에 대한 '대체의학적 치유'를 주장하는 것은 주류의 실재와 상당한 갈등관계에 놓여 있다고 볼 수 있다. 생의학적 건강모델이 지배하는 현대 사회에서 질병을 치유할 수 있는 유일한 권한은 고도의 전문성을 가진 의사집단에게만 주어져 있다.

지식의 제도화에 주목하여 의료권력을 설명할 때 의사가 의료권력을 갖게 되는 것은 그들이 생명을 다루는 전문적 지식을 갖고 있기 때문만은 아니며, 의학이 전문화됨으로써 특별한 훈련을 받지 않은 사람들은 이에 접근할 수 없다는 '신념'의 체계와 그 신념이 사회적으로 보편타당한 진리로 받아들여지는 사실 때문이다(조병희, 2003). 즉, 의사가 아닌 집단이 치유의 해법을 제시하는 것은 사회적으로 합의된 보편타당성을 훼손하는 행위일 수 있는 것이다.

아토피에 대한 치유방식 또한 이러한 논리에서 동일하게 규정되고 있다. 예컨대 의사단체인 소아알레르기 협회의 공식입장은 대체의학적 방법으로 아토피 치료에 도전한 사람들을 의학에 '무지'한 사람으로 취급하고 있다.[6] 아사모 게시판에 글을 올리는 아토피안 부모들의 대

6 공영방송의 건강관련 프로그램의 내용을 보면 이 같은 현실은 더욱 분명하다. 예컨대 생활습관과 환경문제, 보건의료 등의 영역에서 대단히 획기적이고 진보적인 진단과 해법을 제시한다고 평가되는 KBS1 TV의 〈생로병사의 비밀〉에서도 '우리아이 몸이 이상하다 - 아토피와의 전쟁'을 방영하면서 대체의학에 대해 동일한 평가를 내리고 있다. 이 프로그램에 대한 민주언론운동연합 측의 다음과 같은 논평은 이러한 문제점을 지적하고 있다. "KBS의 〈생로병사의 비밀〉은 프로그램 제작의 기본이라고 할 수 있는 최소한의 '공정성'마저 잃었으며, 그 과정에서 현상을 왜곡하는 내용을 무책임하게 방송했다.(중략) 프로그램은 양의들의 치료방법과 치료과정을 자세히 보여주며, 양의학만이 진정한 '아토피 치료법'인 양 보여주었다. 반면 다른 치료방법에 대해서는 제대로 언급조차 하지 않았다. 특히 친환경적인 방법으로 아토피 치료에 도전한 사람들을 의학에 '무지'한 사람으로 취급했다. 친환경적인 방법으로 아이의 아토피 증상을 호전시킨 한 출연자는 자신의 이야기를 왜곡되게 표현했다고 KBS 게시판을 통해 제작진에 항의하기도 했다." 이러한 사정은 소아과 전문의들이 쓴 육아관련서적에도 동일하다.

표적인 갈등이 서구의학의 과학성이 갖는 권위 앞에서 항상 흔들린다는 사실은 주류적 실재가 서구의학임을 보여주고 있다. 이러한 점은 아토피가 환경질환이라고 인식하는 것과는 별개로 아토피에 대한 대체의학적 치유 및 실천이 주류의 실재와 대립하는 배제되고 주변화된 실재라는 점을 말해준다.

지속성과 조직규모를 기준으로 볼 때 사회운동 조직은 강한 지속성, 안정적 조직기반, 작은 규모의 조직단위를 갖는다. 아사모는 지금까지 살펴본 바와 같이 지속성, 안정성 및 규모 면에서 사회운동 조직의 요건을 충족하고 있다. 아사모는 이처럼 자조집단요소와 사회운동 조직요소를 모두 고려할 때 전형적인 자조집단이자 사회운동 조직의 요건 역시 모두 갖춘 것으로 평가할 수 있다. 따라서 아사모의 사례를 보면 자조집단은 그 자체로 사회운동 조직이거나 최소한 그 형태와 행위양식에서 사회운동 조직과 차별성을 갖지 않는다고 말할 수 있다.

3) 아사모와 사회변동의 목표

자조집단으로서의 아사모가 사회운동 조직적 특성을 모두 갖추었다 하더라도, 아사모의 경우와 달리 그 성격 및 기능상 사회운동 조직으로 편입하기 어려운 자조집단의 존재가 있다는 점을 고려하여야 한다. 예컨대 구성원들의 금연만을 유일한 목적으로 하는 금연 자조그룹처럼 주류의 실재로 편승하기 위해 주류 의학적 소견과 전문가의 조언을 토대로 자기를 변화시키기 위해서만 존재하는 자조집단까지 사회운동 조

예컨대 잘 알려진 소아과 전문의의 저술이나 육아상담 사이트에는 일반적으로 아토피성 피부염은 소아과에서 제대로 치료하는 것이 제일 좋으며 엉뚱한 치료를 하지 말아야 한다는 점을 경고하고 있다(〈동아일보〉, 2004.12.23).

직으로 포괄할 수 있는가의 문제가 제기된다. 이론적 논의에서 언급한 바와 같이 스미스와 필레머는 '자조집단과 사회변화 간의 관계성 결정 요인'이라는 분석도구를 통한 자조집단의 변화 목표의 수준과 성격을 분석하는 시도에서 순수하게 자기변화를 목표로 하는 자조집단을 사회변화를 시도하는 자조집단으로부터 구분하고 있다.

무엇보다도 사회변화를 목표로 하는 자조집단이 사회운동 조직으로서의 성격을 갖는바 그 핵심적 요소는 전문가와의 느슨한 관계, 평등적, 순환적 리더십, 느슨하고 비공식적인 이데올로기, 지위의 지속성 등이 포함된다. 반면에 자기변화를 목표로 하는 자조집단은 전문가와의 강한 연대, 권위적 리더십, 발달되고 공식적인 집단이데올로기를 가지고 구성원들이 공유하는 문제 또한 일시적이거나 한시적이다.

아사모는 이러한 유형화의 모든 경우에 적합성을 갖는다고 볼 수 없다. 로플랜드의 조직이론과 스미스 등의 자조집단 이론을 분석틀로 사회운동 조직의 특성을 갖는다고 규정된 아사모가 이 구분법에 따르면 또다시 자기 변화를 목표로 하는 조직으로 분류되기 때문이다. 아사모는 앞서 분석한 바와 같이 전문가와의 강한 연대감을 가지고 있고, 권위적 리더십에 의존하며, 발달되고 공식적인 그룹 이데올로기를 보유하고 있고, 구성원들이 상대적으로 한시적인 문제점을 보유하고 있다.

아이의 아토피 문제는 매우 심각한 문제이기 때문에 생의학적 서구 치유방식에 대한 회의를 갖는다고 해서 곧바로 대체의학적 실천으로 연결시키는 일이 쉽지 않다. 아토피의 발병원인을 신체 내 면역체계의 문제 및 환경의 문제와 밀접하게 연관시키고 여기서 과학적 해결방법을 제시하는 것은 전문가의 오랜 연구결과에 대한 확신과 믿음을 근거로 가능해진다. 아사모가 전문성 및 과학성과 밀착적 연대감을 가질 수밖에 없는 이유다.

권위적 리더십의 경우는 조직의 대표를 유일적 리더로 하는 조직체계를 가지고 있다는 측면에서 성립된다. 아사모의 대표는 모임을 출현시킨 장본인일 뿐 아니라 해결되지 않는 문제들을 해설하고 상담하는 조직의 실질적 운영자이다. 아사모는 자연건강, 친환경실천 등 자연의 운영원리와 일치된 생활양식을 가져야 함을 주장한다. 또한 이 같은 원리는 매우 발달되고 공식화된 이념으로 기능하여 조직운영의 근간을 이룬다. 또한 아토피라는 지위는 상대적으로 일시적 문제라고 할 수 있다. 신체의 한 부분을 결손한 장애인이나 치유가 불가능한 질병 등 완치될 가능성이 없는 질환이 아니라 어느 정도의 노력과 실천으로 극복이 가능하다는 것이 참여자와 구성원들의 믿음이기 때문이다. 따라서 이런 치유 가능성이라는 맥락에서도 사회를 변화시키는 것보다는 자신이 변화하는 쪽에 더 비중을 두고 있다고 볼 수 있다. 이처럼 스미스와 필레머가 제기한 '자조집단과 사회변화 간의 관계성 결정요인'을 기준으로 아사모의 목표를 살펴보면, 아사모는 자기 변화를 목표로 삼는 집단으로 재분류된다.

그러나 앞서 아사모를 사회운동 조직이라고 분석한 이유는 아사모가 개인적 변화를 추구하는 과정이 필연적으로 주류적 실재와의 갈등을 동반하기 때문이었다. 이미 살펴본 바와 같이 아토피에 대한 환경적 원인의 공론화 및 친환경 실천의 제도화에도 불구하고 아토피에 대한 '대체의학적 치유'를 주장하는 것은 서구의학의 주류적 실재와 상당한 갈등관계에 놓여 있기 때문이다. 이 같은 맥락에서 아사모의 구성원들은 자신이나 자녀의 질환을 호전시키기 위한 공유된 집합적 정체성을 형성하는 과정에서 주류의 가치질서 및 문화와 불가피하게 갈등관계에 노출될 수밖에 없으며 배제된 실재를 구성한다. 주류적 실재와의 갈등이 폭력적 혹은 표면적으로 부각되어 있지 않더라도 자기변화를 실현하기 위한 실천의 과정이 이미 현존하는 질서와 충돌하고 있으며 이러한 갈등은 아토피안 자조집단이 직접적인 사회변동을 목표로 하지 않는다고 하더라도 그 존재양식 자체가 기존의 질서와 가치의 변화를 함의하고 있다.[7]

이러한 측면에서 자조집단의 목표가 순수한 자기변화에 집중된 것으로 유형화되더라도 그 목표의 존재양식과 그 목표를 달성코자 하는 방법이 주류의 질서 및 가치체계와 필연적으로 갈등할 수밖에 없다면 해당 집단의 목표는 종국적으로 사회변화를 추구하는 방향으로 수렴된다고 볼 수 있다.

---

7 1960년대 말 이래 서구의 새로운 사회운동(*new social movement*)은 정치체계나 권력에 대한 투쟁으로서의 사회운동보다는 정체성 지향적이고 실험적인 삶의 방식 자체가 사회운동의 성격을 드러낸다는 점에서 새롭게 인식되었다. 자조집단은 건강, 몸 등과 관련된 새로운 사회운동과 다르지 않다는 점에서 이미 사회변동에의 성격을 내재하고 있는 것으로 해석할 수 있다.

5. 자조집단의 다면성과 시민사회의 공공성

이 장에서는 자조집단 이론과 사회운동이론을 분석틀로 해서 아토피안 아이를 둔 부모의 자조집단인 아사모에 대한 사례연구를 통해 자조집단과 사회운동 조직 사이의 유의미한 경계와 유사성을 분석하고자 시도했다. 이를 위해 아사모가 출현하는 데 영향을 미친 포괄적 배경요인과 동원된 자원 등 자조집단 아사모의 발생동학을 고찰하였고, 사회운동이론을 자원으로 아사모의 정체성을 분석하였다.

아토피에 대한 환경적, 사회적 책임론과 이에 대한 과학적 증명들이 뒷받침되는 상황들은 아사모가 출현하는 데 유리한 배경적 요인이 되었으며, 아토피는 불치병이라는 서구의학의 자기고백과 인터넷을 통한 의료정보의 교환 등은 아토피안들에게 대체의학의 적용과 실천이 가능하다는 인지적 해방을 유발했다.

아사모는 다른 구성원들의 치료경험 사례와 이의 전파를 통해 구성원의 충원과 확장을 실현했으며, 대체의학적 건강요법 전문가와의 강한 밀착과 친환경 실천을 실질적으로 보장할 수 있는 인적, 물적, 지적 자원의 공급을 통해 조직을 유지, 발전시켰다. 아사모는 법인으로 성격을 변화시키고 각급 대체의학적 건강법 실천 단체 및 조직들과의 연계를 강화하여 조직적 확장을 실현하였다. 아사모는 자조집단의 전형적 특성을 모두 보유하고, 흥미롭게도 사회운동 조직의 요건들도 모두 충족하고 있었다.

아토피가 환경적 문제이기 때문에 그 해결을 위해서는 사회가 나서야 한다는 문제의식이 확산된 지 꽤 오래 되었으며, 정부가 나서 천식과 아토피 등의 예방관리에 국고를 투입하고, 정당이 '아토피 STOP 프로젝트'를 추진하는 등 아토피에 대한 문제의식과 대응은 상당부분 제도화되었다. 그러나 아토피에 대한 대응을 추진하는 것과 스스로 아토피를 겪고 그것을 치유하는 것은 전혀 다른 별개의 과정이다. 특히 그 치유의 과정이 제도화된 영역과 갈등하는 배제된 실재로 구성된 경우에는 더욱 그러하다.

아사모는 아토피안들이 스스로를 돕고 서로 간의 문제를 함께 개선하고 해결하기 위해 조직한 자조집단이다. 자조집단이 갖는 전형적 특징들을 갖는 아사모는 구성원들이 자신이나 자녀의 질환을 호전시키기 위해 공유된 집합적 정체성을 형성하는 과정에서 주류의 가치질서 및 문화와 불가피하게 갈등관계에 노출될 수밖에 없었으며 이 과정에서의 실천방식은 배제된 실재를 구성하게 되었다. 체제와의 갈등이 폭력적 혹은 표면적으로 부각되지 않더라도 자기변화를 실현하기 위한 실천의 과정이 이미 현존하는 질서와 가치를 변화시키려는 사회변동적 목표를 추구한다고 볼 수 있기 때문에 이들의 존재양식은 사회운동 조직과 다르지 않다.

자조집단으로서의 아사모는 개인적 치료욕구와 예방욕구를 공동으로 해결하는 과정이라는 점에서 이미 자조집단 수준의 공공성을 갖추고 있다. 여기에 사회적 대응방식을 추구하는 과정과 사회변동적 목표가 구축된 점 등은 사회운동의 공공성에 이르는 공적 요소를 갖춘 것으로 볼 수 있다. 이 점에서 자조집단과 사회운동 조직의 다면성은 시민사회의 공공성이 다양한 수준에서 시민사회 내적으로 재구성되는 과정으로 해석할 수 있다.

10 갈등사회와 평화 · 통일운동의 재구성 *

1. 평화, 통일, 그리고 시민사회

2002년 월드컵 경기에서 붉은 악마로 상징되는 거대한 국민적 응원은 '스포츠 민족주의'의 뜨거운 열기를 느끼게 했다. 당시에 자발적인 스포츠 군중의 다양한 행위양식 가운데 무엇보다도 많은 눈길을 끈 것은 젊은 여성들의 태극기 패션이었다. 주지하듯이 '국기'는 국가와 민족을 표상하는 20세기적 엄숙주의의 상징이었다. 그러나 스포츠 군중에 의해 패션으로 선택된 태극기는 국가나 민족과 같은 '경건한' 규범적 사회구성의 요소도 취향과 같이 개별화, 기호화하는 새로운 사회변동의 경향을 가늠하게 했다.

태극기 패션에서 국가와 민족 관념의 탈신비화를 읽을 수 있다면 그 직접적 배경에는 스포츠 군중의 자율성과 개인의 자발적 문화행태를 가능하게 한 한국 시민사회의 놀라운 성장이 있었다. 1987년 이후 한국

* 이 장의 내용은 강원대 사회과학연구원에서 출간하는 〈사회과학연구〉 49집 1호(2010)에 게재되었던 "한반도 평화 · 통일운동과 시민적 정체성"을 수정, 보완한 것이다.

의 민주화과정은 권위주의 질서의 해체와 함께 시민사회의 자율성을 증대시켰다. 아울러 1989년 동구 사회주의의 붕괴는 이념에 의해 지탱되었던 국가 간 체제의 해체와 함께 지구적 수준에서 시민사회를 크게 성장시키는 결과를 가져왔다.

문화영역의 스포츠민족주의에서 확인할 수 있는 이 같은 사회변동의 내용은 두 가지 주요한 지점을 주목하게 한다. 첫째는 국가와 시민사회의 관계가 빠르게 변화했다는 점이며, 둘째는 이러한 변화가 민족관념을 변화시키고 있음에도 불구하고 여전히 '민족'은 강력한 응집력으로 작동하고 있다는 점이다.

한반도 평화 · 통일운동에는 이와 같은 사회변동을 기반으로 하는 새로운 변화가 반영되어 있다. 한반도의 평화와 통일에 관한 담론 및 운동의 주체는 외세적 요소를 제외한다면 오랫동안 남북한의 '국가'와 '민족'이었다. 특히 통일의 문제는 국제적인 냉전체제와 분단, 나아가 군부권위주의 체제를 거치면서 민족문제에 대한 입장이 이념과 외세, 국가주의와 맞물려 어두운 전망을 지속해온 것이 현실이었다. 김대중 정부와 노무현 정부에서 국가권력의 성격이 어느 정도 진보지향으로 바뀌면서 남북관계가 새로운 전환을 가져왔으나 민족문제로서의 통일운동의 매듭을 푸는 것은 여전히 쉽지 않은 과제였다.

한국사회에서 통일에 대한 논의는 1980년대 중반까지는 정부가 독점했다. 강력한 국가통제 아래 시민사회가 폐쇄된 조건에서 통일에 관한 논의는 권위주의 정부의 프로그램 이외에는 허용되지 않았다. 1980년대 후반 통일운동은 급진적인 민족민주운동진영에서 활발하게 전개되었으며 이러한 경향은 1990년대 이후 시민운동의 제도화 과정과 함께 다양한 통일관련 시민단체의 운동으로 이어졌다.

1990년대 시민운동이 크게 성장하는 가운데 통일문제와 관련된 가장 주목할 만한 사회운동은 평화운동이었다. 평화운동은 적어도 냉전과 독재적 정치권력의 조건에서는 존립기반을 갖기 어려운 운동이었다. 따라서 한반도 평화운동은 탈냉전시대의 새로운 발명품이자 새로운 사회운동의 전형이라고 말할 수 있다(구갑우, 2006).

평화운동은 1990년대 시민사회의 팽창을 기반으로 형성된 전형적인 시민사회 운동이라고 할 수 있다. 시민사회에서 제기되는 운동으로서의 평화이슈야말로 소통의 공간인 시민사회의 특성으로 볼 때 가장 광범한 공공적 가치로서 지구적 공감대를 형성할 수 있다. 그러나 평화운동에 분단체제라는 한반도적 특수성이 개입되면 평화운동의 지형이 대단히 복잡해질 뿐만 아니라 한국 시민사회의 원천적 딜레마가 드러나게 된다. 물론 남북한의 평화공존이 전제된다면 반드시 통일이 평화의 조건이 된다거나 평화의 문제가 민족적 복잡성과 얽히는 등의 문제와는 거리를 두고 전개될 수도 있다. 그러나 '평화'를 단순히 전쟁이 없는 상태가 아니라 '구조적 폭력'이 제거된 적극적 평화상태의 지향으로 설정하고(요한 갈퉁, 2000), '통일' 또한 역사적으로 주어진 당위가 아니라 의식적으로 선택된 정치적 지향으로 판단함으로써 보다 나은 가치와 삶을 지향하는 공동체의 형성으로 본다면(박순성, 2008) 평화운동과 통일운동은 한반도의 특수성 내에서 분리되기 어려운 과제라고 할 수 있다.[1]

이 장은 1980년대 말 이래의 지구적 사회변동에 따라 국가주의와 강

---

1 이 점에서, '정치공동체로서의 국가'라는 관점에서 보았을 때 통일은 이제 '역사로부터 주어지는 당위'가 아니라 '의식적으로 선택된 정치적 지향'으로 판단되어야 하며, 정치 또는 국가 존재의 적극적 의미를 '정당화된 권력을 통한 이해관계 또는 갈등의 단순한 조정'이 아니라 '보다 나은 가치와 삶을 지향하는 공동체의 형성발전'으로 본다면 통일/통합은 남북한 양국에게 핵심국가목표가 될 수밖에 없다는 박순성의 주장은 주목할 만하다(박순성, 2008).

력하게 결합되었던 민족정체성이 변화되고 있다는 점을 설명함으로써 한반도 평화·통일운동의 새로운 기반으로서의 시민사회 및 시민적 정체성에 대해 전망하는 것을 목적으로 한다. 이 장에서는 무엇보다도 최근의 지구적 사회변동이 드러내는 현대성의 특징으로서의 '갈등사회'적 변화를 전제로 갈등사회에서 시민사회의 보편성에 주목하는 한편, 분단현실과 민족적 과제를 담아낼 수 있는 한반도적 특수성을 모색하고자 한다.

2. 갈등사회의 국가와 시민사회

우리 사회에서는 특히 지난 20여 년 동안 권위주의 정치구조가 해체되는 과정에서 국가권력이 지탱하던 사회적 구심은 약화되는 한편 사회갈등은 점차 늘어나는 경향을 보이고 있다. 이러한 갈등현상은 한국사회에 국한된 현상이라기보다 최근 지구적 수준에서 나타나는 현대사회구성의 질서변화에 수반된 보편적 사회변동의 효과라고 말할 수 있다.[2]

성찰, 위험, 해체, 균열, 인정투쟁, 역동성, 투명성, 네트워크, 운동사회 등과 같이 대체로 1990년대 이후 현대성을 규명하는 사회학적 담론들은 사회갈등의 일상화 경향을 함의하는 갈등사회적 특징을 공유하고 있다. 주지하듯이 산업사회에서 갈등의 축은 계급과 이념이었고, 계급갈등을 해결하는 방식에 따라 서로 다른 사회체제 및 국가성격이 특징지어졌다. 서구 사회민주적 복지국가, 사회주의국가, 발전국가가 서로 다른 방식으로 계급갈등을 해결하면서 서로 다른 국가모델을 만들었다.

현대사회의 이 같은 서로 다른 사회통합체제는 무엇보다도 국가중심의 사회통합구조를 이루고 있다는 일반성을 갖는다. 이러한 사회통합의 구조는 1980년대 이래 신자유주의적 지구화 경향이 전개되기 이전과 특히 1980년대 말 동구 사회주의가 붕괴되기까지는 이념의 구도와 국제분업체계에 따라 유지되는 경향이 있었다. 그러나 1980년대 이래

2 '갈등사회론'은 필자가 최근의 사회변동을 설명하는 하나의 모델로 채택하고 있기 때문에 필자의 몇몇 논문에 이 모델과 관련된 내용이 반영되어 있다. 이 절의 내용은 필자의 논문 "신갈등사회와 정당정치의 위기"(2009)에서 일부 발췌한 것임을 밝힌다.

의 지구화, 민주화, 정보화 등 거대전환의 사회변동은 이러한 사회통합의 체제를 공통적으로 해체시키면서 갈등사회적 변화를 드러내고 있다. 갈등사회적 전환의 주요 요인으로는 신자유주의 시장화, 민주적 권력분산, 커뮤니케이션 경로의 확장, 탈물질적 가치 및 탈현대적 욕구의 확대 등을 들 수 있다.

이러한 사회변동의 요인들은 기존의 사회경제체제와 정치적 통합구조, 사회적 결속에 있어서 위기를 가져올 뿐만 아니라 생활패러다임의 불확실성을 증대함으로써 갈등을 일상화하고 있다. 갈등사회로의 보편적 전환은 기존의 사회통합구조와 단절적이기보다는 일정한 연속성을 갖는다는 점에서 중심부에서는 신자유주의 갈등사회, 탈냉전 이후 사회주의 갈등사회, 신자유주의 주변부 갈등사회 등으로 갈등사회의 특성이 다르게 나타날 수 있다.

갈등사회에서는 국가를 중심으로 한 중앙집중적 사회통합의 구조가 시장과 시민사회로 분화될 뿐만 아니라 지리 공간적으로도 분산이 확대됨으로써 국가 영역 자체만을 본다면 그 기능이 크게 변화되고 있음을 알 수 있다.[3] 이 같은 국가 기능 혹은 국가 능력의 변화는 1980년대 말 이래 동구의 붕괴와 함께 지구적 수준에서 실질적으로 이념의 시대가 종료됨으로써 나타나는 국가이념의 약화와 맞물려 있다. 분단체제의 한국사회에서도 물론 정권의 성격에 따라 다른 특징을 보이기는 하지만 국가이념으로 전일화된 반공이데올로기의 베일이 걷힌 후 진보와

3 최근의 지구화 경향과 국가-시장관계의 변화는 근대 국가의 전통적 형태가 가졌던 국가권력을 크게 약화시키고 있다는 점을 보여준다. 그러나 이러한 국가영역의 변화가 일반적인 '국가쇠퇴'의 논리와 동일시되는 것은 경계해야 할 해석이다. 국가쇠퇴의 논리는 국가활동의 특정영역을 과대해석해서 일반화하는 경향이 있고 군사적, 국가안보적 기능의 전략적 국가활동 영역을 볼 때 이러한 위축현상을 찾기 어려운 사실도 주목해야 한다(크리스토퍼 피어슨, 1998: 270).

보수 나아가 중도의 다양한 이념적 경향들이 새로운 갈등의 양상을 보이고 있다. 말하자면 이념의 쇠퇴라는 보편적 경향을 반영하면서 이념의 분화현상을 드러내고 있다.

다른 한편 시민사회의 영역을 보면 시장의 확장과 국가의 약화 경향은 시민사회의 자율성을 크게 증대시키는 효과를 갖는다. 갈등사회에서 사회운동과 결사체, 나아가 공론영역으로서의 시민사회는 크게 두 가지의 새로운 경향을 갖는다. 시민사회는 한편으로는 사회통합의 구심이었던 국가기능이 시민사회에 할당됨으로서 시민단체의 제도화 수준이 높아지는 경향을 보인다. 근대 사회구성의 서로 다른 질서로 구획되었던 정부와 시장, 시민사회의 교류가 확대됨으로써 이러한 교류에 관여하는 시민단체는 전문화와 제도화의 수준을 크게 높이는 경향을 갖게 되는 것이다.

다른 한편으로 시민사회는 커뮤니케이션 수단 특히 전자적 소통의 수단이 보편화, 다양화됨으로써 거대 단체나 조직운동을 통해 표출하기 어려운 시민사회의 다양한 욕구를 새로운 방식으로 드러낸다. 이러한 경향은 급진적 개인주의를 반영하는 탈조직적 시민사회의 영역이 확대되는 것이라고도 말할 수 있다.

1990년대 들어 평화운동이 등장하기 이전까지 한국사회에서 통일운동은 시민사회의 자발적 운동이 아니라 국가가 전유하는 민족통일운동, 말하자면 민족의 재결합을 추구하는 운동이었다고 할 수 있다. 따라서 통일운동은 한반도에서 국가와 민족, 이념이라는 모순이 결정적으로 응축된 사회운동이었기 때문에 이러한 모순구조가 해체 혹은 약화되는 갈등사회적 변동이야말로 한국의 평화·통일운동을 시민사회로 이전시키는 전환기라고 하지 않을 수 없다.

3. 분단현실과 민족정체성의 분화

분단현실에서 통일은 언제나 한국사회의 핵심적 발전가치 가운데 하나였다. 분단 이후 추진된 여러 시점의 통일 프로젝트는 '사상, 이념, 제도를 초월하여 민족대단결을 도모해야 한다'는 1972년의 7·4 남북공동성명에서 제시된 것처럼 민족공동체의 복원을 겨냥한 것이었다. 따라서 통일 프로젝트에서 민족정체성의 문제는 당위적 전제였다고 말할 수 있다. 나아가 민족공동체의 가치는 역사적으로 구성된 것으로 현실에 강요될 수 있는 것은 아니라고 할지라도 분단과 전쟁의 역사가 아직 끝나지 않은 상태에서 현실적으로는 평화라는 가치와도 분리될 수 없는 관계에 있다(박순성, 2008: 22).

한반도 분단체제에서 통일 프로젝트는 오랫동안 정부의 전유물이었다. 이승만 정권에서 '평화 통일론'의 억압과 진보당 사건의 예에서 알 수 있듯이 통일논의는 고도로 통제되었다. 이후 4·19 혁명과 함께 학생과 재야의 통일관련 단체가 등장했으나 곧바로 반공 이데올로기를 국가이념화한 박정희 정권에서 정부의 통일 프로젝트와 관제화된 통일운동을 제외한 일체의 운동이 억압되었다.

박정희 체제에서 시민사회는 질식된 상태였기 때문에 자생적이고 합법적인 통일운동은 무망한 일이었다. 1960년대 인민혁명당 사건, 통일혁명당 사건, 남조선 혁명전략당 사건, 1970년대의 민주청년학생 전국연맹 사건, 남조선 민족해방전선 준비위원회 사건 등 실재하거나 정치적 조작 혹은 과장된 조직 간첩사건에서 알 수 있듯이 북한 및 통일관련 단체들은 비합법 지하조직으로만 존재할 수 있었다. 1970년대 들어 재야진영에서 공개적인 통일운동이 추진되었으나 민주화 운동의 큰 흐름에서 주도적 이슈로 등장하지 못하는 한계가 있었다.

1980년대 들어 진보적 종교계를 중심으로 통일운동 관련조직들이 생겨나기 시작했고 더욱 적극적인 통일운동은 재야와 학생운동 진영에서 확산되었다. 특히 1985년 재야 민주화 운동의 새로운 결집체로 '민족통일 민중운동연합'(민통련)이 창립되어 강령 제1항에 '조국의 자주적 평화통일을 민중의 힘으로 완수한다'라고 명시함으로써 재야진영에서 논의되던 통일운동의 지향을 본격적으로 제시했다(민통련창립 20주년 기념행사위원회, 2005: 245).

이어서 1990년에는 전교조, 전노협, 전농 등 부문별 재야운동조직을 기반으로 '전국민족민주운동연합'(전민련)이 결성되었고 나아가 1990년 남한과 북한, 해외조직을 포괄하는 '범민족연합'(범민련)이 출범함으로써 재야의 통일운동을 확장시켰다. 전대협과 한총련으로 이어지는 학생운동 진영 또한 1980년대 중반 이후 '민족해방 민중민주주의' 계열이 학생운동의 주류로 등장함으로써 급진적 통일운동을 주도했다. 이 같은 재야와 학생운동의 급진적 통일 프로젝트는 1980년대 말 문익환, 황석영, 임수경 등의 방북사건으로 이어지면서 통일운동에 대한 국민적 관심을 환기시키는 계기가 되었다.[4]

재야가 주도하는 민족통일 운동은 통일논의에 대한 독점적 지위를 가진 정부에 대한 강력한 저항운동으로 전개되었다. 이처럼 분단 이후 1990년대 초까지는 정부와 이에 협조적인 관변단체를 축으로 하는 보수적 민족정체성이 지배적인 흐름을 이루는 가운데, 재야와 학생운동을 다른 한 축으로 하는 진보적 민족정체성이 뚜렷이 분화된 시기라고

4 재야통일운동진영은 일련의 방북사건과 이른바 방북모험주의에 대한 비판을 거치면서 보다 대중적인 통일운동의 필요성과 함께 1994년 '자주평화통일민족회의'(민족회의)를 발족시킴으로써 분화하게 된다.

말할 수 있다. 물론 민족통일에 관한 논의가 정부에 의해서만 가능하고 시민사회의 자생적 통일운동이 강력하게 억제된 조건에서 이러한 분화는 명백한 비대칭성을 보일 수밖에 없었다.

'민족'이 이른바 '상상의 공동체'(베니딕트 앤더슨, 2002)이며 사회적으로 구성된 것이라고 하더라도 현실의 사회적 공간에서 작동하는 사회적 사실이라는 점은 부인할 수 없다. 아울러 민족과 민족정체성의 현실태는 무엇보다도 국가주의 이념과 유착되어 있다. 특히 한반도 분단현실에서 반공 이데올로기가 오랫동안 국가이념으로 작동한 민족정체성은 국가주의와 좌우의 이념에 중첩되어 비록 비대칭성을 드러내지만 보수적 정체성과 진보적 정체성으로 분화되었다.

민족정체성의 이 같은 균열은 실제로 일제하의 민족주의 운동이 좌파와 우파로 균열된 데에 연원을 갖는다. 그러나 식민통치하의 균열은 일제로부터의 독립이라는 상위의 가치로 인해 항일투쟁을 위한 공동의 민족정체성 아래 잠복될 수밖에 없었다.[5] 남북의 서로 다른 국가건설에 따라 국가이념과 결부된 민족정체성의 분화는 무엇보다도 분단체제 형성 이후의 주요한 특징으로 간주될 수 있다. 따라서 이 같은 분화는 국가건설 이후 정부의 다양한 이데올로기적 기구에 의한 이념적 통제가 곧 통일운동에 대한 탄압과 직접적으로 결부되어 있다는 점에서 '구조적 분화'라고 할 수 있다.

이 점에서 분단과 함께 시작되어 1990년대 초까지의 통일운동을 통

5 일제하 민족독립운동의 양극분화를 식민지배하에서의 운동방법의 차이뿐만 아니라 독립 이후 민족국가건설에 있어서 체제의 이상과 성격, 체제의 실천 프로그램 등에서도 엄청난 차이를 낳았다는 점을 강조하기도 한다(최장집, 1996: 186~187). 이 글에서는 이러한 분화는 일종의 전사(前史)적 의미를 갖는 것으로 이해하고자 한다. 따라서 여기서는 국가건설 이후의 정부영역과 국가이념의 작동에 따른 분화에 주목함으로써 '구조적 분화'를 강조하는 것이다.

한 균열은 무엇보다도 민족정체성의 '제 1의 구조적 분화'라고 말할 수 있다. 이러한 분화의 특징은 '이념 지배적 양극 분화'라는 점을 강조할 수 있다.

1990년대는 1987년 6월 민주항쟁 이후의 민주화 과정에 힘입어 시민사회에서 자발적 시민운동이 크게 활성화되었다. 1989년 경실련의 창립을 시작으로 1990년대에는 참여연대, 환경운동연합 등 시민운동을 주도하는 주요 단체들이 이른바 NGO의 시대를 열었던 것이다. 이 시기 시민운동의 등장과 팽창은 한국의 사회운동이 1980년대 민중지향의 저항운동으로부터 새로운 전환을 맞은 것이라고 말할 수 있다. 이러한 새로운 사회운동의 경향은 통일운동 또한 새롭게 분화시켰다.

1990년대 통일운동은 1980년대의 진보적 민족정체성의 흐름을 잇는 단체들이 있었던 반면, 시민운동의 영역에서 활동하는 통일관련 시민단체나 인도적 대북 지원단체들이 또 다른 새로운 흐름을 이루었다. 경실련 통일협회, 우리민족 서로돕기운동, 우리겨레 하나되기 운동본부 등은 이러한 새로운 흐름을 주도했다. 이와 아울러 2000년 이후 크게 확장된 남북교류사업을 지원하는 다양한 단체들로 금강산사랑운동본부, 남북경협국민운동본부, 남북평화사업 범국민운동본부 등도 통일운동의 새로운 흐름으로 형성되었다(손기웅 · 김영윤 · 김수암, 2007).

1990년대 통일운동의 새로운 흐름 가운데 가장 주목해야 할 지점은 평화운동의 출현이라고 할 수 있다. 평화운동은 어느 사회에서나 대단히 다양한 형태로 나타나지만 이슈자체가 국가와 민족, 이념을 넘어 지구적인 보편성을 추구하는 운동이기 때문에 자율적 소통의 영역으로서의 시민사회에서 전개되는 가장 전형적인 새로운 사회운동이라고 할 수 있다. 그러나 평화운동이 광범한 영역에 결부된 만큼 각 사회의 특수성이 뚜렷이 반영되어 나타나는 점 또한 주목하지 않을 수 없다.

따라서 1990년대 한국의 시민사회에서 새롭게 등장한 평화운동은 인류보편적 가치를 지향하는 평화운동과 한반도의 특수성을 반영하는 평화운동으로 구분해볼 수 있다. 반전·반핵·군축운동, 생태가치를 평화와 연계하는 생명평화운동, 소수자 인권운동으로서의 평화운동, 여성평화운동, 평화문화 및 교육운동, 지역기반의 풀뿌리평화운동 등이 비교적 보편적 평화운동을 추구한다면, 북한돕기운동이나 반미통일운동 등은 한반도 특수적 평화운동이라고 할 수 있다(구갑우, 2006: 10~11). 통일운동과의 거리로 본다면 전자는 다소 멀리 위치하고 있다면 후자는 통일운동과 직접적인 연관을 갖는다.

1990년대 이후 통일운동의 전환과 새로운 분화는 동구붕괴 이후의 탈이념화와 국가주의의 약화, 다양한 소통구조의 확대와 세계시장주의의 팽창 등 갈등사회로의 거대전환의 효과라는 점에서 민족정체성의 새로운 분화경향이 나타나고 있다. 특히 평화운동은 시민운동의 가치가 지구적 가치로 확장되는 것이라는 점에서 민족정체성의 지형에 중요한 변화를 가져왔다.

1980년대까지의 통일운동이 이념지배의 양극적 분화를 특징으로 하는 민족정체성의 제 1의 분화라고 할 수 있다면, 이제 1990년대 이후 통일운동은 이념의 약화에 동반된 '가치지향의 다원적 분화'를 특징으로 하는 민족정체성의 '제 2의 구조적 분화'라고 말할 수 있다.

1990년대 이후 한국의 통일운동은 다른 무엇보다도 시민사회적 지향이 강화됨으로써 국가독점성과 민중지향성을 크게 벗어나고 있다. 시민운동으로서의 통일운동, 나아가 평화운동은 국가와 이념에 긴밀히 유착되었던 민족정체성을 새롭게 분화시키고 있다. 이러한 분화는 갈등사회로의 사회변동과정에서 민족정체성의 약화 혹은 해체의 경향을 반영하는 것일 수 있다.

4. 평화·통일운동과 시민적 정체성

1) 평화운동과 시민적 정체성

통일운동은 민족정체성의 제 2의 분화과정에서 국가주의 기반의 민족정체성을 약화시키는 한편 시민운동으로의 전환을 통해 '시민적 정체성'이 강화되는 경향을 보이고 있다. 이러한 시민적 정체성은 무엇보다도 평화운동의 출현을 통해 훨씬 더 강화되고 있다. 통일운동이 한반도의 특수성을 반영함으로써 민족정체성의 문제와 직접적으로 결부되어 있다면, 평화운동은 인류공동의 보편적 가치를 추구한다. 분단의 특수한 조건에서 평화운동 또한 다양한 방식으로 전개되지만 보다 보편적 가치를 추구하는 평화운동은 통일운동과 구분되는 시민적 정체성에 기반을 두고 있다.

시민적 정체성은 해당 시민사회의 특성을 반영하고 있다. 그러나 일반적으로 시민사회는 정치권력이 작동하는 국가영역이나 시장권력(계급권력)이 작동하는 경제영역과 구분되는 공론의 소통영역으로서 특히 국가영역의 공적 특성과는 구별되는 자율적 공공성을 포괄한다. 따라서 시민적 정체성은 무엇보다도 시민사회의 이 같은 자율적 공공성의 특성을 반영한다.

시민사회의 이러한 특징은 이론사적으로는 헤겔의 논리에 주목할 수 있다. 헤겔은 시장과 교환을 매개로 사적 욕구를 추구하는 '부르주아로서의 시민'과 시민적 자유를 추구함으로써 일반적 규범을 형성하는 '공적 시민'을 구별한다. 이러한 공적 시민이야말로 시장경제와 사적 욕망의 체계로서의 시민사회와 절대적 보편성의 영역으로서의 국가의 모순을 지양할 수 있는 계기로서의 '공적 시민사회'를 가능하게 하는 요소이다. 하버마스에게서 시민사회는 '공론장'(*public sphere*)이 부각된다. 하버마스는 18세기 부르주아 공론장을 도식화하면서 전통적인 공-사의 이분법에 따라 공권력의 영역으로서의 국가와 사적 부문을 구별하고, 사적 부문을 다시 상품교환과 사회적 노동의 영역인 부르주아사회 — 헤겔과 맑스적 의미에서 시민사회 — 와 공론장으로 구분한다(위르겐 하버마스, 2001: 98~99).

《공론장의 구조변동》 1990년 신판 서문에서 하버마스는 최근의 시민사회론을 논평하며 '시민사회의 제도적 핵심을 이루는 것은 자발적 토대 위에서 이루어진 비국가적이고 비경제적인 결사'라는 점에 주목했다. 시민사회가 공론장의 특성과 중첩되어 있다는 점을 보여준 것이다(위르겐 하버마스, 2001: 51). 하버마스에게서 순수한 이상형으로서의 공론장은 무엇보다도 일체의 권력과 위세, 계급, 지위가 배제되고 동등성과 예의가 관철됨으로써 논증의 권위만이 남는 영역이다(위르겐 하버마스, 2001: 107). 이 같은 공론장의 이상형은 소통의 공간으로서의 시민사회의 이상형과 결부될 수 있다.

후기의 하버마스가 제시하는 체계와 생활세계의 이론에서 생활세계는 사회화를 담당하는 사적 영역과 공론장으로 구성되는데, 코헨과 아라토는 이를 재구성하여 의사소통적으로 문화를 전수하고 사회통합을 이루며 개인을 사회화하는 생활세계의 제도적 차원을 '시민사회'로 개념화한다(Cohen and Arato, 1992: 429). 코헨과 아라토에 따르면 시민사회는 다원성, 공공성, 사생활, 법률성 등으로 구성되어 있다. 임희섭은 이 같은 시민사회의 구성요소 가운데 법률성과 사생활, 다원성 등을 '자율성'의 요소로 묶음으로써 시민사회의 주요 요건으로서 자율성과 공공성의 요소를 제시한다(임희섭, 2007: 196).

공공성 및 자율성을 시민사회의 핵심요소로 설정하는 이론적 흐름은 국가와 시장의 질서로부터 시민사회의 영역을 구분하는 근거로 작동함으로 해서 근대적 사회구성의 질서를 국가, 시장, 시민사회의 영역으로 3분하는 데 기여했다. 시민사회의 자율성은 넓은 의미에서 정치권력과 시장권력으로부터의 자율성이라고 말할 수 있다. 이러한 자율성은 현실적으로 제도적인 보장을 받는가의 문제, 각종의 자발적 결사체들이 조직자원의 자율적 동원능력이 있는가의 문제, 자발적 참여수준의 문제 등으로 구체화될 수 있다(임희섭, 2007: 9~10).

다른 한편 시민사회의 공공성은 특정의 집단이나 계급의 특수한 이익을 넘어서는 공익적 지향을 의미한다고 하겠다. 시민사회의 다양한 가치의 공익지향성 정도, 계급이익이나 이념적 지향을 넘어서는 수준 등이 시민사회의 공공성 요인이라고 말할 수 있다.

시민사회의 주요 요소들을 이렇게 볼 수 있다면 시민적 정체성은 비국가적이고 비시장적인 자율성과 특수한 집단이나 계급, 이념을 넘어서는 공공적 지향을 의미한다. 평화운동은 인권, 평등, 생명, 환경 등의 가치와 함께 보편적 인류가치를 추구하는 사회운동으로 공공성과 자율성을 기반으로 하는 시민사회의 새로운 운동지향이라고 할 수 있다. 특히 이러한 보편적 인류가치를 추구하는 운동들은 국가와 민족의 경계를 넘어서는 '지구적 공공성'의 가치를 지향함으로써 국가와 민족, 이념을 넘어선 지구시민사회의 질서를 확장하고 있다.

1990년대 이후 한국사회에서 반전·반핵·군축운동, 생명평화운동, 인권평화운동, 여성평화운동, 평화문화 및 교육운동 등 비교적 보편적 가치를 추구하는 평화운동은 상대적으로 뚜렷한 시민적 정체성에 기반을 두고 있다. 그러나 한반도의 통일을 지향하는 운동은 민족정체성에 기반을 두고 있을 뿐만 아니라 이러한 민족정체성은 분단현실에서 여전히 국가영역 및 이념의 잔재와 결부되어 있기 때문에 일국적 공공성의 가치를 드러낸다. 그럼에도 불구하고 통일운동이 시민사회의 영역으로 점차 이동하는 현실은 민족정체성의 탈정치화와 탈이념화 경향을 반영하고 있다. 이 같은 변화는 통일운동을 지탱하는 민족정체성의 시민사회적 재구성 혹은 시민사회 내화된 민족정체성의 전망을 요청하고 있다.

2) 갈등사회의 평화 · 통일운동과 '시민민족주의'

평화운동은 보편적 평화운동뿐 아니라 한반도적 특수성이 반영된 운동을 포괄함으로써 통일운동과 중첩되어 있다.[6] 평화운동과 통일운동의 관계에서 보편적 평화의 문제는 당연히 통일문제와 분리될 수 있다. 그러나 한반도적 조건이 반영된 평화의 문제는 분단과 전쟁의 역사가 끝나지 않았다는 사실 하나만으로도 민족통일이 평화가치와 분리될 수 없다는 점을 잘 보여준다.

나아가 평화와 통일의 문제는 시민사회의 관점으로 전환시킬 때 훨씬 더 현실적인 결합의 지점을 찾을 수 있다. 갈등사회에서 갈등의 새로운 이슈는 대부분 일상적 삶의 안전과 관련되어 있다. 일상적 삶을

6 평화운동과 통일운동의 관계는 통일의 당위성에 대한 문제와 연관되어 있다. 통일의 당위성에 대한 근거는 원래 하나의 민족이었기 때문에 다시 하나가 되어야 한다거나, 한반도에 두 개의 국가가 존재하는 것이 한반도 평화에 부정적이거나 양쪽 모두 불완전하다는 점 등이 제시될 수 있다. 그러나 전자는 근대 국민국가의 분열과 통합의 역사에서 설득력을 가질 수 없으며, 후자는 두 개의 국가라고 하더라도 평화공존 상태를 상정할 수 있다면 통일이 반드시 평화의 조건이 되지 않을 수도 있다(박순성, 2008: 19). 이 점에서 박순성은 통일담론이 '왜 두 개의 국가보다는 하나의 국가가 한반도에 존재하는 것이, 분단을 끝내고 통합/통일을 이루는 것이 한반도 거주자에게 더 좋은가'라는 질문에 답할 수 있어야 한다고 강조한다.

위협하는 일체의 위험에 대한 위기가 시민적 삶에 상존하고 있기 때문이다. 평화의 가치는 환경과 생명가치와 마찬가지로 인류보편의 가치이자 일상적 삶의 안전에 대한 가치라고 할 수 있다. 여기에서 평화의 문제는 전쟁이 없는 상태라는 소극적 정의나 국제정치공학적 접근을 넘어 더 근원적이고 적극적인 사회적 조건의 문제로 설명될 필요가 있다. 이러한 점에서 평화의 문제를 직접적 폭력으로서의 전쟁과, 정치적 억압과 경제적 착취를 야기하는 사회구조적 폭력을 구분해서 접근하는 방식은 주목할 만하다(요한 갈퉁, 2000). 사회구조적 폭력이 없는 상태를 적극적 평화로 전망한다면 한반도의 평화상태는 분단이 유지되면서도 전쟁이 없는 상태가 아니라 민족통일의 달성에 이르러야 한다고 논리적 지평을 넓힐 수 있게 된다.

적극적 평화론을 준거로 할 때 이제 민족통일의 문제는 단순히 한민족이기 때문에 단일한 정치적 공동체가 형성되어야 한다는 당위론을 넘어 시민적 삶의 문제로 전환할 수 있게 된다. 이를 위해서는 시민사회에 내재하는 다양한 시민적 욕구가 통일의 문제와 결합될 수 있어야 한다. 시민적 삶의 안전, 삶의 질 향상, 생명과 환경가치의 신장, 문화적이고 역사적인 삶의 확장, 경제성장, 일자리의 확대, 국제관계의 개선 등 시민사회의 공공이슈가 통일문제의 핵심적 요소로 부각될 수 있어야 하는 것이다.

이처럼 한반도 평화의 문제가 통일문제와 분리될 수 없다는 점에서 양자의 결합을 평화·통일운동이라고 말할 수 있다면 평화·통일운동의 시민사회적 지향은 무엇보다도 시민적 정체성에 기반을 두는 것이다. 따라서 시민적 정체성은 민족정체성의 약화 및 해체의 경향을 동반한다. 시민적 정체성이 강화되고 민족정체성이 약화된 평화·통일운동의 이 같은 경향은 지구시장화의 거대경향이 공동체 규범을 해체시

키는 흐름에 힘입어 자칫 통일운동의 전망을 취약하게 할 수도 있다.[7]

시민사회는 다원적 영역이다. 시민적 정체성이나 시민사회적 관점이라고 할 때 일반적으로는 생활세계의 합리적 제도에 기초하는 것으로서의 시민적 삶의 합리성 영역을 전제하기 마련이지만 실제의 시민사회는 혈연이나 지연과 같은 비합리적 인륜공동체의 요소가 상존한다.[8] 아직 만나지 못했거나 눈물로 만나고 다시 헤어지는 이산가족과 동포애의 현실은 민족정체성이 평화·통일운동의 여전히 중요한 실체로 작동하고 있음을 보여주는 단적인 예이다. 1990년대 들어 민족정체성의 제 2의 분화과정에서 시민사회에 구조화된 민족정체성의 내용에

---

7 세계화시대에 오히려 민족주의가 부활하는 현상을 카스텔은 민족성의 기초 위에 정체성을 광범하게 '재구성'하는 것으로 평가한다. 카스텔은 민족주의가 종언을 고했다는 일반적 통념의 근원을 첫째, 경제의 세계화와 정치제도의 국제화, 둘째, 전자미디어, 교육, 지식인비율, 도시화, 근대화로 확산된 문화적 보편주의, 셋째, '민족'이라는 개념 자체에 대한 학술적 공격 등을 든다(Castells, 1997). 학술적으로 민족개념에 대한 공격은 이른바 '상상의 공동체', '의도된 역사적 고안물', '원형민족주의'의 구분 등을 강조함으로써 민족주의를 사회적 구성물로 보는 경향들에서 나타났다(Anderson, 1983; Gellner, 1983; Hobsbaum, 1990). 카스텔은 이러한 관점들이 민족주의이데올로기를 탈신비화한 것은 의미가 있지만 뻔한 것이거나 경험적으로 불충분해서 분석상의 효용이 거의 없다고 강조하면서 세계화시대에 민족주의의 부활에 주목한다(Castells, 1997). 이러한 현상을 민족정체성의 재구성으로 보는 것은 무방하지만 세계적으로 민족주의가 부활하는 것으로 이해하는 것은 지나친 일반화일 수 있다. 세계적으로 민족국가를 형성하지 못했던 사회, 예를 들면 탈사회주의사회나 종교적 근본주의를 추구하는 소수민족 등이 세계화지형에서 민족정체성의 강화, 표출경향이 크게 부각되는 것을 부정할 수 없다. 그러나 민족국가의 성립과 산업화과정에서 발전국가의 경험, 세계화, 민주화, 정보화의 지구적 사회변동을 수용한 나라들의 경우 구래의 민족주의는 점차 해체적 재구성과정을 겪고 있다. 따라서 세계화시대에 민족주의는 일반적으로 부활하는 것이 아니라 다양한 양상을 보인다고 할 수 있으며 이러한 모든 현상을 민족정체성의 '재구성과정'으로 볼 수도 있을 것이다.

8 김호기는 시민사회의 내재된 이러한 요소들을 체계적으로 정리하면서 시민사회의 이중성을 강조한다. 즉, 한국의 시민사회는 한편에서는 전통주의, 보수주의, 집단주의와 다른 한편에서의 근대주의, 진보주의, 개인주의가 공존하고 결합된 이중적 시민사회라는 것이다(김호기, 2000: 81~82).

주목하면 가족 및 동포애와 같은 시민사회의 자생적 민족요소는 중요한 의미를 갖지 않을 수 없다.

한민족의 자생적 민족정체성을 시민사회의 주요한 구성요소로 본다면 현실의 시민사회에서 공존하는 타민족의 정체성을 동시적으로 고려하지 않을 수 없다. 최근 우리사회에도 외국인 노동력의 광범한 유입에 따라 이른바 '다문화사회'에 대한 관심이 높다. 다문화사회의 가능성은 다른 무엇보다도 다민족적 정체성의 승인에 있다. 보수적 민족주의와 진보적 민족주의의 균열을 가져온 민족정체성의 제 1의 분화는 넓은 의미에서 '인종적 민족주의'(*ethnic nationalism*)가 정치화된 냉전이념에 결합함으로써 경직된 민족이념을 만들어냈다. 그러나 민족정체성의 제 2의 분화과정은 시민사회의 다원적 정체성과 공존하는 민족가치가 형성됨으로 시민적 정체성에 기반을 둔, 더욱 개방적이고 유연한 민족주의가 구축되는 과정이라고 말할 수 있다.

시민사회는 근대 사회구성체의 질서로서 국가부문에 상응하는 범주이기 때문에 일반적으로 일국적 단위의 시민사회가 전제되기 마련이다. 최근에 와서 시민사회의 가치, 규범, 행위네트워크가 미치는 범위에 따라 지구시민사회(*global civil society*)나 지역시민사회(*local civil society*)의 개념이 제시되기도 한다(Kaldor, 2003; 헬무트 안하이어 외, 2004). 지구시민사회는 '가족, 국가, 시장 사이에 존재하고, 일국적 사회와 정치체제와 경제를 초월해서 작동하는 관념, 가치, 기구, 조직 네트워크, 개인들의 영역'이라고 정의할 수 있다(헬무트 안하이어 외, 2004: 27). 여기서는 지구시민사회를 보다 적극적으로 해석할 때 일국적 단위를 넘어서는 인류보편의 가치와 규범공동체라고 할 수 있다면, 지역시민사회는 특정지역의 가치와 규범의 공동체라고 할 수 있다.

시민사회를 중층적이고 다원적인 구조로 보자면 특정의 시민사회에는 지구시민사회의 가치 및 규범과 지역시민사회의 가치 및 규범이 공존하고 있다. 이 점에서 지구시민사회의 가치로서의 평화와 한국사회의 특수한 가치로서의 통일문제가 결합되어 나타나는 평화·통일운동은 무엇보다도 시민사회의 공존적 질서의 근간이라고 할 수 있는 시민적 정체성에 기반을 두어야 한다는 사실이 강조되어야 한다. 바로 이러한 대목에서 '시민적 민족'(*civic nation*)의 출현을 '민족적 증오가 제거된 건강한 민족정체성의 형성'(Agh, 1998: 77)으로 보는 관점에 주목할 필요가 있다.

시장주의의 확산과 정치민주화, 정보네트워크화 경향 등으로 요약되는 지구화의 현실은 한반도 통일의 문제를 더 이상 경직된 국가주의 이념이나 폐쇄적 민족정체성으로 접근할 수 없게 만들고 있다. 따라서 한반도 통일의 문제는 이제 안전과 평화, 인권, 반전 등 시민적 삶의 문제를 추구하는 시민사회적 가치에 기초한 '시민민족주의'(*civic nationalism*)의 시각에서 접근할 필요가 있다. 시민민족주의[9]는 민족국가의 이념과 경계에 갇힌 경직되고 대결적이며 각축적 자민족주의를 넘어 시민사회의 다양한 정체성 가운데 하나로 형성되는 공존과 상호수용의 소통적 민족정체성이라고 말할 수 있다.

한반도 통일에 관한 시민민족주의의 접근은 분단현실을 넘어설 수 있는 다양한 현실적 기회구조를 확장할 수 있는 장점이 있다. 무엇보다도 시민민족주의는 통일논리의·이론적 정당성을 확장할 수 있다. 분단

---

9 최장집은 '인종적 민족주의'(*ethnic nationalism*)의 대안으로 '시민적 민족주의'(*civic nationalism*)를 강조하는 논의(Ignatieff, 1994)에 주목하면서 시민적 민족주의를 민주주의와 평화의 결합을 가능하게 하는 원리로 제시하고 있다(최장집, 1996). 여기서 시민적 민족주의는 '한 민족국가의 사회의 경계 내에서 민주주의와 평화의 원리를 실현하는 것이 가장 현실주의적이면서도 동시에 가장 이상주의적이라는 문제의식'에 입각해 있다.

의 고착화에 따라 남북은 서로 다른 국가체제를 공고하게 함으로써 점차 통일의 가치가 약화되는 경향을 맞고 있다. 특히 새로운 세대에게 통일은 왜 필요한 것인지에 대한 공감대조차 해체되고 있다. 이런 점에서 시민민족주의는 시민사회의 평화논리를 통일논리와 결합함으로써 통일에 대한 정당성을 강화할 수 있다.

둘째, 통일에 대한 논리적 정당성의 강화와 동시에 시민민족주의는 한반도 통일문제에 대한 지구시민사회의 공감대를 확장할 수 있다. 경직되고 배타적인 인종적 민족주의는 민족 내부의 문제로 인식되기 쉽지만 시민적 민족주의는 지구시민적 가치에 친화적이기 때문이다.

셋째, 시민민족주의는 북한에 대한 접근성을 높일 수 있다. 특히 남북한의 경제협력과 사회문화적 교류의 폭을 넓힐 수 있는 기초가 될 수 있다.

넷째로 시민민족주의는 남한 내부의 이념적 갈등을 해소할 수 있는 가능성을 높인다. 남한사회의 이념갈등은 해방 이후 1980년대까지의 좌우이념 대립의 역사 경험에 원인이 있고 그러한 경험은 강력한 국가이념을 배경으로 한 것이었다. 따라서 시민민족주의는 국가이념의 해체를 동반하기 때문에 훨씬 더 유연한 민족정체성을 공유할 수 있는 가능성을 갖는다.

시민민족주의는 오늘날 갈등사회에서 민족가치를 시민사회의 다양한 가치 가운데 하나로 구축함으로써 민족정체성의 시민사회적 재구성을 통해 평화운동과 통일운동을 결합하는 실질적 기반이 될 수 있다. 이 같은 통일운동의 시민적 정체성은 다른 무엇보다도 시민사회 고유의 자율성의 확보가 전제되어야 한다. 따라서 평화·통일운동이 국가와 시장영역으로부터의 자율성을 얻는 것이 무엇보다도 중요하다.

5. 시민적 정체성과 한반도 평화·통일운동의 전망

시민사회의 다원성과 중층성은 언제나 갈등의 소지를 안고 있다. 시민사회에 내재된 지구적 가치와 민족적 가치 나아가 지역가치 또한 언제나 상충될 가능성을 갖는다. 이러한 갈등은 갈등사회의 새로운 갈등으로 표출되는데, 중첩적 가치와 규범이 충돌하지 않고 공존적 실천이 가능하기 위해서는 시민사회의 자율적 소통과 조율의 윤리가 체계화되어야 한다. 말하자면 평화·통일운동은 새로운 갈등의 주체이면서 동시에 소통을 통한 자율적 사회통합의 주체로 등장하는 갈등사회적 시민사회의 딜레마를 안고 있다. 이러한 점에서 평화·통일운동이 시민적 정체성의 민족주의를 지향할 때 다음과 같은 몇 가지 갈등사회적 과제와 전망이 제기될 수 있다.

첫째, 평화·통일운동은 '정체성의 정치'로 재구성될 필요가 있다. 1990년대 민족정체성의 제 2의 분화는 국가와 이념의 틀이 해체되는 거대경향의 반영이다. 지구화와 민주화, 정보화의 거대경향 속에서 민족정체성은 소멸하기보다 오히려 새롭게 재구성되는 과정에 있다. 따라서 체제경쟁과 이념대립에 동반된 민족주의가 아니라 자율적 민족가치가 시민사회의 다양한 정체성의 정치 가운데 하나로 구축되어야 한다. 정체성은 사람들이 가지는 의미와 경험의 원천이며 일련의 문화적 속성에 기반을 둔 의미의 구성과정이다(Castells, 1997).

따라서 평화문화와 통일문화를 조직함으로써 시민적 프레임을 넓히는 것은 무엇보다도 중요한 정체성의 정치의 과제이다. 평화·통일운동을 시민적 민족주의의 정체성의 정치로 재구성하는 것은 이른바 남남갈등으로 불리는 소모적인 이념대립의 잔재를 떨치는 경로가 될 수 있다.

둘째, 평화 · 통일운동은 정부-시장-시민사회의 협치적 기반의 확장을 요구한다. 갈등사회에서 사회통합은 중앙집중화된 정부중심의 공공성의 기능을 시장과 시민사회에 할당함으로써 다양한 협치의 방식을 통해 강화된다. 특히 현실적 남북관계에서 통일 프로젝트는 시민적 정체성의 확대 자체만으로는 진전되기 어렵다. 분단의 체제적 현실이 여전히 상존하는 조건에서 통일 프로젝트는 시민운동의 자율성에 기초하면서 정부와의 협조적 관계가 요구되는 것이다. 평화 · 통일운동이 이러한 네트워크를 적극적으로 시도해야 하는 것도 중요하지만 현실적으로 정부당국이 민족 정체성의 재구성이라는 거대한 사회변동의 의의를 수용하면서 적극적인 시민운동의 네트워크를 연계하는 노력이 필요하다. 다른 한편 민간부문의 교류는 현재로서는 남북 경제협력의 의의가 가장 중요한 의미를 갖는다.

오늘날 기업의 생존은 시민사회와 함께함으로써 기업 시민성(*corporate citizenship*)을 진작시키는 데 크게 의존한다(조대엽, 2007b). 이러한 기업활동의 연장에서 남북관계에 대한 기업의 개입을 현재의 남북경협 수준을 넘어 평화 · 통일운동의 파트너십 확대로까지 확장할 수 있어야 한다. 이뿐만 아니라 평화 · 통일운동의 협치적 확장은 시민사회가 부재한 북한의 현실적 조건을 고려할 때 남북의 비대칭성을 조율할 수 있는 기제가 될 수 있다는 점에서도 의의를 갖는다.

셋째, 평화 · 통일운동은 탈조직적 시민사회의 영역으로 확장될 필요가 있다. 최근 우리사회는 시장주의와 경쟁의 문화가 가속화되고 민주화 과정을 거치면서 조직권위가 해체되는 경향을 보인다. 이러한 현상은 새로운 세대적 경향과 중첩되어 기존의 경직되고 위계적인 조직의 영향력은 약화되는 반면 새로운 가치와 취향의 집단화 경향은 확장되고 있다. 특히 한국사회의 발달된 전자정보 문화는 인터넷과 같은 온라인 공간을 매개로 일종의 급진화된 개인주의를 다양하게 표출시키고 있다. 2000년대 이래 우리사회에서는 전자적 공론장이 크게 확장됨으로써 이러한 급진적 개인주의가 온라인을 중심으로 형성되는 이른바 '제 4의 결사체'를 통해 합리적 집단주의로 전환하는 가능성도 보이고 있다(조대엽, 2007a). 평화 · 통일운동은 평화와 통일의 가치를 다양한 방식으로 확산시켜야 한다는 점에서 시민사회의 공론장을 활성화해야 한다. 말하자면 탈조직적 시민사회의 공간을 적극적으로 활용할 필요가 있다.

이와 같은 갈등사회에서의 평화 · 통일운동의 과제와 전망은 무엇보다도 민주주의의 문제와 결부되어 있다는 점이 강조되어야 한다. 1990년대 이후의 민주화는 갈등사회로의 전환이라는 지구적 사회변동에 비교적 조응하는 정치적 전환을 이루었다고 말할 수 있다. 그러나 최근 정부의 권력운용은 갈등사회의 갈등적 조건과 사회통합의 원리에 조응하지 않는 흐름을 보이고 있다. 특히 대북관계에서는 대결적 대응이 두드러져 갈등사회의 전환과정에서 오히려 구래의 갈등상황을 다시 불러일으키고 있다. 한반도 평화 · 통일의 프로젝트가 남북 어느 한편이나 정권의 일방성으로 가능하지 않다는 점은 분단 이래의 누적된 경험이 알려주고 있다.

11 대북정책의 갈등정치와 미시민주주의의 전망 *

1. 갈등사회와 정책소통의 문제

이명박 정부 이후 한국사회에는 주요 정책을 둘러싼 갈등이 여전히 확대되고 있다. 이명박 정부에서만 해도 한반도 대운하, 미국산 쇠고기수입, 공기업 민영화, 미디어관련법 등이 국회를 넘어 시민사회 전체에 공공갈등의 국면을 만들었으며, 금강산관광이나 개성관광의 중단, 개성공단 문제 등에서 드러나듯이 북한과의 갈등 또한 확대되었다. 특히 대북갈등은 한국사회 내부에서도 이른바 남남갈등을 시키는 효과를 동반한다는 점에서 우리사회의 근본적 갈등을 이루고 있다.

주지하듯이 오늘날 갈등사회는 갈등이 일상화됨에도 불구하고 시민사회와의 파트너십을 통해 갈등이 관리되는 특징을 갖는다. 정부의 정책과정 일반을 볼 때 정책의 근본적 지향이나 목표 자체가 시민사회

---

* 이 글은 "대북정책과 국가 - 시민사회의 새로운 질서"라는 제목으로 제주평화연구원 연구사업보고서(09-04). 《대북정책에 대한 소통증진 방안연구》에 포함된 내용을 수정, 보완한 것이다.

와의 소통을 원천적으로 배제하는 경우가 있고, 다른 한편으로 정책의 운용방식이나 미시적 실행과정에서 시민사회를 배제하는 경우도 있다. 어느 경우나 시민사회와 소통을 통한 갈등의 완화보다는 시민사회와 단절에 따른 사회갈등의 확산경향을 보이기 마련이다. 이명박 정부 이후 박근혜 정부에서 나타는 사회갈등은 이러한 확산경향을 반영하고 있다. 말하자면 사회변동의 거대경향이 정부와 시민사회의 동반적 정책지향과 과정을 요구하고 있으나, 정책목표와 정책의 실행과정에서 시민사회를 포섭하지 못하는 데서 나타나는 갈등이 심각한 것이다.

다른 정책에 비해 대북정책은 역사적 누적성을 가질 뿐만 아니라 정권에 따른 정책의 차별성이 크게 부각되기 때문에 정책에 관여된 사회구성요소의 명암이 뚜렷한 측면이 있다. 특히 대북정책과 관련해서 시민사회 영역은 김대중 정부의 햇볕정책이나 노무현 정부의 평화번영정책에 비해 '비핵·개방·3000 구상'을 근간으로 하는 이명박 정부의 상생공영 정책이나 이를 잇는 박근혜 정부의 대북정책에서 명암이 크게 엇갈린다.

이 장에서는 대북정책의 갈등과 소통의 문제를 국가와 시민사회의 관계를 중심으로 분석하는 데 목적이 있다.[1] 갈등의 일상화와 제도화 경향을 보이는 지구적 수준의 사회변동과 현대성을 반영하는 '갈등사회'의 조건에서 국가와 시민사회의 새로운 질서 특히 대북정책의 소통과 관련된 새로운 질서를 '미시민주주의'의 개념틀을 활용하여 설명하고자 한다. 김대중 정부와 노무현 정부의 대북정책을 대북포용주의로, 그리고 이명박 정부의 대북정책을 대북상호주의로 규정하고, 두 가지 서로 다른 대

1 이 글에서 국가와 시민사회의 관계는 구체적으로 국가영역은 정부를, 그리고 시민사회 영역은 시민단체를 중심으로 논의한다.

북정책의 패러다임을 국가와 시민사회의 소통의 질서라는 맥락에서 탐색함으로써 대북정책관련 미시민주주의의 질서에 대해 전망하고자 하는 것이다.

2. 대북포용주의와 미시민주주의의 확장

한국전쟁 이후 대북정책은 냉전질서에서 반공이데올로기를 근간으로 하는 적대정책이 주조를 이루었다. 적어도 김대중 정부 이후 대북정책의 패러다임은 평화공존과 화해협력을 지향하는 적극적 전환이 시도되었다.[2] 이러한 패러다임 전환의 과정에서 대북정책은 북한과의 관계에서는 말할 것도 없고 남한 내부에서도 광범한 갈등을 만들었다. 2000년대 이후 한국사회에서 확대된 갈등사회적 조건은 사회갈등을 보편적이고 일상적 요소로 내재하기에 갈등 자체가 크게 문제될 수는 없다. 사회갈등은 사회적 소통의 과정일 수도 있고 소통을 통해 발생하는 것일 수도 있다. 문제는 소통의 단절, 특히 정책운용의 주체라고 할 수 있는 정부와 시민사회의 소통의 단절로 인한 갈등이라고 할 수 있다. 이러한 갈등은 더 심각한 사회갈등을 내장하고 예고하므로 정책소통의 적극적 모색이 요구된다.

이른바 햇볕정책으로 요약되는 김대중 정부의 대북정책과 그 연장에서 추진된 노무현 정부의 평화번영 정책은 남북관계의 불균등하고 비대칭적인 관계를 전제로 한 대북 포용의 원칙에 기초해 있다(박종철, 2003: 45~48). 다른 한편 이명박 정부의 이른바 상생공영 정책은 남한과 북한의 균등하고 대칭적인 상호관계를 전제로 엄격한 상호주의를 원칙으로 하고 있다(박종철, 2008: 35). 따라서 김대중 정부와 노무현

2 김대중 정부 이전, 예컨대 박정희 정부에서도 이른바 7·4 남북 공동성명의 핵심은 평화공존에 있었던바 기본적으로 대북정책은 평화공존을 지향했다고 말할 수도 있다. 그러나 김대중 정부 이전의 평화공존이 남북의 지배권력의 정치적 필요에 의한 명목적 평화공존이었다면 김대중 정부의 평화공존은 적극적 실행을 지향하는 실천적 패러다임으로의 전환이라는 의미가 부여될 수 있다.

〈표 11-1〉 대북정책관련 갈등의 주요 쟁점

포용주의 패러다임	상호주의 패러다임
대북포용정책의 적합성 및 효과	비핵 · 개방 · 3000 구상 관련쟁점
남북정상회담 관련 쟁점	미래지향적 남북관계와 과거 10년 평가
대북인도지원 및 남북경협	북한 인권관련 적극조처
북핵문제	한미관계 우선론과 '통미봉남' 쟁점
한미관계와 민족공조	통일부 역할문제, 대북정책의 외교정책 종속
NLL 등 평화안보문제	금강산, 개성 등 남북관계단절
북한인권문제	우파적 과거사 해석문제
과거사 관련 쟁점	

* 출처: 박원철 · 이승환, 2008.

정부의 대북정책을 포용주의 패러다임이라고 할 수 있다면 이명박 정부의 대북정책은 상호주의 패러다임으로 볼 수 있다.[3]

〈표 11-1〉에서 보듯이 포용주의와 상호주의의 패러다임은 다양한 갈등 쟁점을 양산했으며 각각의 주요 쟁점들은 더 많은 세부적 쟁점들을 포괄하고 있다. 김대중 정부와 노무현 정부의 포용주의정책 기간 중에는 예컨대 남북정상회담 관련쟁점만 하더라도 김정일 답방문제, 불가침 또는 평화체제 보장조항 불포함 문제, 낮은 단계의 연방제 논란에서부터 대북송금 문제, 노벨평화상 문제까지 다양한 이슈들이 포함되었다. 또 대북 인도적 지원과 남북경협 문제에도 '퍼주기' 논란, 북한군대의 쌀 전용문제, 인도적 지원과 북핵의 연계문제, 금강산 관광과 경협

3 엄밀한 의미에서 포용주의 패러다임과 상호주의 패러다임은 대응적 개념으로 보기 어려운 점이 있다. 포용주의 또한 일방적인 포용주의라기보다는 다양한 수준의 상호교류를 전제로 하고 있다는 점에서 상호주의에 기반하고 있다. 따라서 여기서 포용주의는 유연한 상호주의를 지칭한다면, 이명박 정부의 상호주의는 보다 엄격한 상호주의를 말한다고 할 수 있다. 이 논문에서 사용하는 포용주의 패러다임과 상호주의 패러다임은 개념의 비대칭성에도 불구하고 각 정책에 대해 일반적으로 지칭하는 개념의 접근성을 고려해서 규정한 것이라고 할 수 있다.

과 북핵 연계문제, 개성공단 확대문제 등이 포괄된다(박원철 · 이승환, 2008: 27).

포용주의 대북정책의 시기는 우선 남북 당국 간의 긴장과 갈등은 크게 완화되었으나 남한 내부에서 대북정책을 둘러싼 이른바 남남갈등이 크게 증가했다. 이 같은 갈등의 증가는 적어도 민주화, 세계화, 정보화의 사회변동을 통해 나타난 갈등사회의 새로운 질서에 따른 영향이 크다. 포용주의정책의 다양한 이슈를 둘러싸고 나타났던 이념, 지역, 세대 등의 갈등은 갈등사회의 정책개방과 공론장의 확대에 따른 갈등효과가 컸기 때문에 갈등의 당사자집단 간에는 소통의 부재가 상존한다 하더라도 전체 시민사회의 측면에서 본다면 오히려 정책의 개방과 정보소통의 증대에 따른 갈등현상을 보였다.

대북 포용주의 정책과 관련된 다양한 이슈들이 양산하는 갈등과 대립의 현실은 무엇보다도 정부와 시민사회의 소통을 통해 관리되었다. 이러한 갈등관리의 방식은 역대 정부의 대북정책 추진에서 가장 적극적으로 시민사회를 관여시키는 결과를 가져왔다.

포용주의 정책이 시민사회 참여의 폭을 넓힌 데는 두 가지 수준에서 시민사회 지향성이 뚜렷했다는 점이 강조된다. 첫째는 대북 포용주의 정책 자체에 내재된 원천적 시민사회 지향성을 강조할 수 있고, 둘째는 대북 포용주의 정책에 대한 국내적 합의구조를 이끌어내기 위한 미시 민주주의의 전략적 시도로서의 시민사회 지향성을 들 수 있다.

우선, 포용주의 대북정책에 내재된 시민사회 지향성은 다음과 같은 점을 강조할 수 있다.[4] 첫째, 대북 포용주의 정책은 대북관계에서 정치

4 박종철은 포용정책과 상생공영정책의 패러다임을 7개 기준에 따라 비교하고 있다. 즉, 목표와 수단의 우선순위, 정경연계의 여부, 이념과 경제적 실용주의, 상호주의의 성격, 보편성과 특수성, 남북관계의 제도화, 남북협력과 국제협력의 상대적 비중 등이다(박

·안보 문제와 경제·사회 문제를 분리하는 것이 핵심이다. 남북관계는 오랫동안 정치 및 군사적 대립과 긴장에 의해 압도되었다는 점에서 정치군사적 문제와 경제협력 문제를 분리해서 추진함으로써 남북문제의 해법에 접근하고자 했다. 또한 포용주의 대북정책은 남북문제의 해결에서 국제관계를 중요시하지만 민족문제는 남북한이 주도해야 한다는 점을 강조한다. 따라서 정치군사 영역이 분리된 민족문제의 해결은 자연스럽게 경협과 사회문화 교류에 치중하게 된다. 이처럼 정치군사 문제를 분리하는 접근방식은 경제협력뿐만 아니라 사회문화 교류의 영역을 크게 활성화하는 효과를 가짐으로써 대북정책 및 남북교류에서 기업과 시민사회의 역할을 유례없이 증진하는 결과를 가져왔다.

둘째, 포용주의 정책은 남과 북의 비대칭적 관계를 전제로 인도주의 혹은 도덕주의적 지향을 가졌다는 점이 주목된다. 일반적으로 포용주의 정책은 이명박 정부의 실용주의와 대비해서 이념적 접근을 강조하는 경향이 있다. 그러나 포용주의에 내재된 이념성은 진보와 보수의 이념적 요소보다는 오히려 인도주의나 도덕주의적 경향으로 해석할 필요가 있다. 비록 포용정책에 대한 진보와 보수의 담론갈등이 심각했다고 하더라도 실제로 대북 교류협력에 참여한 시민단체의 경우 진보와 보수를 망라한 복합적 구조를 갖기 때문에 다양한 시민단체의 참여는 인도주의나 도덕주의적 지향과 친화력을 갖는다. 따라서 포용주의에 내재된 도덕주의적 지향은 시민사회의 보편적 가치와 원천적으로 결합될 가능성을 가진 것이다.

셋째, 대북 포용주의 정책은 남북 대화의 통로를 정치적으로 제도화하지 않았다는 점을 주목할 수 있다. 남북 간에는 장관급 회담, 국방장

종철, 2008: 32~37). 이 글에서는 박종철의 비교기준으로부터 시민사회 지향성을 특징짓는 각 패러다임의 주요요소를 차용하여 설명한다.

관 회담, 적십자 회담, 경협추진위원회, 분야별 실무회담 등 다양한 종류의 대화통로가 있었으나 이 같은 대화 창구는 정규적 대화통로라기보다는 협력사업을 기능적으로 수행하기 위한 것이었다고 평가된다(박종철, 2008: 36).

이와 같이 남북관계의 다양한 통로가 비제도화된 상태였다는 것은 기업과 시민사회의 영역에 남북관계 혹은 대북정책을 열어 놓았다는 사실을 의미한다. 전면적 개방이 이루어지지 않은 상태에서 남북관계의 제도화 수준이 높다는 것은 정부와 정치영역의 역할이 고착화됨으로써 시민사회의 참여범위가 다각화되기 어렵다는 점을 말해줄 수 있다. 따라서 정치적 수준의 비제도화 경향은 포용주의 정책의 시민사회 지향성을 높이는 효과를 가졌다.

대북 포용주의 패러다임에는 이처럼 정책 자체의 성격에 시민사회 지향성을 내재하고 있다. 다른 한편, 국민의 정부나 참여정부가 대북 포용주의 정책에 대한 국내적 합의구조를 이끌어내기 위해서 시도한 미시민주주의의 전략에 내재된 시민사회 지향성을 강조할 수 있다. 이 같은 미시민주주의 전략은 갈등사회의 사회변동에 조응하는 공공성의 재구성을 적극적으로 실현함으로써 정부와 시민사회의 협치의 영역을 넓히는 노력으로 나타났다.

대북 포용정책의 과정에서 정부와 적극적 협력관계를 구축함으로써 대북 교류협력에 크게 기여한 민간기구인 '민족화해협력 범국민협의회'(이하 민화협)의 사례는 비록 느슨한 협치의 관계이기는 하지만 정부와 시민사회의 미시민주주의의 확장을 잘 보여주는 경우라고 할 수 있다. 민화협은 민간차원에서 민족의 화해협력과 평화통일을 위한 제반 사업을 수행하는 정당, 사회단체의 상설협의체로 출범했다(민화협, 2006).

〈표 11-2〉 민화협 회원단체의 이념지형(2004년 기준)

활동영역	이념지형 진보 ◀──▶ 보수			단체 수
교육학술	전국교직원노동조합	◀──▶	한국교원단체총연합회	13
시민사회	전국철거민협의회중앙회	◀──▶	한국자유총연맹	46
여성	한국여성단체연합	◀──▶	한국여성단체협의회	16
청년	한청협전국동지회	◀──▶	한국청년회의소	12
통일운동	자주평화통일민족회의	◀──▶	민족통일중앙협의회	36
기타	노동 · 농민(7), 법조(1), 문화 · 예술(21), 경제(6), 보건의료(2), 종교(14), 직능(28), 정당(3)			62
합계				185

* 출처: 홍성태, 2007: 87.

2004년 기준으로 약 185개의 회원단체들이 참여할 뿐만 아니라 〈표 11-2〉에서 보듯이 진보에서 보수에 이르기까지 이념적 지향의 차이가 큰 시민사회의 다양한 단체들이 참여하고 있다.

민화협은 남북화해 및 협력사업과 아울러 '남남대화를 통한 합의의 도출'을 핵심적 사업방향으로 설정하고 있다. 이러한 사업방향은 민화협이 정부와의 파트너십을 통해 다양한 대북 협력사업을 추진함으로써 실질적인 대북사업의 효율성을 높이는 효과도 갖지만 더욱 중요한 것은 포용주의 대북정책을 둘러싼 시민사회 내부, 혹은 정부와 시민사회의 갈등을 줄일 수 있는 소통구조를 구축하는 데 초점이 맞추어져 있다.

또한 대북지원을 위한 민간단체의 협의체인 '대북협력 민간단체협의회'(북민협)와 북민협을 시민사회의 대표로 해서 정부와 시민사회의 협력기구로 출범한 '대북지원 민관정책협의회' 역시 포용주의 대북정책의 정부-시민사회 협치관계를 잘 보여주는 사례이다(조한범 외, 2005: 181). 대북정책을 둘러싸고 확장된 이 같은 협치의 영역은 다른 무엇보다도 시민사회의 적극적 참여를 통해 대북정책의 소통을 추구했다는 점에서 정부와 시민사회의 공공성이 연계되어 새로운 공적 질서가 구축된 것으로 볼 수 있다.

김대중 정부와 노무현 정부 시기의 포용주의 대북정책에서 무엇보다도 주목할 대목은 대북정책에 시민사회를 적극적으로 관여시킨 점이다. 이러한 시민사회의 관여는 포용주의의 특성에 내재된 원천적인 시민사회 지향성과 국내 합의구조를 조성하기 위한 미시민주주의의 전략적 시도로서의 정부-시민사회의 협치에 따른 시민사회 지향성 등을 통해 크게 부각되었다. 정부와 시민사회라는 거시적 제도에 내재된 하위적 제도와 행위과정으로서의 소통의 질서를 미시민주주의라고 말할 수 있다면, 포용주의 대북정책은 대북정책을 둘러싸고 형성되는 정부와 시민사회의 협치의 영역을 넓히고 소통의 구조를 확보함으로써 대북정책관련 미시민주주의를 확장하는 효과를 가졌던 것이다.

3. 대북 상호주의와 미시민주주의의 위축

이명박 정부의 대북정책은 포용주의와는 달리 엄격한 상호주의 패러다임을 기반으로 하고 있다. 상호주의 패러다임은 포용주의 대북정책이 북한의 비타협적 태도와 약속 불이행을 유발했다는 문제의식에서 남북관계를 균등하며 대칭적인 관계로 설정한다. 따라서 상호의무의 동시적 이행을 중시하며 매 단계마다 합의의 이행이 평가되는 방식을 추구하게 된다(박종철, 2008).

〈표 11-1〉에서 보듯이 상호주의 패러다임의 이명박 정부 시기에도 다양한 갈등쟁점이 등장했고 이러한 쟁점들은 포용주의에 비해 어떤 점에서는 갈등이 확대되기도 했다. 특히 '비핵·개방·3000 구상'에서 제시된 비핵화 전제론과 미래지향적 남북관계 문제에서 제기된 포용주의 10년에 대한 평가, 상호주의와 보편주의에 입각한 경협 4원칙[5]과 북한인권 문제의 제기 등은 금강산 관광의 중단을 비롯한 남북관계의 급속한 단절을 가져왔다.

포용주의 대북정책과 비교할 때 이명박 정부의 상호주의 패러다임은 대북관계의 단절에 따른 갈등의 역구도가 형성되었다고 할 수 있다. 말하자면 상호주의 대북정책에 대한 지지와 저항의 전선이 정권교체와 함께 진보와 보수의 이념적 역전에 따라 형성되었다. 어쩌면 동일한 갈등구도에서 이념의 내용만 역전되었다고 할 수도 있다. 대북문제에 대한 국민적 합의의 과제는 이명박 정부에서도 전혀 진전되지 않았을 뿐만 아니라 북한과의 긴장이 확대됨으로써 오히려 남한내부의 긴장도

5 이명박 정부의 경협 4원칙은 북핵진전, 경제적 타당성, 재정부담능력, 국민적 합의 등으로 엄격한 상호주의와 정치군사문제와 경제문제의 연계를 특징으로 한다.

심각해지는 경향을 보였다.

시민사회 내부를 보면 보수와 진보진영의 이념적 갈등이 부각되지만 오히려 주목해야 할 지점은 상호주의 대북정책 자체에 내재된 시민사회 배제론의 요소가 정부와 시민사회의 소통을 원천적으로 제약하고 있으며, 이러한 제약은 협치와 미시민주주의의 확대를 통해 그간에 구축되었던 정부와 시민사회의 네트워크마저도 새로운 갈등구도로 전환시켰다. 상호주의 패러다임에 내재된 시민사회 배제성은 구체적으로 다음과 같은 내용에서 찾을 수 있다.

첫째, 상호주의 대북정책은 정치군사 문제와 경제 및 사회문화 교류를 연계하고 있다. 특히 북핵문제와 경협을 연관지으면서 포용주의 패러다임과는 뚜렷한 차이를 보인다. 포용주의 대북정책의 경제 및 사회문화교류 분리전략이 시민사회 지향성을 드러낸다면, 상호주의에 내재된 정치군사 문제와 경제문화 교류의 연계전략은 당연히 '비핵 · 개방 · 3000 구상'에서 제시되듯이 '비핵화'라는 정치안보적 쟁점에 우선순위를 두기 마련이다. 이명박 대통령 시기에 밝힌 이른바 '그랜드 바겐'의 논리 역시 정치군사적 과제와 경제 및 사회문화적 과제를 일괄적으로 해결하겠다는 점이 강조되고 있다. 이러한 정치안보 중심적인 상호주의 패러다임에는 시민사회가 개입할 여지가 극소화될 수밖에 없다.

둘째, 상호주의 패러다임에는 국제관계 지향성이 강조되고 있다. 물론 노무현 정부 시기의 포용주의 패러다임에서도 국제관계 특히 미국과의 관계가 중요시되기는 했지만, 상호주의 대북정책은 기본적으로 북한문제를 민족문제라는 차원보다는 국제정치적 맥락에서 해결하고자 하는 지향을 보이고 있다. 이명박 정부는 국제관계 특히 한미동맹의 강화 및 한일협력 증진을 우선시함으로써 대통령 취임 후 첫 번째 한미정상회담에서 '비핵 · 개방 · 3000 구상' 및 남북한 상설연락사무소 설치 등에 대한 부시 대통령의 지지를 얻어내기도 했다(박종철, 2008). 대북정책에서 국제관계를 우선시한다는 것은 북한과의 관계를 '민족적 특수주의'가 아니라 '국제적 보편주의'의 입장에서 문제를 보는 것이다. 이 경우 현실적으로는 남한이 배제된 북미관계가 작동함으로써 오히려 문제의 당사자인 북한을 중심으로 하는 국제관계에서 남한이 고립될 가능성을 내재하는 것이다. 기본적으로 국제관계 지향성은 고도의 정치적 해법을 추구한다고 말할 수 있다. 따라서 이 같은 국제관계 중심적인 상호주의의 원칙에는 장기적 차원에서 북한에 대한 사회경제, 문화적 교류를 통해서만 역할이 증대할 수밖에 없었던 시민사회의 대북정책개입이 원천적으로 제한되었던 것이다.

셋째, 상호주의에 내재된 경제적 실용주의를 주목할 수 있다. 상호주의는 실용주의의 다른 표현일 수 있지만 특히 '경제적 이익'의 맥락에서 실용주의를 전제한다는 점이 강조될 수 있다. 말하자면 남북관계가 이념충돌이 아니라 남북한 서로에게 실익을 줄 수 있는 구체적 결과를 가져야 한다는 것이다. 시장은 이익으로 구성되지만 시민사회는 가치로 구성되어 있다. 포용주의 패러다임이 도덕주의적 요소를 가짐으로써 시민사회의 인륜적 가치와 친화력을 갖는 데 비해 경제적 실용주의는 시민사회의 가치와 비친화적이다. 따라서 상호주의 패러다임이 추구하는 실용주의 또한 대북정책에서 시민사회의 개입을 위축시킬 수밖에 없다.

이와 같이 대북 상호주의 패러다임에 내재된 시민사회 배제적 요소들은 이명박 정부의 대북정책 소통을 크게 제약하는 원천적 요인으로 작용하고 있다. 이러한 측면들은 정부와 시민사회의 관계가 새롭게 재구성됨으로써 이른바 공적 기능의 동반적 연계를 통해 갈등의 관리를 가능하게 하는 소통의 민주주의를 위축시키는 결과를 가져왔다.

한편, 상호주의 패러다임이 시민사회를 위축시키는 다른 하나의 수준은 남북관계의 단절과 긴장확대가 시민사회에 초래한 효과를 들 수 있다. 포용주의 대북정책의 시기 남북교류의 확장을 통해 정책소통의 네트워크에 참여한 많은 시민단체들은 상호주의 정책의 과정에서 비록 형식적으로 유지되는 기구들이 없지는 않지만 정부 및 기업과의 실질적 네트워크가 크게 위축되었다. 이러한 사실이 대북정책의 남한 내 소통구조를 위축시킴으로써 시민단체를 정책소통과 갈등조율의 주체로 삼기보다 오히려 갈등생산의 주체로 등장하게 만들었다는 점에 주목해야 한다.

대북 상호주의 패러다임이 시민사회 영역과의 미시민주주의를 구축하는 데의 또 다른 제약은 이른바 '잃어버린 10년론'과 같은 인적 수준과 이념적 수준, 나아가 제도적 수준에서의 과거청산적 지향과 관련된다. 이 책의 제 5장에서 강조한 바와 같이 이명박 정부는 두 차례의 상대적인 진보정권 이후에 보수적 정권으로 등장했기 때문에 다른 정부에 비해 특히 과거정부의 유산을 부정하고 새로운 질서를 구축하려는 일종의 '재건주의'적 경향이 두드러진다. 이 점에서 특히 노무현 정부와 협조적 관계였던 시민단체에 대한 부정적 인식이 강했다. 과도한 단순화일 수 있지만 1980년대 말 이후 한국의 시민사회에서 자생적으로 성장한 주요 시민단체들은 시민사회에 기반을 뒀다는 자체에서 이미 진보적 성향을 가진다. 반면에 보수적 시민단체는 관변적 영역에서 성장한 단체를 제외하고는 시민단체 기반이 대단히 제한적이다. 이러한 조건에서 대북정책 영역에서 이명박 정부가 이념적 친화성을 바탕으로 시민사회와의 새로운 파트너십을 갖고자 의도하더라도 시민사회와의 소통의 확장이라는 미시민주주의 질서를 구축하는 데 뚜렷한 한계를 가질 수밖에 없다.

현 시점에서 우리사회의 이념갈등의 문제는 구래의 냉전질서에 바탕을 둔 좌우이념의 문제로 단순화하기 어렵다. 더구나 김대중 정부의 대북 포용정책 이래 2000년 남북 정상회담은 그간의 국내 정치질서를 구축하는 근간이었던 냉전 반공주의의 해체경향을 가속함으로써 냉전 반공주의를 유지하려는 측과 이를 해체하고자 하는 측의 새로운 갈등 구도를 드러냈다(김갑식, 2007: 39). 이 같은 이념갈등은 뚜렷한 이념적 지향 간의 대립이라기보다는 우리사회의 특수한 역사적 경험이 누적된 갈등으로 예컨대 산업화시대와 민주화시대에 대한 집단적 평가, 박정희 정권과 전두환 정권에 대한 평가 등이 이념적 대립으로 표출되는 경향이 있는 한편(강원택, 2004: 90~91), 지역주의나 정당지지 등의 기존 정치갈등과 중첩된 현상으로 나타나고 있다는 점이 강조된다(이우영, 2004: 103).

이러한 점에서 대북정책을 둘러싼 갈등의 전선은 여야 정당 간 대립이 주축을 이루고 여기에 시민사회의 주요 단체들이 서로 다른 입장으로 결합하는 형국을 보이고 있다. 물론 극단적인 냉전적 진보와 극단적인 냉전적 보수의 적대적 갈등이 없는 것은 아니지만, 만일 대북정책에서 여야정당 간의 소통과 합의가 이루어진다면 시민사회의 중도적 보수와 중도적 진보는 합의의 가능성을 높일 것이고 실제로 극단적 이념을 고수하는 소수집단들은 오히려 주변화될 여지가 있다.

대북 포용주의의 시기라고 할 수 있는 김대중 정부와 노무현 정부에서도 대북정책에 관한 국민적 합의가 뚜렷이 조성되었던 것은 아니다. 비록 남북교류를 위해 정부와 시민사회의 협치가 확장됨으로써 미시민주주의가 성장한 것은 사실이지만 '국민적 합의'라는 측면에서는 남남갈등이 확대된 것에서도 알 수 있듯이 결코 성공한 것으로 평가하기 어렵다.

이 시기에 보다 적극적인 미시민주주의의 확장을 위해서는 합의를 위해 더 적극적으로 노력했어야 한다는 평가가 많았다. 예컨대 이산가족뿐만 아니라 상이군경회, 전몰미망인회, 재향군인회 등 일종의 분단의 희생자 집단이 중심이 된 시민사회의 단체들이 대북 포용정책의 수혜자 집단이 되었을 때 국민적 합의의 가능성이 높아진다는 제안들은 시민사회의 정책소통을 위해서 주목할 대목이 아닐 수 없다(임혁백, 2004: 328~339). 분단이 남긴 상처로 인해 포용주의 대북정책을 용인할 수 없는 민간단체를 적극적으로 합류하기 위한 소통의 노력이 필요했던 것처럼, 거꾸로 이명박 정부에서는 상호주의 원칙에 거부감을 갖는 진보단체들과의 적극적인 소통의 시도가 필요했다.

갈등사회적 사회변동의 거대경향은 정부와 시민사회의 협치관계를 통한 정책소통을 요구하고 있다.[6] 그러나 이명박 정부의 대북 상호주의 정책은 정책지향 자체에 이미 시민사회 배제적 성격이 내재되었고, 정책의 실행과정에서도 시민사회를 포섭하지 못했다. 적어도 앞 정권에서 미시민주주의의 확장이 미치지 못한 영역을 반면교사로 정부와 시민사회와의 소통을 성찰적으로 재구성할 필요가 있었다.

---

6 이명박 정부의 대북정책에 관해 예컨대 '통일국민협약'과 같은 시민사회와의 협치방안이 제안되기도 했다(조한범, 2008).

4. 통합의 정치와 미시민주주의의 전망

남북관계와 대북정책을 둘러싼 갈등은 이른바 남남갈등으로 불리면서 우리사회의 가장 심각한 갈등구조를 만들고 있다. 이러한 갈등은 특히 햇볕정책으로 대북관계의 획기적인 변화를 가져온 김대중 정부 이후 심각한 양상을 보였다. 햇볕정책의 연속선에서 이른바 평화번영 정책을 추구한 노무현 정부에 들어서 이러한 갈등은 확산되었으며, 상대적으로 보수적인 이명박 정부에서도 대북정책과 관련된 갈등은 재생산되고 있다.

우리사회는 최근 지구적 수준의 사회변동이 반영된 갈등사회적 전환기를 맞고 있다. 대북정책뿐만 아니라 다양한 정책관련 갈등이 새로운 갈등이슈를 만들면서 갈등의 일상화 경향을 드러내는 가운데 특히 노무현 정부 들어서는 갈등사회의 변화에 적응적인 구조변동의 모색으로 정부와 시민사회, 시장의 영역이 파트너십을 확대하는 경향을 보였다. 정부와 시민사회의 관계라는 측면에서 본다면 각 영역의 행위적 수준의 교호성이 증대함으로써 '미시민주주의'를 확장했다. 이런 점에서 김대중 정부와 노무현 정부의 대북 포용주의 패러다임은 정부와 시민사회의 동반적 정책과정이 크게 부각되었던 것이다. 그러나 이명박 정부 이후의 대북 상호주의 패러다임은 대북정책의 지향 자체에 시민사회 배제적 요소가 반영됨으로써 정부와 시민사회의 미시민주주의적 과정이 크게 위축되었다.

서로 다른 정책 패러다임이 추구되더라도 갈등은 새로운 이슈와 함께 지속적으로 재생산될 수 있다. 그러나 미시민주주의의 확장과 위축이라는 서로 다른 조건은 사회갈등의 전망과 관련해서 큰 차이를 갖는다. 미시민주주의의 확장이라는 조건은 특정의 정책이슈에 관한 개방과 소통을 통해 갈등이 조율되거나 전환될 전망을 갖지만 미시민주주의가 위축된 조건에서는 갈등은 응축되어 더 광범하고 근원적인 갈등을 예고하기 마련이다.

정부, 시민사회, 시장 등 사회구성의 주요 영역 간에 실질적으로 작동하는 소통행위에 초점을 맞춘다면, 정부가 추진하는 모든 정책에 대해 동일한 수준의 공개와 소통을 요구하기 어려울 수 있다. 특히 군사, 외교, 안보와 관련된 정책은 기밀성이 요구된다는 점에서 소통이 제약될 수 있다는 논리가 가능한 것이다. 대북정책 또한 다른 정책에 비해 더 많은 비밀성이 요구될 수도 있다. 그러나 민주적 정책과정이라면 모든 정책은 원칙적으로 시민사회의 공론장에 개방되어야 한다. 개방과 소통의 수준이 서로 달리 요구된다면 그것 또한 시민적 합의의 문제라고 말할 수 있다. 정책에 따라 소통의 제한이 필요하다면 국익과 공익의 차원에서 그러할 것이기 때문에 적어도 개방의 정도는 시민적 동의에 따라 규정될 문제인 것이다. 따라서 어떤 점에서든 모든 정책의 민주적 과정이 성립하려면 정책과정이 시민사회에 개방되어 정부와 시민사회 간의 미시민주주의의 수준을 높이는 것이 요구된다.

대북 포용주의 패러다임은 경제 및 사회문화 교류의 우선성, 도덕주의 지향성, 대북통로의 개방성 등을 내용으로 원천적 시민사회 지향성을 내재하고 있다. 또한 이 같은 대북정책을 확장한 노무현 정부에 들어서는 갈등사회의 사회변동을 반영하는 정책과정의 개방성을 확장함으로써 시민사회 및 시장 영역과의 협치의 시스템을 구축했다. 적어도 대북 포용주의 정책에서는 정부와 시민사회 간에 구축된 미시민주주의의 질서가 크게 확대되었다. 다른 한편 정치군사 우선성과 국제관계 지향성, 실익지향의 실용주의를 바탕으로 하는 대북 상호주의 패러다임은 원천적으로 시민사회 배제성을 내재하고 있다. 이와 아울러 이명박 정부에서는 정책과정의 폐쇄성이 강화됨으로써 이전 정부에서 구축된 시민사회와의 협치적 관계가 광범하게 해체되는 현상을 보이고 있다. 이런 점에서 대북 상호주의 패러다임은 정부와 시민사회 간에 형성된 미시민주주의의 질서를 크게 위축시켰다.

대북정책의 소통구조를 확장하기 위해서는 다른 무엇보다도 상호주의 패러다임에 내재된 시민사회 배제성을 시민사회 지향적으로 전환함으로써 대북정책의 기조를 수정하는 것이 필요했다. 적어도 현 시점의 박근혜 정부에서도 대북정책이 엄격한 상호주의를 기조로 하고 있다면 보다 유연한 상호주의로의 정책적 전환이 요구된다. 나아가 정부와 시민사회의 소통을 위한 정책 네트워크로서의 협치의 민주주의를 재구축해야 한다. 협치를 통한 미시민주주의의 복원은 갈등사회에서 갈등을 조율할 수 있는 가장 근본적 방법이라는 점에서 사회통합을 가능하게 하는 새로운 질서라고 말할 수 있다.

대북 상호주의는 정치군사적 과제의 우선성과 국제관계 지향성을 갖기 때문에 북미관계의 변화나 국제관계의 동학에 따라 북핵문제 등이 해소됨으로써 남북관계도 교류가 재개되고 새로운 국면이 전개될 수 있다. 그러나 이러한 기류는 결국 남북관계의 대외 의존성이 증대함으로써 당사자로서의 남한을 수동적 위치에 있게 만든다. 더구나 남북한 자체의 교류가 회복된다고 하더라도 정부와 시민사회의 소통을 통한 합의적 지향이 아니라 국제관계의 동학에 따른 것이라면 대북정책을 둘러싼 우리사회 내부의 갈등은 지속적으로 확산될 수 있다.

이명박 정부의 대북정책은 사회통합적 정책과정을 구축하기 어려운 원천적 한계를 가졌다. 박근혜 정부 또한 상호주의 원칙에서 벗어나지 않음으로써 대북갈등과 이로 인한 남남갈등은 지속적으로 응축되고 있다. 사회통합이 구호의 정치에 머물러서는 안 된다. 특히 대북정책과 관련된 갈등은 좌우의 냉전 이념적 대결은 변화된다 하더라도 한국 현대정치사의 누적적 집단경험에 따른 극단주의적 대립이 여전히 내재되어 있다. 따라서 무엇보다도 제도권 내의 정당과 주요 시민단체를 포괄하는 합리적 지향의 진보와 합리적 보수진영을 포괄해서 정책소통의 파트너십을 구축함으로써 미시민주주의의 질서를 복원하고 확장하는 일이 화급하다.

시민사회는 정부나 시장과 단절된 단순한 여론의 진지로만 기능하는 것은 아니다. 갈등사회에서 시민사회 영역은 다양한 조직과 결사체가 이미 강력한 정치적 행위자로 자리 잡고 있다. 이러한 시민사회의 다양한 행위자들을 제도적으로 합류시키는 네트워크의 구축은 미시민주주의의 핵심적 과제이자 복합적 균열의 갈등사회에서 사회통합을 가능하게 하는 근원적 처방이라고 할 수 있다. 시민이 선출한 정부가 국가공동체의 가장 절실하고도 근본적인 정책에서 시민을 배제하고 나아가 시민사회의 균열을 통해 정치적 이익을 누리는 것은 적어도 민주적 질서에서는 국민에 대한 정치적 모독이다. 대북정책의 정치과정은 국민화합의 실험대이다.

참고문헌

1. 국문문헌

강원택. 2004. “남남갈등의 이념적 특성에 대한 경험적 분석.” 경남대 극동문제연구소 편. 《남남갈등 - 진단 및 해소방안》. 경남대 극동문제연구소.

고려대 한국사회연구소. 2007. 《2007 한국사회의 갈등의식 조사》. 고려대 한국사회연구소.

______. 2008. 《2008 한국사회의 갈등의식 조사》. 고려대 한국사회연구소.

곽진영. 1998. “정당체제의 사회적 반영의 유형과 그 변화 - 한국, 일본, 미국의 비교분석”. 〈한국정치학회보〉 32권 1호.

구갑우. 2006. “한국의 평화운동, 평화 NGO: 발전을 위한 성찰”. 2006년도 우리민족 서로돕기운동 평화나눔센터 제22회 정책포럼 자료집. 우리민족 서로돕기운동 평화나눔센터.

권태환 · 이재열. 1998. “사회운동 조직간 연결망”. 〈한국사회과학〉 20권 3호.

김갑식. 2007. “한국사회 남남갈등: 기원, 전개과정 그리고 특성”. 〈한국과 국제정치〉 23권 2호.

김경희. 2004. “여성운동과 기업의 파트너십: 한국여성재단의 사례를 중심으로”. 〈NGO연구〉 2권 2호.

김상준. 2003. “시민사회 그리고 NGO, NPO의 개념: 공공성을 중심으로”. 〈NGO연구〉 창간호.

김성국. 1991. “안토니오 그람시의 헤게모니 이론”. 나남출판, 〈사회비평〉 5집.

김세균. 1992. “‘시민사회론’의 이데올로기적 함의 비판”. 〈이론〉 2호.

김수한. 2001. “사회운동의 의미틀 형성과 변화과정에 관한 연구”. 고려대 석사학위논문.

김호기. 1993. “그람시적 시민사회론과 비판이론의 시민사회론 - 한국적 수용을 위한 비판적 탐색”. 〈경제와 사회〉 19호.

______. 2000. “시민사회의 구조와 변동: 1987-2000”. 〈한국사회〉 3집.
러셀 J. 달턴·만프레드 퀴흘러·빌헬름 뷔르클린(Russell J. Dalton·Manfred Kuechler and Wilhelm Bürklin). 1996. “새로운 운동의 도전.” 러셀 J. 달턴·만프레드 퀴흘러 편. 《새로운 사회운동의 도전》. 박형신·한상필 역. 한울.
레지나 헤르츠린거(Regina Herzlinger). 2001. 《의료서비스 시장의 최후의 승자》. 노지연 역. 현실과 미래.
마이클 셔머(Michael Shermer). 2005. 《과학의 변경지대》. 김희봉 역. 사이언스북스.
문창진. 1997. 《보건의료사회학》. 신광출판사.
민주노동당. 2005. 아토피 STOP 프로젝트 심포지엄 자료집. 민주노동당.
______. 2005. 환경보건 10개년 종합계획 및 환경보건법안 평가토론회 자료집. 민주노동당.
민통련창립 20주년 기념행사위원회. 2005. 《민주통일민중운동연합 창립 20주년 민·통·련》. 민주통일민중운동연합.
민화협. 2006. 민족화해협력 범국민협의회 정관. 민족화해협력범국민협의회.
박상필. 2005. 《NGO학》. 아르케.
박순성. 2008. “남북관계의 변화와 시민사회”. 정전 55돌, 한반도 평화체제와 남북관계 자료집. 한겨레평화연구소 창립기념 세미나.
박원철·이승환. 2008. “국민합의틀 마련을 위한 분야별 쟁점과 합의수준 검토”. 2008 정당, 종교, 시민단체 공동회의 자료집: 남북관계에 대한 사회적 합의와 국민통합. 민족화해협력범국민협의회.
박종철. 2003. “평화번영 정책의 이론적 기초 및 체계”. 《평화번영 정책의 이론적 기초와 과제》. 통일연구원.
박종철. 2008. “대북 포용정책과 상생공영 정책의 비교: 도전과 전략적 선택”. 《이명박 정부 대북정책 비전 및 추진방향》. 통일연구원.
베니딕트 앤더슨(Benedict Anderson). 2002. 《상상의 공동체 - 민족주의의 기원과 전파에 대한 성찰》. 윤형숙 역. 나남.
빌헬름 하이트마이어(Wilhelm Heitmeyer). 2003. “해체사회.” 아르민 퐁스(Armin Pongs) 편. 《당신은 어떤 세계에 살고 있는가?》. 김희봉·이홍균 역. 한울.
서재진. 1996. 《북한 사회의 계급갈등 연구》. 민족통일연구원.
손기웅·김영윤·김수암. 2007. 《한반도 통일대비 국내 NGOs의 역할과 발전방향》. 통일연구원.

수수팥떡 아이사랑 모임. 2001. 〈채현이의 아토피 명현 극복기〉. 수수팥떡 아이사랑 모임.

______. 2002. 〈생태육아 공동체 유치원 및 어린이집 소개집〉. 수수팥떡 아이사랑 모임.

______. 2002. 〈유기농농산물 (생활협동조합) 명부〉. 수수팥떡 아이사랑 모임.

______. 2003. 〈이유식 및 아기들 먹거리 자료집〉. 수수팥떡 아이사랑 모임.

시민사회포럼. 2002. 《참여민주주의 실현을 위한 시민사회와 시민운동》. 아르케.

신광영. 2000. "노동과 공공성". 〈문화과학〉 23호.

신정환. 2007. "사회공공성 강화를 위한 담론전략". 〈시민과 세계〉 11호.

신진욱. 2007. "공공성과 한국사회". 〈시민과 세계〉 11호.

악셀 호네트(Axel Honneth). 1996. 《인정투쟁: 사회적 갈등의 도덕적 형식론》. 문성훈·이현재 역. 동녘.

앤서니 기든스(Anthony Giddens). 2003. 《현대사회학》. 김미숙 외 역. 을유문화사.

앤서니 기든스·울리히 벡·스콧 래쉬(Anthony Giddens, Ulrich Beck and Scott Lash). 1998. 《성찰적 근대화》. 임현진·정일준 역. 한울.

오건호. 2007. "노동운동의 사회공공성활동에 대한 평가와 제안: 요구에서 참여로". 〈시민과 세계〉. 11호.

요한 갈퉁(Johan. Galtung). 2000. 《평화적 수단에 의한 평화》. 강종일 외 역. 들녘.

울리히 벡(Ulich Beck). 1998. 《정치의 재발견: 위험사회 그 이후 - 재귀적 근대사회》. 문순홍 역. 거름.

______. 2000. 《적이 사라진 민주주의: 자유의 아이들과 아래로부터의 새로운 민주주의》. 정일준 역. 새물결.

위르겐 하버마스(Jürgen Habermas). 2001. 《공론장의 구조변동: 부르주아 사회의 한 범주에 관한 연구》. 한승완 역. 나남.

유팔무. 1991. "그람시 시민사회론의 이해와 한국적 수용의 문제". 〈경제와 사회〉 12호.

이매뉴얼 월러스틴(Immanuel Wallerstein). 1996. 《자유주의 이후》. 강문구 역. 당대.

이상민. 2002. "기업의 사회적 책임: 미국과 한국 기업의 사회공헌 활동 비교". 〈한국사회학〉 36집 2호.
이선미. 2005. "기업 시민정신의 관점에서 본 임직원의 자원봉사: 삼성과 SK의 사례연구". 〈한국비영리연구〉 4권 1호.
이소연. 2000. "운동환경의 변화에 따른 사회운동 조직의 프레임 구성과 변화과정에 관한 연구". 서울대 석사학위논문.
이우영. 2004. "북한관과 남남갈등: 여론조사와 신문기사를 중심으로." 경남대 극동문제연구소 편. 《남남갈등 - 진단 및 해소방안》. 경남대 극동문제연구소.
______. 2008. 《북한 도시주민의 사적 영역 연구》. 한울.
임혁백. 2004. "평화통일정책과 남남갈등의 극복." 경남대학교 극동문제연구소 편. 《남남 갈등 - 진단 및 해소방안》. 경남대 극동문제연구소.
임희섭. 1999. 《집합행동과 사회운동의 이론》. 고려대 출판부.
______. 2007. "한국시민사회의 자율성과 공공성에 관한 연구". 〈학술원 논문집〉 46집 1호.
장세훈. 2005. "북한 도시주민의 사회적 관계망 변화: 청진 · 신의주 · 혜산 지역을 중심으로". 〈한국사회학〉 39집 2호.
전국경제인연합회. 2002. 《2001 기업 · 기업재단 백서》. 전국경제인연합회.
______. 2004. 《2003 기업 · 기업재단 백서》. 전국경제인연합회.
전미영. 2003. "통일담론에 나타난 남북한 민족주의 비교연구". 〈국제정치논총〉 43집 1호.
전홍택. 1997. "북한 제2경제의 성격과 기능". 〈월간 통일경제〉 2월호.
정세진. 2000. 《'계획'에서 시장으로: 북한체제변동의 정치경제》. 한울.
정진경. 2005. "기업의 사회공헌 활동 현황과 주요 사례의 분석". 〈한국비영리연구〉 4권 1호.
정철희. 1995. "한국 민주화 운동의 사회적 기원: 미시동원 맥락과 프레임의 형성". 〈한국사회학〉 29집 가을호.
______. 1996. "중위동원과 6월항쟁: 사회운동 조직의 구조적 · 문화적 통합". 〈한국사회학〉 30집 봄호.
______. 2003. 《한국 시민사회의 궤적 - 1970년대 이후 시민사회의 동학》. 아르케.
정태석. 2001. "시민사회와 NGO". 《NGO란 무엇인가》. 아르케.
조나단, H. 터너(Jonathan H. Turner). 1982. 《사회학이론의 구조》. 김진균 외 역. 한길사.

______. 2001. 《현대사회학 이론》. 정태환 외 역. 나남.
조대엽. 1995. "한국의 사회운동과 조직유형의 변화에 관한 연구: 1987~1994". 고려대 박사학위논문.
______. 1996. "1990년대 사회운동 조직 분화의 유형적 특성". 〈한국사회학〉 30집 여름호.
______. 1999. 《한국의 시민운동: 저항과 참여의 동학》. 나남.
______. 2002. "세계화와 한국시민사회의 역응성". 〈경제와 사회〉 여름호.
______. 2006. "갈등사회의 도전과 사회통합의 전망 - 현대 사회변동의 '갈등사회론'적 이해를 위한 시론". 고려대 사회학 콜로키움 발표문.
______. 2007a. 《한국의 사회운동과 NGO - 새로운 운동주기의 도래》. 아르케.
______. 2007b. "공공성의 재구성과 기업의 시민성: 기업 사회공헌 활동에 관한 거시 구조변동의 시각". 〈한국사회학〉 41집 2호.
______. 2008. "시장실용주의와 공공성의 위기". 〈환경과 생명〉 55호.
______. 2009. "신갈등사회와 정당정치의 위기". 〈한국과 국제정치〉 25집 1호.
______. 2010. "4월 혁명의 순환구조와 6.3 항쟁: 역사주기론의 시각". 〈한국과 국제정치〉 26집 2호.
조대엽 외. 2007. 《21세기 한국의 기업과 시민사회》. 굿인포메이션.
조병희. 2003. 《의료개혁과 의료권력》. 나남출판.
조정아·서재진·임순희·김보근·박영자. 2008. 《북한 주민의 일상생활》. 통일연구원.
조한범. 2001. 《체제전환기 러시아의 사회상 연구》. 통일연구원.
______. 2005. 《러시아 탈 사회주의 체제전환과 사회갈등》. 통일연구원.
______. 2008. "대북정책과 국민통합 방안". 《이명박 정부 대북정책 비전 및 추진방향》. 통일연구원.
조한범 외. 2005. 《동북아 NGO연구총서》. 통일연구원.
조희연. 1993. "민중운동과 '시민사회', '시민운동'". 〈실천문학〉 겨울호.
______. 1999. "'종합적 시민운동'의 구조적 성격과 그 변화의 전망에 대하여". 〈당대비평〉 겨울호.
______. 2007. "새로운 사회운동적 화두, 공공성의 성격과 위상". 〈시민과 세계〉 11호.
주성수. 2003. 《기업시민정신과 NGO》. 아르케.
최민희. 2002. 《황금빛 똥을 누는 아기》. 문화유람.
______. 2003. 《해맑은 피부를 되찾은 아이》. 문화유람.

______. 2007. 《엄마 몸이 주는 뽀얀 사랑》. 21세기북스.
최윤경. 2003. "인터넷 상에서 자조집단 활동을 하는 아토피 피부염 환자와 가족의 증상관리에 관한 연구." 서울대 보건대학원 석사학위논문.
최장집. 1996. 《한국 민주주의의 조건과 전망》. 나남.
크리스토퍼 피어슨(Christopher Pierson). 1998. 《근대 국가의 이해》. 박형신·이택면 역. 일신사.
페르낭 브로델(Fernand Braudel). 1982. "역사학과 사회학." 신용하 편. 《사회사와 사회학》. 김영범 역. 창작과 비평사.
한국여성개발원. 2005. 《국민통합을 위한 사회갈등 해소방안 연구》. 경제인문사회연구회.
한도현 외. 2005. 《기업시민과 시민공동체》. 백산서당.
헬무트 안하이어·메어리 칼도어·말리스 글라시우스(Helmut Anheier·Mary Kaldor and Marlies Glasius). 2004. 《지구시민사회 - 개념과 현실》. 조효제·진현종 역. 아르케.
홍성태. 2007. "한국 시민사회의 정치사회적 거버넌스와 정부 - NGO관계 - 민족화해협력범국민협의회의 사례를 중심으로". 〈사회연구〉 13권 1/2호.
홍일표. 2006. "민주화 이후 한국 시민입법운동의 구조와 동학, 1988-2005". 서울대 박사학위논문.

2. 영문문헌

Ackerman, Robert and Raymond A. Bauer. 1976. *Corporate Social Responsiveness: Modern Dilemma.* Virginia: Reston Publishing.
Agh, Attila. 1998. *The Politics of Central Europe.* London: Sage Publications.
Anderson, Benedict. 1983. *Imagined Communities: Reflections on the Origin and Spread of Nationalism.* London: Verso.
Austin, James and Ezequiel Reficco et al. 2004. *Social Partnering in Latin America: Lessons Drawn from Collaborations of Businesses and Civil Society Organizations.* David Rockefeller Center Series on Latin American Studies.
Backman, Jules. 1975. *Social Responsibility and Accountability.* New York:

New York University Press.

Beck, Ulrich. 1992. *Risk Society: Towards a New Modernity*. London: Sage Publications.

Beckwith, Sandra L. 2006. *Publicity for Nonprofits: Generating Media Explosure that Leads to Awareness, Growth, and Contributions*. Chicago: Kaplan Publishing.

Benn, Stanley I. and Gerald F. Gaus. 1983. "The Public and The Private: Concepts and Actions". In Stanley I. Benn and Gerald F. Gaus (eds.). *Public and Private in Social Life*. London and Canberra: Croom Helm.

Bessette, Joseph. 1980. "Deliberative Democracy: the Majority Principle inRepublican Government". In Robert A. Goldwin and William A. Schambra (eds.). *How Democratic Is the Constitution?*. Washington: American Enterprise Institute.

Bhargava, Rajeev and Helmut Reifeld (eds.). 2005. *Civil Society, Public Sphere and Citizenship: Dialogues and Perception*. New Delhi: Sage Publication.

Bobbio, Norberto. 1989. *Democracy and Dictatorship: The Nature and Limits of State Power*. Minneapolis: University of Minnesota Press.

Bohman, James and William Rehg (eds.). 2002. *Deliberative Democracy - Essays on Reason and Politics*. Cambridge MA: The MIT Press.

Carroll, Archie B. 1979. "A three-dimensional conceptual model of corporate performance". *The Academy of Management Review*. 4(4).

Castells, Manuel. 1997. *The Power of Identity, vol II of The Information Age: Economy, Society and Culture*. Oxford: Blackwell.

______. 2004. *The Network Society: A Cross-Cultural Perspective. Northampton*, MA: Edward Elgar Publications.

CED(Committee for Economic Development). 1971. *Social Responsibilities of Business Corporations*. New York: Committee for Economic Development.

Cerny, Philip G. 1991. "The Limit of Deregulation: Transnational Interpenetration and Policy Change". *European Journal of Political Research*. 19.

Cockerham, William. 2007. *Medical Sociology*. Pearson: Prentice Hall.

Cohen, Jean L. and Andrew Arato, 1992. *Civil society and Political Theory*. Cambridge MA: The MIT Press.

Cohen, Josua and Joel Rogers. 1995. *Secondary Association and Democratic Governance: the Real Utopia Project*. London: Verso.

Collins, Randall. 1975. *Conflict Sociology: Toward an Explanatory Science*. New York: Academic.

Coser, Lewis A. 1956. *The Functions of Social Conflict*. London: Free Press of Clencoe.

Dahrendorf, Ralf. 1957. *Class and Class Conflict in Industrial Society*. Stanford: Stanford University Press.

______. 1958. "Toward a Theory of Social Conflict". *Journal of Conflict Resolution*. 2.

______. 1959, *Class and Class Conflict in Industrial Society*. Stanford CA: Stanford University Press.

Dalton, Russell J · Susan E. Scarrow and Bruce E. Cain. 2004. "Advanced Democracies and the New Politics". *Journal of Democracy*. 15(1).

Davis, Keith and Robert L. Blomstrom. 1975. *Business and Society: Environment and Responsibility* (3rd ed.). New York: McGraw-Hill.

Davis, Keith. 1960. "Can Business Afford to Ignore Social Responsibility". *California Management Review*. 2(3).

Donaldson, Thomas. 1983. "Constructing a Social Contract for Business". In Thomas Donaldson and Patricia Werhane (eds.). *Ethical Issues in Business* (2nd ed.). Englewood Cliffs, NJ: Prentice-Hall.

Dryzek, John S. 2000. *Deliberative Democracy and Beyond - Liberals, Critics, Contestation*. Oxford: Oxford University Press.

Eells, Richard and Clarence Walton. 1961. *Conceptual Foundations of Business*. Homewood, IL: Richard D. Irwin.

Elster, Jon (ed.). 1998. *Deliberative Democracy*. Cambridge: Cambridge University Press.

Fay, Brian. 1975. *Social Theory and Political Practice*. New York: Holmes & Meier Publishers.

Fink, Clinton F. 1968. "Some Conceptual Difficulties in the Theory of

Social Conflict". *Journal of Conflict Resolution*. 12.

Fiszbein, Ariel and Pamela Lowden. 1999. *Working Together for a Change: Government, Business and Civic Partnerships for Poverty Reduction in Latin America and the Caribbean*. Washington, DC: World Bank Publications.

Friedman, Milton. 1962. *Capitalism and Freedom*. Chicago: University of Chicago Press.

______. 1970. "The Social Responsibility of Business is to Increase its Profits". *New York Times Magazine*. September 13.

Gellner, Ernest. 1983. *Nations and Nationalism*. Oxford: Blackwell.

Goffman, Erving. 1974. *Frame Analysis: An Essay on the Organization of Experience*. Cambridge: Harvard University Press.

Goldstone, Jack. 1991. *Revolution and Rebellion in the Early Modern World*. Berkeley: University of California Press.

Grossman, Gregory. 1977. "The 'Second Economy' of USSR". *Problems of Communism*. 26.

Haas, Paul F. 1979. "The Conflict between Private and Social Responsibility". *Akron Business and Economic Review*. 10(2).

Habermas, Jürgen. 1975. *Legitimation Crisis*. Boston: Beacon Press.

______. 1986. "Public Sphere". In Steven Seidman (ed.). *Jürgen Harbermas on Society and Politics: A Reader*. New York: Beacon Press.

Harrington, Michael. 1987. *The Next Left: The History of the Future*. London: Tauris.

Hay, Robert D · Edmund R. Gray and James E. Gates. 1976. *Business and Society: Cases and Text*. Cincinnati: Southwestern Publishing.

Held, David. 1995. *Democracy and the Global Order*. Cambridge: Polity.

Heyne, Paul T. 1968. *Private Keepers of the Public Interest*. New York: McGraw-Hill.

Hirst, Paul. 1994. *Associative Democracy: New Forms of Economic and Social Governance*. Cambridge: Polity Press.

Hobsbaum, Eric J. 1990. *Nations and Nationalism since 1780: Programme, Myth, Reality*. Cambridge: Cambridge University Press.

Hoffman, Anne. 1998. "Two Sides of the Coin Corporate Giving is a

Business". *Fund Raising Management*. 29(1).

Honneth, Axel. 1996. *The Struggle for Recognition: The Moral Grammar of Social Conflicts*. Cambridge: The MIT Press.

Ignatieff, Michael. 1994. *Blood and Belonging: Journeys into the New Nationalism*. London: BBC Books.

Janda, Kenneth. 1980. *Political Parties: A Cross-national Survey*. New York: The Free Press.

Jessop, Bob. 1990. *State Theory: Putting Capitalist States in Their Place*. Cambridge: Polity Press.

______. 1998. "The Rise Of Governance and the Risks of Failure". *International Social Science Review*. 55.

Kaldor, Mary. 2003. *Global Civil Society: An Answer to War*. Cambridge: Polity Press.

Kamens, David H. 1985. "A Theory of Corporate Civic Giving". *Sociological Perspectives*. 28(1).

Katz, Alfred H. et al. 1992. *Self Help: Concepts and Applications*. Philadelphia: The Charles Press.

Keim, Gerald D. 1981. "Foundations of a Political Strategy for Business". *California Management Review*. 23.

Kemeny, István. 1982. "The Unregistered Economy in Hungary". *Soviet Studies*. 34(3).

Kitschelt, Herbert. 2004. "Parties and Political Intermediation". In Kate Nash and Alan Scott (eds.). *The Blackwell Companion to Political Sociology*. Malden, MA: Blackwell Publishing.

Klandermans, Bert. 1990. *Linking the "Old" and "New": Movement Networks in the Netherlands*. Cambridge: Polity Press.

Kramer, Daniel. 1972. *Participatory Democracy*. Cambridge: Schenkman Publishing.

Kreisi, Hanspeter. 1996. "The Organizational Structure of New Social Movements in a Political Context". In Doug McAdam · John D. McCarthy and Mayer N. Zald (eds.). *Comparative Perspectives on Social Movements: Political Opportunities, Mobilizing Structures, and Cultural Framing*. Cambridge: Cambridge University Press.

Kweit, Mary and Robert Kweit. 1981. *Implementing Citizen Participation in a Bureaucratic Society*. New York: Praeger.

Lash, Scott. 1999. *Another Modernity, a Different Rationality*. Oxford: Blackwell Publisher.

Lipset, Seymour M. and Stein Rokkan. 1967. "Cleavage Structures, Party Systems, and Voter Alignments, An Introduction". In Seymour M. Lipset and Stein Rokkan (eds.). *Party Systems and Voter Alignments, Cross-National Perspectives*. New York: Free Press.

Lofland, John. 1996. *Social Movement Organization: Guide to Research on Insurgent Realities*. New York: Aldine de Gruyter.

Manne, Henry. 1972. *The Modern Corporation and Social Responsibility*. Washington, D.C.: American Enterprise Institute for Public Policy Research.

McAdam, Doug. 1997. "The Political Process Model". In Steven M. Buechler and F. Kurt Cylke Jr. (eds.). *Social Movements: Perspectives and Issues*. Mountian View: Mayfield Publishing Company.

McAdam, Doug · John McCarthy and Mayer Zald. 1988. "Social Movements". In Neil J. Smelser (ed.). *Handbook of Sociology*. Beverly Hills: Sage.

McCarthy, John and Mayer Zald. 1973. *The Trend of Social Movements in America: Professionalization and Resource Mobilization*. Morristown, NJ: General Learning.

McGuire, Joseph W. 1963. *Business and Society*. New York: McGraw-Hill.

Melucci, Alberto. 1995. *The Process of Collective Identity*. Minneapolis: University of Minnesota Press.

Meyer, David S. and Sidney Tarrow. 1998. *The Social Movement Society: Contentious Politics for a New Century*. Lanham: Rowman & Littlefield Publishers.

Moore, Barrington. 1966. *Social Origins Of Dictatorship and Democracy: Lord and Peasant in the Making of the Modern World*. Boston: Beacon.

Murray, Edwin A. Jr. 1982. "The Public Affairs Function: Report on a Large-Scale Research Project". In Lee E. Preston (ed.). *Research in Corporate Social Performance and Policy*. *Vol.* 4. Greenwich, Conn.:

JAI Press.
Offe, Claus. 1984. *Contradictions of the Welfare State.* John Keane(ed.). Cambridge, MA: MIT Press.
Ozar, David. 1983. "The Moral Responsibility of Corporations". In Thomas Donaldson and Patricia Werhane (eds.). *Ethical Issues in Business* (2nd ed.) Englewood Cliffs, NJ: Prentice-Hall.
Paige, Jeffrey. 1975. *Agrarian Revolution: Social Movements and Export Agriculture in the Underdeveloped World.* New York: Free Press.
Perrow, Charles. 1979. *Complex Organizations: A Critical Essay.* Glenview, IL: Scott, Foresman.
Pesch, Udo. 2005. *The Predicaments of Publicness.* CW Delft: Eburon Academic Publishers.
Pfeffer, Jeffrey. 1978. *Organizational Design.* Arlington Heights, IL: AHM.
Preston, Lee E. 1981. "Corporate Power and Social Performance: Approaches to Positive Analysis". In Lee E. Preston (ed.). *Research in Corporate Social Performance and Policy. Vol.* 3. Greenwich, Conn.: JAI Press.
Putnam, Robert. 1995. "Bowling Alone: America's Declining Social Capital". *The Journal of Democracy.* 6(1).
Rawls, John. 1971. *A Theory of Justice.* Cambridge, MA: Harvard University Press.
Rosenthal, Alan. 1998. *The Decline of Representative Democracy.* Washington D.C.: CQ Press.
Schwarzmantel, John. 2004. "Nationalism and Fragmentation Since 1989". In Kate Nash and Alan Scott (eds.). *The Blackwell Companion to Political Sociology.* Oxford: Blackwell.
Sethi, Suresh P. 1975. "Dimensions of Corporate Social Responsibility". *California Management Review.* 17(3).
Skocpol, Theda. 1979. *States and Social Revolutions: A Comparative Analysis of France, Russia and China.* New York: Cambridge University Press.
Smelser, Neil J. 1962. *Theory of Collective Behavior.* New York: The Free Press.
Smith, David Horton and Karl Pillemer. 1983. "Self Help Groups as Social

Movement Organizations: Social Structure and Social Change". *Research in Social Movements*. Conflicts and Change 5.

Steiner, George A. 1975. *Business and Society* (2nd ed.). New York: Random House.

Tilly, Charles. 1978. *From Mobilization to Revolution*. MA: Addison-Wesley.

Toch, Hans. 1965. *The Social Psychology of Social Movements*. Indianapolis: Bobbs-Merrill.

Touraine, Alain. 1981. *The Voice and the Eye: An Analysis of Social Movements*. Cambridge: Cambridge University Press.

Turner, Jonathan. 1975. "A Strategy for Reformulating the Dialectical and Functional Theories of Conflict". *Social Forces*. 53.

Useem, Michael. 1987. "Corporate Philanthropy". In Walter W. Powell (ed.). *The Nonprofit Sector: A Research Handbook*. New Haven: Yale University Press.

Vattimo, Gianni. 1992. *The Transparent Society*. Baltimore: Johns Hopkins University Press.

Wall, Wendy L. 1984. "Companies Change the Ways They Make Charitable Donations". *Wall Street Journal*. 21.

Wartick, Steven L. and Philip L. Cochran. 1985. "The Evolution of the Corporate Social Performance Model". *The Academy of Management Review*. 10(4).

Weintraub, Jeff. 1997. "The Theory and Politics of the Public/Pravate Distinction". In Jeff Weintraub and Krishan Kumar. *Public and Private in Thought and Practice: Perspectives on a Grand Dichotomy*. Chicago and London: University of Chicago Press.

Zadek, Simon. 2001. *The Civil Corporation: The New Economy of Corporate Citizenship*. London: Earthscan Publications.

3. 기타자료

〈경향신문〉. 1996.3.15.
______. 2008.1.10. ‘인수위 업무보고 결산’ 4면.
______. 2008.1.11. ‘인수위 업무보고 결산’ 6면.
______. 2008.12.16.
〈국민일보〉. 1992.1.10.
〈동아일보〉. 2004.12.23.
〈세계일보〉. 1992.10.12.
수수팥떡 아이사랑 모임. 홈페이지 게재 자료(www.asamo.or.kr).
일본 〈산케이신문〉. 1959.12.7.
〈중앙일보〉. 2007.1.3.
______. 2008.5.16.
〈월간 중앙〉 2008. 3월호. 중앙일보시사미디어.
〈한국일보〉. 1995.5.16.
〈GNN Korea〉. 2009.1.14.

찾아보기

ㄴ

ㄷ·ㄹ

ㅇ

ㅈ

ㅊ

ㅋ · ㅌ

ㅍ · ㅎ

기 타

인 명